丛书主编 ● 张卫光 尹丽君 陆云泉 王建忠

HAIDIAN JIAOYU MINGXIAO
MINGJIA CONGSHU
海淀教育
名校名家丛书

为了希望的教育
宋继东与首都师范大学附属小学

宋继东 等◎著 ///

北京师范大学出版集团
BEIJING NORMAL UNIVERSITY PUBLISHING GROUP
北京师范大学出版社

图书在版编目(CIP)数据

为了希望的教育 ：宋继东与首都师范大学附属小学 ／宋继东
等著． -- 北京 ：北京师范大学出版社，2016.8
 （海淀教育名校名家丛书）
 ISBN 978-7-303-21197-5

 Ⅰ．①为… Ⅱ．①宋… Ⅲ．①首都师范大学附属小学－办学
经验 Ⅳ．① G629.281

中国版本图书馆 CIP 数据核字 (2016) 第 192912 号

营销中心电话 010-58802181 58802123
北师大出版社高等教育教材网 http://gaojiao.bnup.com
电子信箱 gaojiao@bnupg.com

出版发行：北京师范大学出版社 www.bnup.com
 北京市海淀区新街口外大街 19 号
 邮政编码：100875
印　　刷：大厂回族自治县正兴印务有限公司
经　　销：全国新华书店
开　　本：787 mm×1092 mm　1/16
印　　张：18.25
字　　数：294 千字
版　　次：2016 年 8 月第 1 版
印　　次：2016 年 8 月第 1 次印刷
定　　价：56.00 元

策划编辑：齐　琳　　　　责任编辑：齐　琳　马力敏
美术编辑：焦　丽　　　　装帧设计：北京轻舟教育咨询有限公司
责任校对：陈　民　　　　责任印制：陈　涛

成长中的教育家

顾明远题

海淀教育名校名家丛书

主　　编：张卫光　尹丽君　陆云泉　王建忠

副 主 编：乔　键　甘丽平　杜荣贞　李　航　王　方

　　　　　张彦祥　赵建国　罗　滨

执行副主编：陈　岩

编　　委：（按姓氏笔画排序）

于　文　王　钢　王　铮　王殿军　尹　超

田　琳　冯　华　刘　畅　刘　燕　刘可钦

刘彭芝　许培军　李希贵　杨　刚　杨宝玲

吴建民　汪志广　沈　杰　宋　清　宋继东

陈　姗　林卫民　郑佳珍　郑瑞芳　单晓梅

赵璐玫　胡剑光　郭　涵　曹雪梅　雷海环

窦桂梅

本 册 作 者：宋继东　等

总 序

《国家中长期教育改革和发展规划纲要(2010-2020年)》中明确提出:"鼓励教师和校长在实践中大胆探索,创新教育思想、教育模式和教育方法,形成教学特色和办学风格,造就一批教育家,倡导教育家办学。大力表彰和宣传模范教师的先进事迹。"

为贯彻实施党的十八大精神,"办让人民满意的教育",更好总结、积淀、提升海淀区名校名家办学的先进理念,北京市海淀区教育工作委员会,北京师范大学出版社以海淀区名校、名校长教育教学改革成果及教育管理理念为基础,精心建设海淀区"名校名家"精品文库,就是现在呈现于读者眼前的这套"海淀教育名校名家丛书"。

这些学校,有的是著名大学的附属学校,有的是从延安过来的有着光荣革命传统的学校。但学校不是有一个名分就能成为名校的,这些名校有着悠久的历史传统,在历任校长、师生的共同耕耘下,办出特色、办出成绩,创造了新鲜的经验,在全国乃至国际上享有良好声誉,这才成为现在的所谓名校。在创造名校的过程中,校长无疑起到不可替代的作用。作为优秀校长,他们用先进理念和管理才能,带领全校教师,为一个共同愿景而努力。本套丛书正是聚焦这样一批名校长,近距离观察他们是如何在教育海洋中破浪前进的。

　　这些校长个性迥异、各有经历、办学思路也不尽相同，但共同的是在各自的学校创造了一段教育的传奇。他们是所在名校的灵魂，他们的言传身教，时时刻刻引领着教师和学生的发展。这些校长共有的特质是专业知识扎实，具有深厚的人文底蕴。他们具有灼热的教育情怀和教育激情；他们富有童心并热爱儿童；他们淡泊明志、宁静致远，以教书育人来体现他们的人生价值。

　　这套丛书并没有展现波澜壮阔的历史、恢宏博大的叙事，也没有解读深奥莫测的理论、长篇累牍的范例，而是讲述这些名校长们在日常管理和教学方面的一件件小事，通过短篇故事形式，娓娓道来，让读者去品味和欣赏。

　　在这套丛书里，我还看到了海淀教育趋于成形的大器，海淀教育秉承"红色传统、金色品牌、绿色发展"的三色理念，坚持党的教育方针，以优秀传统为基础，以现代教育观念为先导，引领时代风气之先，坚持鲜明的价值追求，增强改革创新的意识，提升可持续发展的能力，从而涌现出一批各具特色的教育品牌。

　　解读海淀教育，形成海淀教育大印象，让海淀基础教育名校名家载入中国教育发展的史册。

　　是为序。

尹成志

2014 年 3 月 27 日

前 言　做有生命力的童心教育

天地之间　生命最好
生命之中　人类至灵
人生之中　童年为美
童年之中　童心是金

这是首都师范大学附属小学的孩子们在诵读《童心赋》的开篇句，孩子们脸上洋溢着自信和幸福，声音里饱含着率真和童真。

渐趋渐长　求知求真
心地有天大　想象比海深
常越雷池思无界
敢上危楼摘星辰

是的，首都师范大学附属小学的孩子机会多、见识多、实践多，他们在童心教育的呵护和滋润下，敢想、敢做、勇于质疑、善于表达，形成了阳光自信、大气乐观的性格，保持了一颗求真求知的童心。

童言无忌　畅谈中外
童心无涯　驰骋古今
人无童心　三岁成翁
人有童心　百岁犹童
岁月如歌　永葆童心

这首大气磅礴、浑然天成的《童心赋》，是对童心的盛赞和敬畏，更是对童心教育的最高褒奖。一批批孩子在吟诵中求真求知，一位位教师在吟诵中永葆童心。

缘起：教育中失落的童心

其实，古往今来，多少诗词歌赋吟咏、盛赞童心，恰恰是对童心求之而不得、失之而难再寻的写照。与生俱来的童心人皆有之，但随着社会发展脚步的加快，孩子们的童心似乎也消逝得越快，教育工作者在感叹孩子天性难寻的同时，也在苦苦求索，怎样才能还孩子的天性，让孩子们保持一颗不老的童心？

在社会飞速发展的今天，一方面我们看到，教育的理念、形式、内容确实在不断推陈出新，呈现出多元化、差异化、个性化的趋向，一切好像都处在不断地创新与进步当中。但是另一方面我们也看到，在基础教育的发展变革中，形式上的推陈出新与现实生活还是那么格格不入。孩子稚嫩的肩膀上，往往承载了过重的负荷。这负荷有来自家长和家族的殷殷期盼，有来自社会的过分关注，有来自学校的价值导向偏失。孩子们的任何一点"任性"都有可能"辜负"了家长的付出，"辜负"了社会的关爱，"辜负"了学校的栽培。孩子稚嫩的小肩膀上已经被压出了深深的沟痕。我们痛心地感到：童年不再天真，童年少有快乐，童年失去了幻想，童年与忧愁相伴。这绝不是我们苦苦追求的理想教育王国！

基础教育阶段，是奠定孩子人生格局的最重要的时期，是拓展知识面、增加实践体验、树立意志品质、建立思维体系、学会与伙伴交往的社会化的最佳时机，它关系到孩子今后能否以积极健康的心态面对未来求学和生活道路上的困难，关系到孩子能否具有可持续发展的能力。当前的教育体制正处于由应试教育向素质教育转型的重要时期，尽管从意识层面已经认识到注重儿童主体性的重要，但是在实施层面却尚未找到符合儿童发展的教育途径及评价标准。听话、成绩好、爱学习、懂事、乖巧，仍然是社会、家长衡量"好孩子""好学生"的重要标准。然而，这"好孩子"和"好学生"的光环，是以牺牲孩子的童心和童年生活为代价换来的，靠的是大量知识的单向灌输、反复枯燥的机械化训练、长时间高强度的复习演练，而孩子们一旦成为学习的机器，就失去了阳光和灵气。孩子们眼中的光芒越来越暗淡，表情越来越呆板，学习越来越被动。当儿童当中充斥了越来越多的成人化语言、成人化行为、成人化思维时，教育的意义就不复存在了。

毋庸置疑，小学阶段的教育在人的整个成长过程中起着极其重要的作用。在这一成长的过程中，"童心"是万万不可缺失的。《辞海》对童心的解释是："小孩子天真纯朴的心；孩子气。"引申为真心、真情实感。童心，就是要保持勃勃的生气，永葆灵气与活力。童心就是稚气，天真无邪。童心是可贵的，每个人都曾经有过天真无邪的童心；童心是美好的，它总是充满希望与憧憬；童心是善良的，是宝贵的同情心；童心是好奇心，是追根究底；童心是多彩的梦，是丰富的想象；童心是"玩儿"，是大家在一起共享快乐。保持童心，就是要人们返璞归真、回归自然，而不要矫揉造作，更不能虚情假意。童心是人类最美好、最纯洁的真情，是一种对人生、对生活的热爱之情。

教育绝不能以牺牲童心为代价，而呵护童心的教育也将为儿童的终身发展、健康成长奠定坚实的基础。正是基于对此的认识，首都师范大学附属小学提出了"童心教育"的理念，希望通过童心教育的实施还孩子一个快乐的童年。

童心教育的生长

一位专家曾说过："许多老师都在兢兢业业地误人子弟！"曾经，这句话让我们难以接受，但是，在探寻童心教育的过程中，我们渐渐领悟并释然了。教育的方向如果有偏差，教师的努力只能离目标越来越远。我们提出的童心教育之所以称之为童心教育，并不是要把童心"教"给学生，而是要尊重和读懂孩子与生俱来的童心，并通过适宜童心的方式帮助孩子营造一个适合童心发展的生态环境，让孩子的童心在阳光、雨露、土壤的滋润下茁壮成长。因此，如何构建一个适合儿童发展的童心生态系统，是我们研究的出发点、落脚点。

童心教育不是拍脑袋想出来的，而是扎根于首都师范大学附属小学的土壤中，在学校文化的孕育下逐渐成长发展起来的，是学校不同历史时期对于"创造适合儿童的教育"不懈探索的收获。回顾童心教育发展的历程，可以归纳为以下几个阶段：

第一阶段：首都师范大学附属小学的前身——远大小学提出"做远大人，铸远大魂"，这个拥有朴素感情的办学目标曾凝聚了全体师生共同发展的梦想，也成了童心教育的种子，为日后的萌发和壮大奠定了基础。

第二阶段：1994年，远大小学、西冉村小学和北高庄小学三所学校合并，更名为四季青中心小学。学校提出了"为每个学生的成功创造机会，为每个教师的成功创造机会""用童心拥抱校园"的办学目标。这一时期,学校突出了师生"双主体"的地位,将师生共同成长、共同发展作为努力的方向。

第三阶段:2003年,四季青中心小学迁入新校址,提出了"为每一个学生拥有美好的童年服务,为每一个学生拥有幸福人生奠基;让师生体验快乐,让师生享受成功,让每一位师生得到发展"的办学目标。这一阶段,产生了以理念引领学校发展的思想,形成了学校文化意识的萌芽。此时的教育理念,已经将快乐、成功、幸福提到了前所未有的高度,实际上形成了童心教育的核心价值观的雏形。

第四阶段:在2007—2008学年度,学校在争创海淀区小学素质教育优质校的过程中,为寻求更好更快地发展,我们将办学理念凝练为"同心呵护童心,同心哺育童心,同心发展童心",以"同心"和"童心"为切入点,采取"愿景"引导,将教师、学生、家长三力合一,建立了以生为本的融合教育模式。

第五阶段:2009年年初,学校组织全体教师进行了办学理念的大讨论。在深入沟通、反复研讨交流的基础上,提炼出了"童心教育"的内涵 ,即:童心教育是回答如何让童年快乐的教育;童心教育是让儿童享受幸福的教育;童心教育是关爱儿童、保护童真、激发童趣,为儿童的成长打好身心健康基础的教育。因此,形成了学校文化的自觉。

建立了童心教育体系的四季青中心小学更加明确了学校发展的目标,也踏上了学校发展的快车道。2010年1月21日,在海淀区教委举行的"海淀区教育委员会与首都师范大学关于合作建设海淀区四季青中心小学的协议"签署仪式上,学校正式更名为首都师范大学附属小学,并决心在五年之内跻身一流学校之列。

接下来的发展更加令人振奋。2015 年 9 月，首都师范大学附属玉泉学校举行隆重的开学典礼，中共北京市委教育工委副书记、北京市人民政府教育督导室主任唐立军为玉泉学校开学典礼致辞。玉泉学校为我校玉泉校区更名并转制的九年一贯制学校，是海淀区第一所小学上延初中并自主办学的学校，开创了海淀区基础教育改革的先河。目前，首都师范大学附属玉泉学校和首都师范大学附属小学实行两所学校"一个法人、一体化管理"，实行"七统一"，即：办学理念统一、培养目标统一、师资队伍统一、教学要求统一、学科标准统一、课程设置统一、测评手段统一，最终实现在义务教育阶段总目标上的和谐统一；建立了九年一贯制的童心教育体系，使童心教育向纵深发展。

至今，学校已发展成为两校三址、包含小学至初中的教育共同体，学校总占地面积 55896 平方米，总建筑面积 31316 平方米，教师 200 余人，学生 3500 余人。学校以"率真、关爱、求索"为核心价值观，致力于让儿童享受教育幸福，为儿童的成长打好身心健康的基础；将受教育者的自然发展、主动发展、帮助发展与环境发展同时置于教育的中心地位，让每一名学生能够保有生命的灵动。

在研究践行中长成大树

童心教育的嫩芽破土而出，需要不断地吸收养料才能成长壮大，而持续不断的研究正是这珍贵的养料。随着研究的深入，童心教育的深度和广度、内涵和外延都发生了巨大的变化，已经由当初的一株幼苗，成长为现在的一棵高大挺拔的大树。

一、恪守核心价值观

"率真、关爱、求索"是童心教育的核心价值观,是保证孩子享受优质教育、拥有幸福人生的根基。所以,这六个字不能只停留在字面上,而应落实到校园生活的每一天。

第一,保持率真。率真,即直率、真诚,是孩子与生俱来的一种美好品质,通常表现为重承诺、讲信用、坦诚相待。从古到今,这种毫无修饰的"率真"一直为人所推崇,在我国传统道德中占有重要地位,如《论语·宪问》中的"以直报怨,以德报德",《论语·为政》中的"人而无信,不知其可也",《礼记·中庸》中的"君子以诚为贵"。率真的人可以得到他人的信任和尊重,也可以给人以力量。率真的人不欺骗别人,也不欺骗自己。孩子们率真地学习,敢于质疑、善于思辨;率真地生活,明辨是非、敢爱敢恨;率真地交友,取长补短、互相促进……

第二,学会关爱。关爱之心是个人生存与发展的必要条件。正如马克思所说:人是一种社会动物。每个人都无法脱离社会、脱离他人而独自生存。关爱正是人与人在交往的过程中形成的情感与品德。关爱与被关爱是人的基本需求。首先,关爱他人是我们作为人类这一群体的基本需求,是天性使然。关爱他人并不是建立在利益计算与衡量基础上的。因此关爱他人是天性,不可压制或泯灭。其次,被关爱也是人的基本需求。当一个人处于婴幼儿时期,或者病痛和衰老来临之际,这种需要显得尤为迫切。我们的生活处于一种被关爱的氛围当中,没有这种关爱,一方面我们就无法生存下去,另一方面我们也无法成为一个完整的人。因为我们在人生的每个阶段都需要被理解、被接受、被认同,而这就是被关爱。因此,培养儿童的关爱之心是童心教育的重要组成部分,也是其核心价值的重要组成。孩子学会关爱,获得社会认可;孩子享受关爱,品味幸福生活。

第三,学会求索。求索是一种习惯,儿童拥有了求索的习惯,能够不断地发现自我、了解未知、钻研新知;成年人拥有了求索的习惯,才能不断地推陈出新、探索未知世界、推动社会进步。求索是一种应该终生拥有的可贵品质,而人们的其他能力,诸如想象力、理解力、洞察力、判断力等也会随着求索的深入而不断增强,正所谓智慧来源于求索。儿童时期,"求索之心"是社会化的开始,是敞开心扉主动面对世界的积极态度,是学会发现问题、解决问题的实践体验,对于学生的个人发展、社会进步和国家的繁荣昌盛是至关重要的。

所以,率真、关爱、求索贯穿孩子的童年、少年、青年等成长的各个阶段,与学习、生活有机融合,更是童心教育坚持不变的核心价值所在。

二、建立童心管理机制

"童心"和"行政"这些词看似没有交集,前者是儿童生活的范畴,后者是管理学的概念,而我校就是将这两个毫无关系的词有机地联系在一起,实施"童心行政"。童心行政就是要建立起体现首都师范大学附属小学童心文化的完整和本土化的学校管理体系。

首先,在学校文化发展的过程中,我们要进行管理方面的调整，修正学校行政管理的理论图景。童心倡导的主要观念就是"真"，所以，推行学校的"童心行政"就要强调"真诚管理、真心管理、真效管理"。学校以"共同做、真心做、开心做"为目标，对学校管理体制、机构设置、岗位变换等进行了改革调整，不断降低管理中心，通过自主管理、相互尊重和强化责任，做好对教师、对学生、对家长的服务，水到渠成地延伸了童心文化对育人主体的引领，丰富了全员育人的教育情怀，提高了"童心教育"的办学品质。

其次，打造"童心团队"。童心文化，必须建立在团队实施的基础上才能落地，借助大家的力量才能形成有能量的"场"。学校在原来的团队建设的基础上继续打造和完善"童心团队"：教师、家长、学生；干部、党员、群众；学科、社团、兴趣组。一个个童心团队的建设为学生的全面发展和个性成长创设了平台，搭建了舞台；为教师的专业成长和思想创新拓宽了讲台，走向了成功的"奖台"。学校围绕培养和打造"教育有思想，教学有风格，做人有魅力"的童心教师目标，以课改为突破点，注重开发大学培训资源，共同探索构建"内外共培、师徒共进、童心共育"的培养机制。内外共培，强调的是与专业团体、高等院校等教师培训机构形成战略合作关系，致力于教师专业发展方面的培训；师徒共进，主要通过教师伙伴关系的确立，实现教学相长；童心共育，则是教师参加培训的终极价值所在。

三、开发童心课程体系

"童心课程"是童心教育的核心，是学校保持良性高速发展的核心竞争力。学校努力通过校本课程的开发来实现学校多元办学的思想理念。在充分利用现有的教育教学资源的基础上，结合学校的童心文化建设，努力开发"童心课程"体系，在生动的环境中习得悟性、修得品性、获得灵性。经过不断摸索，我校形成了包含基础性课程即国家课程、拓展性课程即学科实践活动课程、综合性课程即综合实践活动课程、兴趣活动课程、家政课程等，既有主体常规课程，又有自主浮动的童心课程体系，从不同的侧面、不同的角度，用不同的方式对课程进行丰富、创新、整合，最大限度地激发学生的童心原动力。在整体教学中夯实基础教育各学科的知识与技能，帮助学生达成需要的基础知识、基本技能；在分类教学中，提高学生的实际能力并帮助学生实践和拓宽他们的视界，发挥学生长项，培养终身发展志趣；在多元教学中，满足学生的个性发展的需要，帮助有天赋的学生成长。

四、打造童心"真·美"课堂

构建"童心课堂"，落脚点必须在"真"和"美"上。童心教育认为儿童是天生的学习者，教育的功能在于顺应儿童的天性，满足其发展的需要。"真·美"课堂讲究求真、致美，调动儿童的学习潜能，培养儿童求索能力，并向儿童的生活辐射，帮助儿童自我发展。"我们培养的不是学习的对象而是掌握学习的人"，课堂的特点是高效互动探求真知、合作共赢和谐致美。学生是教学活动中的重要资源。通过"探究任务的生成、异质小组组内交流、同质小组组间风暴、反思性小结与提升"四个流程，使每一名学生在多向互动中获得个体学习难以取得的效果。不同学习结果的碰撞和合作探究，充分调动起儿童学习探究的积极性，实现了从被动学习到主动学习的转变，体现了生命蓬勃发展之美。"真"是教学的过程，"美"是教学的结果，通过真和美的教学为学生打下学习和思维的基础。

五、丰富童心教育活动

丰富多彩的活动是学生最喜爱的教育方式，学生可以通过各种活动获得经验和体验，接受教育和锻炼。落实童心文化建设，必须要丰富"童心活动"。活动的总目标以"儿童的全面发展"为本，在活动中强化品质与素养的同步成长，焕发童心活力。以充满尊重的校园生活保留率真的性情，以温馨的校园生活孕育关爱的德行，以有创意的校园生活满足求索的渴望。我们开展聚焦品格素养培养的课内活动课程，如群育活动、社会实践活动、家校共育课程等；开展聚焦个性才艺的发展课外活动课程，如课后一小时、社团、年级特色活动等，在活动中我们倡导"把活动全过程还给学生"，使他们实现真正意义上的成长。

基于上述的阐述，童心教育已经不仅仅是诞生之初的读懂童心的教育，更涉及儿童发展的各个阶段、学校建设的各个方面、学校管理的各个层面，其"率真、关爱、求索"的核心价值才得以体现。除此之外，童心教育还包含三种教育行动，即：童心的内在教育——自我教育、童心的帮助教育——同伴教育、童心的浸润教育——环境教育。无论何种形式，我们竭力做到尊重孩子的天性，让孩子在童心课程中，恢复生命的灵性、从容地成长；在童心活动中，积累实践和体验，自主地成长；在童心评价中，享受激励的乐趣，快乐地成长。

学生发展，教师发展，学校才会发展。学生提高，教师提高，学校才会提高。学校的童心教育能否发挥出童心能量，最终要取决于从未停止研究的童心配方——童心管理、童心教学、童心活动、童心课堂……我们的研究一直在路上。

做有生命力的教育

"每次走进首都师范大学附属小学的校园，以'率真''关爱''求索'几个醒目大字命名的教学楼以及学校精心布置的富有童心童趣的每个场所、每个角落都会清晰地映入眼帘，感觉置身于一片真诚、温暖、欢乐的气氛中，感受到了'童心教育'的浓浓氛围……"四年级1班李江浩同学的奶奶单允茹如是说。她曾经写过一篇名为《我眼中的"童心教育"》的文章，满怀感恩地阐释了童心教育对孩子以及对整个家庭产生的深远影响。

其实，童心教育又何止于对一个孩子、一个家庭产生影响？近年来，蓬勃发展的童心教育越来越多地受到社会和教育界的关注。

2013年11月，我校成功举行全国童心教育研讨会，并在会上成立了"童心教育学校联盟"，涵盖全国各省市及新加坡、澳大利亚的学校，目前由刚开始的60多所已经发展为100余所。

2014年，在中小学学校文化建设示范校验收工作会上，成都市武侯实验中学校长、语文特级教师李镇西不无激动地说："走了这么多学校，今天在首师附小才终于听到了孩子们最童真的发言，我很激动。"寥寥数语，是对童心教育的极大褒奖。

2015 年 5 月 8 日，在首都师范大学附属小学建设五周年研讨会上，首都师范大学孟繁华副校长激动地说："五年时间，附小把自己建设成为真正的一流学校了！"

不仅如此，我校童心教育体系的建设还带动了全国范围内基础教育的发展。我校成功举办了全国艺术教育研讨会、全国生本教育研讨会、全国童心教育研讨会等十余次国家级研讨活动。在首都基础教育和教师教育综合改革高层论坛、中国人生科学学会年会、北京市小学教育年会、海淀区中小学校园文化建设总结交流大会等数十次活动中进行成果介绍，尤其是近五年来，学校成了中小学教师国家级培训计划（简称"国培计划"）的校长培训基地，每年要接待来自北京师范大学、首都师范大学、北京教育学院、北京中教市培教育研究院、高等教育出版社等国培项目的学习参观团体，接待全国各地慕名来学习参观的学校以及机构，接待有志于童心教育研究的手拉手学校的领导以及教师上千人次。

童心教育的发展获得了社会的广泛关注。北京电视台、中国教育电视台以及《中国教育报》《现代教育报》《人民教育》《基础教育参考》《北京教育》《教育科学研究》等多家媒体和新华网、光明网、新浪网、搜狐网等十几家网站对我校的各种活动进行了长期的追踪报道。目前，我校高速发展的事例已经多次被北京师范大学、首都师范大学等高校的博士研究生作为案例进行学术研究。

著名教育家顾明远先生曾如此评价童心教育："首师附小从学校教育现实出发，转变观念、改进方法，提出'童心教育'的理念，突出'率真''关爱''求索'的教育价值观，引领全校教师关爱儿童、保护童真、激发童趣，不仅使儿童享受教育的幸福，而且为儿童的成长打好身心健康的基础。"

教育本身就是用生命温暖生命的事业，而童心教育在此基础之上更加珍爱童心、敬畏童年。读懂童心的教育是符合人类发展规律的教育，享受童心教育的孩子是天底下最幸福的孩子。

正如书名所言"为了希望的教育"，童心教育正是我们希望的教育，我们的童心教育要为孩子创造更好的未来！

第二章 "真·美"课堂，童心生态 / 47 /

课堂样态背后的文化追求

第四章　童心团队，幸福筑梦　　/ 185 /

团队建设背后的理想追求

第一章

童心教育的诗性生活

遇见童年

童年啊，是梦中的真，是真中的梦
在梦中无数次梦见 20 年后我的模样
20 年后我的模样真真如梦中的葱茏
才在恍惚中豁然发现
一生中最美妙的阶段
原来就是亦真亦幻的童年

哪个孩子不曾雀跃童年的花园
奔跑着去扑一只翻飞的彩蝶
跳跃着去追一只惶恐的兔子
呆呆地仰望着叫个不停的知了
即使得到一块糖的奖赏
也可以翻来覆去不断地张扬

哪个大人不曾梦回过自己的童年
多想回到小时候
眉头一皱鬼点子就上心头
多想回到小时候
再不为什么任务可以熬白了少年头
多想回到小时候
摔倒了也可以赖着哭闹

幸好，遇见童年
没有一个殿堂比孩子们的胸膛更宽敞

没有一束极光比孩子们的目光更明亮
没有一种声音比孩子们的声音更稚嫩
没有一双小手比孩子们的手指更灵巧
感谢你天使般的小手抚过我褶皱的额头

真好，点亮童年
是含苞的花
被你点亮而欣然绽放
是青涩的果
被你点亮而甜美
是一片懵懵懂懂的聪明
被你点亮而闪烁智慧
是一股清澈的溪水
被你点亮而奔腾不息
是一种强烈的欲望
被你点燃而呼之欲出

人生之中童年最好
童年之中相遇最好
——"你是爱，是暖，是希望，
你是人间的四月天！"①

注①：出自民国时期诗人林徽因《你是人间的四月天》。

/ 一 / 陪伴你长大

　　孩子不是白纸，而是天使，是聚宝盆，是可以萌发的种子。童心无形，如水，似云，千姿百态。教育者需敬畏童心，欣赏童心，做儿童最好的陪伴者。宋继东喜欢用这诗一样的语言，给每一个来到首都师范大学附属小学童心团队的新成员上童心教育的第一课。

　　正如山东名师孙明霞所言，《死亡诗社》中的基丁老师、《地球上的星星》中的尼克老师、《放牛班的春天》中的马修老师，他们都是学生最好的陪伴者。陪伴，是最好的教育。教育，不是挂在嘴上的口号，而是教育者群体落实在行动中的责任、智慧和爱；爱也不是挂在嘴上的口号，而是润物细无声的呵护、关怀和引导，是孩子进步时你扬起的眉毛和嘴角的微笑，是孩子郁闷苦恼时你流露出的焦急和关切……做儿童最好的陪伴者，是宋继东和他的童心团队的共同心愿。

读书廊的守望

　　一说到读书，小雨凡的脑海里就马上出现了一个漂亮的白色小长廊——那就是首都师范大学附属小学的读书廊。听它的名字就知道，这个长廊是用来供孩子们读书的。课间时，孩子们可以拿着书本，坐在秋千上，随着微风轻轻摇晃，在一片芬芳四溢、鸟语花香的花海里，享受着书籍带给他们的快乐。

　　读书廊整体颜色为白色，上面有一个波浪顶棚，四周还围绕着许多的花儿，时不时还有蝴蝶飞过，仿佛使人置身于一片

美丽的花海当中。读书廊正前面，围着蜿蜒的走廊半包围着一块不规则的小花坛，春、夏、秋三季都有不同的花相继开放，像商量好似的，轮流来为读书廊送来一片色彩，撒上一身香气。一阵风吹来，连你的梦也变得芬芳了。蝴蝶在花香中翩翩起舞，小蜜蜂忙着采蜜，孩子们呢，一个个、一群群，捧着一本心爱的书倚在廊下在书中采蜜。读书廊身后，有三棵高大挺拔的青松四季为它站岗守候，旁边呢，矮树丛、郁李、樱花树、迎春花和它做伴，每到春天，桃红色的郁李花、粉红色的樱花、嫩黄色的迎春花也来将它探望。花坛西侧的花丛中卧着一块大石雕，足有半个多乒乓球台大，一本大书就像被谁从中间翻开，书中的诗文显露出来，左侧一页青色石面上刻有红色小篆字体的《童心说》，右面一页是《童心赋》，这是学校童心理念的源头，书形石雕仿佛在向每一位驻足的客人诉说着首都师范大学附属小学的童心历史。读书廊，也仿佛总是安静不动地低声说："孩子们，欢迎你！孩子们，你今天读书了吗？"

走廊的入口和出口，有青绿色的石砖铺地，有的石砖上刻着楷体、小篆等不同字体的"读书廊"三个大字，飘洒有力，充满着文化气息。出口、入口形成小坡，走廊主体微微高出地面，走在上面好像漫步在一座小桥之上，又像泛舟水上。读书廊的地面由一块一块的木板铺成，木板连接得并不紧密，中间露着一道缝，每隔几米镶嵌一块大的透明玻璃，透过玻璃可以看到从泥土里努力长出的植物，仿佛给这古朴的地面镶嵌了一块块晶莹的水晶。这样的走廊七拐八弯，好像林间小路曲曲折折，人走在上面只能小步子一扭一扭的，像是在跳舞。廊顶，由宽出廊身的白色长条木间隔探出头排列，高低起伏，仿佛一支巨大的圣洁的排箫在吹奏悠扬的乐曲。

最吸引孩子们的，要数读书廊上的座椅了，那座椅是由两根结实牢固的银色铁链固定住的，像个秋千一样，美丽极了！孩子们都很喜欢，都想上去坐一坐，晃一晃，很快，读书廊就成为学校最受欢迎的设施之一了。登上读书廊，就会有一阵阵微风吹过，使人感觉十分的凉爽和惬意，也可以拿上自己喜爱的书籍，坐在读书廊上，伴随着面前一片花海的芳香，来享受知识的美好。阳光透过顶棚的缝隙撒了下来，为读书廊点缀上了一抹亮丽的色彩。整个读书廊在阳光的装点下，变得明亮而又洁白美丽。小雨凡以前并不是一个很爱读书的女孩，自从学校有了"读书廊"以后，她便对它充满了好奇，

看着同学们一个个坐在读书廊上津津有味地读书，她很是疑惑："怎么？难道坐在读书廊上读书会很有乐趣吗？"为了证明这是不是真的，第二天，她也拿了一本书，来到了读书廊上，踏上台阶，阵阵芳香随着风儿吹过她的身边，使她浮躁而又焦急的心渐渐平静了下来。只见大家坐在读书廊上，面对着眼前的花坛，陶醉在知识的海洋里，小雨凡便也找了一个位置坐了下来，翻开了书。渐渐地，在读书廊优美环境的包围下，她也开始觉得读书很有意思了。课余时，她总爱来到读书廊，静静享受读书廊带来的美好。

读书廊，就这样与校园里的每一个建筑、每一面墙壁、每一个标志、每一片草木，默默地陪伴着、守望着每一个孩子走过金色的童年。

和校长跳皮筋

和校长一起跳皮筋？不可能，绝对不可能！在几个月前，小天乐绝不敢相信。

这是真的！今年 7 月的一天，阳光明媚，首都师范大学附属小学在举行体育节活动，操场上热闹非凡。天乐正在苦练跳绳——单摇编花，忽然熟悉的声音传入他的耳中："谁愿意和我跳皮筋？"他抬头一看，啊！是校长！

宋继东见天乐睁大眼睛在看着他，马上又和蔼地说："谁愿意和我跳皮筋？"

此时，天乐呆住了，心想：校长还会跳皮筋？这简直是天方夜谭！同学们和天乐一样都沉默了。

"同学们，别害怕，来吧！会不会的都和我一起跳。"校长和蔼可亲地向孩子们再次发出邀请。

天乐想：我跳得不好，跳坏了怎么办呀？正在他犹豫不决时，已经有不少同学接受了校长的邀请。看见同学们都跳得那么开心，天乐还真有点后悔：要是还有这种机会，我一定不能错过！

学校每天下午都有半小时的体育活动时间。每天体育活动的铃声一响，同学们就像一只冲出铁笼的小鸟，飞到了操场上。天乐总是一边用期盼的目光搜索着校长的身影，一边加强练习跳皮筋的技巧。跳皮筋便成了他大课间的必修课。他等着，盼着，能和校长一起跳！

这一天很快盼来了！这天的体育活动时间，宋继东又来到孩子们身边。同学们再也不像上次那样羞涩了，而是快活地把校长请到身边来："校长，来和我们跳皮筋吧！"这天，宋继东给兴奋的孩子们表演跳皮筋：有时跳得好，就高兴得手舞足蹈，像一个孩子似的不住给自己加油鼓劲；有时看见同学们跳出新颖的花样，就睁着眼睛，全神贯注地观察，不时还虚心请教练习。校长那五花八门的跳法真让天乐佩服得五体投地。

"我都展示完了，谁愿意和我一起跳皮筋？"天乐立即把手举得高高的，嘴里还不住地喊："我，我！""好，来吧，孩子！"不知怎的，此时，天乐的脑子里竟一片空白，像机器人一样走到校长面前，心想：别紧张，放轻松，这不是你盼望的吗？

天乐尽力操作着脚下的皮筋，动作尽量保持一致。慢慢地，天乐不紧张了，脚下的动作越来越放得开了。他越跳越开心，越跳越起劲，扬起头，忽然发现校长的脸上洋溢着孩子般的笑容，好像返老还童似的。天乐悄悄地握紧了校长的手，心里甜滋滋的。

青菜的别样味道

教育，不是教师将自己的思想强加给学生，力图改变学生，使学生按照教师的思想意愿为人做事，而是给学生带来另一种思考方式，让他们进行一种尝试，一种从未想过的尝试。

一年级孩子刚刚入学不久，在学校用餐的过程中，吴绮莹老师发现有个孩子不吃青菜，只吃肉类，严重挑食。营养搭配的大道理家长已经讲过无数遍了，但是孩子依然挑食，甚至"理直气壮"地说："我在家就是这样做的！"吴老师从孩子的话语里，听出了一种不满，他在用家庭教育的错误，挑战着学校的教育；也听出了一种无奈，他知道自己这样做是错的，但是在青菜和肉菜的战斗中，他失败了，败给了自己的潜意识；更加听到了一种悲哀，一种父母对孩子溺爱的悲哀。吴老师知道，如果不在孩子入学时，一发现问题就立即解决，那么日后即便再努力，效果也会徒然。因此，吴老师抓住教育的最迫切时期，为这个孩子的教育"私人定制"。

喜欢青菜，从尝试第一口开始

据平时的观察，吴老师发现孩子很喜欢一款叫作植物大战僵尸的游戏，总是在纸上画着游戏里面的各种蔬菜武器。于是，从孩子喜欢的游戏入手，吴老师津津有味地和孩子聊起了蔬菜武器。"你最喜欢这里面的哪种植物呀？"吴老师好奇地问。"菜问！每次我选择它，游戏总会赢！"孩子脸上洋溢着自豪。吴老师不紧不慢地说："我也喜欢它，因为它总是能痛快地消灭僵尸。"孩子眼睛一亮，好像从吴老师这里找到了认同感，滔滔不绝地讲起了种种游戏的细节。"我不仅喜欢游戏里的菜问，生活中我还喜欢吃清炒白菜哩。"吴老师从游戏聊到了生活。孩子眉头微皱："可是，有一次，妈妈带我去外面吃饭，妈妈点的一道白菜是苦的，特别特别的苦。"孩子的笑容从脸上消失了。吴老师立刻意识到，孩子的挑食，是从第一次味觉体验欠佳开始的，故而从那次开始，孩子就认为一切绿叶的蔬菜都是这个世界上最难吃的东西。从此以后，只要是蔬菜，他便敬而远之了。

这让吴老师想起了学习理论上的"试误原理"，孩子在实践的过程中总是在尝试，当他发现行为不能达到他的预期目标时，他会自然改变方法，达到目的。当他完成了预期任务时，他也就学会了某种本领。对孩子而言，青菜作为一种错误尝试已经被排除掉了。想要改变这种潜在意识行为，帮助孩子改掉挑食的毛病，就要重塑吃青菜的过程，展开新的尝试，为"青菜们"正名。

于是，在一次午餐时，吴老师特意在班级里和孩子一起用餐，并把孩子叫到身边来："你看，菜问跑进咱们的餐盒里了。吴老师最喜欢吃清炒白菜了！你知道吗？吃掉菜问，它的能量会附着在身上，让你变得强大！"孩子满脸疑惑，半信半疑道："真的吗？""大力水手吃过菠菜后就变得力大无比，你记得吧？"吴老师一边吃着白菜，一边解释。孩子听了后，对着餐盒里的蔬菜，脸上露出了复杂的表情。"你尝一口，这菜淡淡的清香在嘴里会变甜。"吴老师笑着说，挑着眉毛显得很享受。孩子终于用筷子夹了一口青菜，有些苦涩地送进嘴里。忽然，满面喜色荡漾在孩子脸上，"吴老师，是甜的，菜问是甜的！我会变成充满能量的超人！"孩子高兴地喊道。在轻松的氛围和朋友般的交谈中，孩子放下了戒心，尝试了一口青菜。但是，吴老师要求孩子只吃这一口。

同伴鼓励，爱上青菜不再困难

当孩子发现青菜好吃后，吴老师想让他更加爱吃各种蔬菜。这时同伴间的鼓励就发挥出了重要的作用。

"我喜欢吃芹菜，妈妈说芹菜可以帮助我们排除身体垃圾，保持好身材。"一个爱漂亮的女孩儿说。

"我爱菠菜，我要像大力水手一样充满力量！"一个活泼好动的男孩子抢着说。

"我最喜欢油菜，香菇油菜是我最爱吃的一道菜！"

……

孩子总是很感性的，友情的催化也让他开始慢慢尝试各种青菜，和那个"纯肉食动物"渐行渐远。

家校合力，让孩子离不开青菜了

对于孩子挑食，家长有着太多的无奈。想要管教，但是又希望不要强迫，踌躇间便错过了最好的教育时机。他们希望通过学校教育，帮助他们弥补遗憾，在这样的想法的催化下，家校便达成了共识。家长在家，为孩子精心准备素菜，把青菜的味道尽可能美味地展现出来。孩子在这样美味的"诱惑"下，总是吵着要吃青菜。

其实，教育就是这样，甚是微小、细腻，它不是一种思想意识的强加，而是一种鼓励尝试。教师引导孩子进行各种尝试，从而让孩子获得各种人生体验，然后孩子会由这些经验自主地进行选择。在不断地尝试和体验中，吴老师会同家长，陪伴着孩子一点点成长。

让我轻轻地拉起你的手

这学期的第一节英语课上课铃声响起，武祎老师走进了一年级 3 班的教室，首先收入眼底的，就是孩子们天真无邪的眼神和嘴角的笑意，看得她心里暖暖的，也正是孩子们期盼的眼神，更增强了武老师和他们交流的愿望。面对刚刚走进校园的孩子们，她用最基本、最简单的英语和她丰富的、甚至有些夸张的身体语言和他们进行初步的沟通。正在这时，一个"不和谐"的声音出现了，伴随着一阵叮叮咣咣的声音，坐在第一桌的小男孩的铅笔盒和书本都掉在了地上，一片狼藉。他蹲在地上捡着东西，却一言不发。在武老师的再三催问下，他才终于开口了："我的东西太多，桌子放不下，就全掉下来了！"在随后的一周里，他总会在课堂上出现各种各样的状况，影响着课堂纪律与其他同学的听课注意力。为了能让大家更好地学习，武老师决定从他那脏乱不堪的课桌开始着手，帮他改掉坏习惯。

"小杰，过来一下，今天怎么了？看你闷闷不乐的？"武老师说。

"他们不借我用水彩笔。"

"为什么？"

"他们总说我的桌子太脏了。"

看了看他的小黑手，武老师还是伸出了手，握住了他那双脏兮兮的小手，温柔地说："那咱们先看一看，桌子到底脏不脏？"

武老师和他一起查看着桌子，发现桌面确实很不整洁。武老师说："拿出桌布，咱俩一起给桌子洗个脸怎么样？"小杰不好意思地笑了，赶快拿出桌布和武老师一起擦起了桌子。一会儿的时间，桌子就变得干净了。紧接着武老师说："现在小杰的桌子干干净净了，哪个小朋友愿意和他一起用水彩笔？"旁边的小女孩看了看，老师对她笑了笑，她对小杰说："我们一起用吧。"两个孩子一起开心地制作起了英语卡片，老师也在小杰的脸上看到了久违的笑容。

一连几天，武老师到班里上课，都发现小杰的桌面是干干净净的。看到这里，老师的心里也舒服了很多。有一天课间，她又把小杰拉到身边，跟他说："桌面干干净净，真棒啊！我好喜欢！能不能把咱们小课桌上的物品也摆放的整整齐齐啊？这样才搭配哦！"小杰听了，看了看自己凌乱的桌面，马上动手收拾起来。几分钟时间，桌面变得井井有条，学具摆放得整整齐齐，甚至连桌洞里都被他收拾得整整齐齐了。

从那以后，每次上课武老师都特地走到小杰的座位旁边，去看看他整整齐齐的课桌，去拉拉他又白又嫩的小手，和他舒心地交谈。小杰也很好地融入了这个集体，学习渐渐好转。每次武老师走进教室，小杰的嘴角都会漾起微笑，看得出那是来自于心灵深处的回溯。看到每天都在进步的小杰，武老师也更深地体会到，童心教育应该"润物细无声"，不可以嫌弃任何一个孩子，不能因为他们的卫生或行为习惯不过关，就把他们拒之千里，而应该充满爱心地和他们交流，呵护好每一颗童心，让他们体会到来自老师的温暖，那样孩子们才愿意和老师更多地交流，才能更健康快乐地成长！

当孩子最不可爱时

在这次的数学计算能力练习中，童童错误比较多。回想一年级入学以来，童童在各方面的表现，让她成了这个班里"最不可爱"的孩子，也成了需要老师们"特殊关照"的小"名人"。

记得开学初的第一次实践活动时，当全班小朋友准备好出发的前一刻，杜岩岩老师发现童童不见了踪影。正当大家着急时，她快走着回来了，但是敏锐的杜老师发现她此时走路的姿势有点不太正常。原来她刚才有点肚子疼，没告诉老师自己就悄悄地去厕所了。可是由于第一天穿新校服裙子，有点不习惯，在上厕所时她又不小心弄脏了裙子。杜老师迅速与家长沟通后，妈妈把童童带回了家。就这样，虽然还不熟悉，班里的同学们也都知道了这个特殊的小女孩。

渐渐地，老师们发现童童在班里表现出了越来越多的"不可爱"之处。例如，她总是比其他小朋友慢，课前用具准备慢，课上对问题反应慢，上操跑步节奏慢，餐后桌面清洁慢，放学整理书包慢。然而偶然的一天让杜老师对她有了不同的看法。一天下午，同年级的一个小女孩因为放学时妈妈来晚而哭了起来。童童正好经过她身旁，赶紧走到小女孩身边，笑着对她说："别哭了，你要坚强，看我遇到什么事都不哭。"一边劝说小女孩一边给她讲自己的一些"挫折"经历。杜老师正好听到童童刚才的言语，不由得吃了一惊，原来自己仅仅看到了孩子在学校里的一些不尽人意的表现，而童童身上还有很多没有被看到的闪光点呢。杜老师想，可能需要擦亮自己的眼睛，换个角度去发现孩子的独特之处了。

一天放学后，童童在教室里做值日，这时奶奶来到教室接童童回家。在与奶奶聊天中，杜老师得知童童在家相当爱说话，而且常常"一语惊人"。奶奶说，有一次自己说还不知道某件事，这时候还在幼儿园中班的童童竟然脱口而出："没文化，真可怕！"后来这句话竟成了童童的邻居间流传的"故事"了。也许孩子当时还不知道这句话的真正意思，但是她已经会在相似的语境中灵活应用了，这足以说明童童可以做到"学以致用"了，只要她足够感兴趣。

从此以后，杜老师总是想方设法多去了解童童的另一面，当她慢于别人时，老师并不急于催促她，而是先从内心深处接受她的独特节奏，同时积极探索着引导孩子自己去做出一些改变。当她课上反应慢时，老师试着在课下蹲下来和童童一起分析慢的原因，并鼓励她试着做一些新的尝试。比如，课前预习时，先整理自己想法，在家练习把自己的想法说给父母听，并用自己喜欢的方式先记下来。当她上操跑步节奏慢时，老师会去耐心示范小动作，先带着她跑，同时清晰地告诉她跑步时可以像老师这样把胳膊摆动起来，因为摆臂不仅有利于迈开腿，还利于保持身体的平衡。在摆胳膊的同时，童童脚步的节奏也渐渐跟上了。当她餐后桌面清理得慢时，老师会指引她午餐后先观察小组内最快的小伙伴是怎样清洁桌面的，并提醒她要注意小伙伴清理桌面的顺序，避免做重复的事情，然后像小伙伴那样去练习清洁桌面。当她放学整理书包慢时，老师试着在课间去启发她先给自己的学习用具分分类，比如，按照课本、练习册、练习本、文具袋等分开，也可以依据课程表，分散时间去收拾，上完课的用品可以先放进书包内特定的位置，以减少放学时需要收拾和整理的总量……就这样，童童以自己独特的"慢"节奏，在一点一点地进步着。

曾有人说："当一个孩子最不可爱的时候，就是他最需要爱的时候。"当孩子最不可爱的时候，老师需要仔细分析孩子不可爱的原因，试着换个角度去看待孩子，用心去读懂孩子眼神中表达出的童言童语，认真去发现孩子行为中流露出的童真童趣，依据捕捉到的信息，进一步去引导孩子慢慢改变自己的一些"不可爱"的小行为。这样，孩子们就会慢慢变得越来越可爱。

珍贵的承诺

2015 年 9 月 7 日，新学期开学的第一天。四年级的柴雅靖老师早早地就进了班。看着班里的学生见了自己也不问好，柴老师敏锐地察觉到孩子们并不在状态。

等到进班的同学都和她一一打了招呼之后，柴老师看了一下手表，已经快要到学校规定的集合时间了。然而此时自己班上还有 15 名同学没有到校。这么多同学还没来，是出了什么事情？起晚了或是堵车了？总不会压根儿就忘了今天开学吧？马上就是开学典礼了，学生到不齐可怎么办？柴老师控制不住的胡思乱想，她担心她的学生，或许也有点儿担心别人怎么看她这个新上任的班主任，心里不禁有点儿怒意，想着今天开学就应该早做准备，怎么能迟到呢，可越是着急、生气越是想不出什么应对的办法。

开学典礼之后回到班里，柴老师并没有马上说些什么，只是静静地看着同学们回到座位上坐好。孩子们对她的不言不语有点儿摸不着头脑，也就这么静静地看着老师。柴老师知道自己应该放下所谓老师的威严和骄傲，真正平等地去和孩子们交流。

"同学们，今天早晨我们班出现了一个非常不好的现象，很多同学在开学的第一天就迟到了。对于这件事同学们有什么想法现在都可以说出来，我们一起交流。"老师平静地说着。

那些迟到的孩子们看着老师，露出尴尬的表情。一个胆子稍微大些的孩子鼓起勇气举手说道：“老师，我不是故意迟到的，因为今天路上车很多，平时只要三十分钟今天用了将近五十分钟，我也没想到会这样。下次我会早一点儿出门，肯定不会再迟到了。”因为一个同学站起来解释了，其他迟到的同学也纷纷讲了自己迟到的原因并且保证以后会注意。

“老师当然知道你们不是故意迟到的，你们也向老师解释了迟到的理由，老师也都能够理解。不过，老师还要‘打破砂锅问到底’，”柴老师“狡黠”地一笑，“大家除了解释为什么迟到之外，还应该做些什么呢？”

这回孩子们都面面相觑说不出个所以然。他们也许并没有意识到，因为自己迟到，那些没有迟到的同学在教室里等了他们很长时间。

“老师……我们错了……我们下次绝对不迟到了……”

“老师，我觉得他说得不对。”一个今天并没有迟到的同学说道。

“虽然今天我没有迟到，可是不代表我以后都不迟到，我们谁也保证不了绝对，因为我也不知道会有什么我想象不到的事情发生。”

柴老师微笑着点点头并示意发言的同学坐下。

“我首先要鼓励这位承认错误的同学，因为他是今天这么多迟到的同学里第一个主动承认错误的。我为他的勇于承担点赞。我希望不管什么时候你们都能够成为勇敢的孩子。其次，我也同意‘绝对’这个词是绝对不能随便说的，同学说得很对，老师很高兴你们有独立思考的能力。”

“其实今天老师很感动。虽然有的同学迟到了，可是那些没迟到的同学一直在教室里等着大家，没有任何不满的情绪，看到老师发了脾气还来安慰我。大家在人来齐了之后能迅速到指定地点排好队。新的学期大家都长大了，看到大家的变化老师觉得很欣慰。”

听到这些话，孩子们纷纷抬起了头，柴老师看见他们眼睛里闪烁着光芒。

“老师，我知道了。我们的班级是一个整体，需要我们共同努力去守护。昨天全班同学一起约定好了到校时间，我们都应该准时到。可是因为我们迟到了，让那些没有迟到的同学等了我们很久，我们也应该和他们说声对不起，因为没能遵守承诺。”

“太好了。你们这么诚恳地道歉，我想没有迟到的同学一定会原谅你们的。大家说是不是啊？今天大家都很棒，我们给自己掌声鼓励吧。”

柴老师说话的同时看见孩子们脸上的“冷静”和“成熟”渐渐褪去，取而代之的是灿烂、明亮的微笑，她自己的心情也跟着轻盈起来。

在和孩子相处的时候，我们总是忍不住感叹他们的童心多么珍贵，柴老师想，教师的职责不仅仅是教书育人，更应该是关注如何能在引导孩子们的同时帮他们保留住童心中单纯、善良、宽容的美好品质。也正是因为孩子们拥有一颗善良、美好的童心，他们才会对约定这样看重，也只有这个时候趁热打铁才能帮他们树立一个正确的思想意识。

通过这次事情，柴老师意识到平等的分享和交流比那些声色俱厉的质问或责备更容易走进孩子们的心里，赢得他们的信任和认同。她在心里暗暗地做了一个决定：她要做一个能够真正走进孩子心里的老师，帮他们构建起自己的价值体系！

背包寻亲之旅

迎着灿烂的朝阳，同学们迎来了新学期的第一次升国旗仪式。这一天，对于二年级 7 班的桐桐同学是个特别的日子，他怀着无比喜悦与激动的心情，从校长手中接过沉甸甸的荣誉证书。"最美童心奖"五个大字在阳光下闪闪发光……

事情发生在 2015 年 8 月 26 日，那天晚上 6 点多，桐桐和妈妈高高兴兴地来到世纪金源购物中心的"字里行间"书店读书。绘本故事深深地吸引了他，他不自觉地随着书中角色比画起各种动作，一不小心挪动了座椅，他正要把座椅推回去，突然，眼睛一亮，他发现了一个蓝色的旅行背包。"哦？这怎么会有背包？谁的呢？"他四下望了望，没有人啊！"可是背包明明乖乖地躺在那里一动不动。""哎呀，糟了，不会是哪位爱书的人忘记带走的吧？"

桐桐连忙捡起书包，拍了拍上面的尘土，递给了一旁看书的妈妈。母子俩一起清点了书包内的物品。"哇，妈妈你看，书包里有 iPad！有爷爷奶奶的公园年票！还有一张小朋友的学生卡！"

"妈妈，背包里面这么多东西，要是丢了，他们该多着急啊！"妈妈感受到了儿子的"焦急"，一边表扬他，一边摸着他的小脑袋，安抚他说："没关系，不要着急，我们捡到了东西该怎么做呢？"

"一定要想方设法还给失主，"桐桐脱口而出，"妈妈，快看，小朋友的学生卡上有姓名和相片！人民大学附属小学李镐……我们一定要找到他！妈妈，您陪我去找吧，他现在肯定很着急！"

母子俩不由分说，收拾好自己的物品，带着蓝色背包，踏上了"寻亲之旅"。根据学生卡显示的信息内容，丢失书包的是位小哥哥，叫李镐，比桐桐大一岁，是中国人民大学附属小学二年级的学生。他们通过联系身边的叔叔阿姨，询问身边在人大附小上学的学生们，求助人大附小其他班级的老师乃至联系到了人大附小值班室的叔叔。在历经了10多个电话、1个多小时的努力后，他们终于联系到了李镐的妈妈。尽管此时妈妈的嗓子有些沙哑，桐桐的小头发也被长途跋涉的汗水浸湿，但是他们的脸上却洋溢着开心的笑容。

李镐妈妈匆匆赶来，激动地握着桐桐的手："感谢你，小朋友，太感谢啦！"桐桐有点不好意思了，说："阿姨，这是我应该做的，您不用太客气。"

背包历经2个多小时终于再次回到主人的怀抱，"寻亲行动"圆满完成。

领奖台上，捧着沉甸甸的"最美童心奖"证书，桐桐会心地笑了！尽自己的力量帮助别人，真的很快乐！

每个孩子都是明星

在首都师范大学附属小学柳明校区教学楼的墙壁上绘有一棵生命之树，树上长满了叶子，大树的旁边有几个漂亮显眼的大字——"世界上没有两片相同的叶子，世界上只有独一无二的你！"这句话是对首都师范大学附属小学"童心教育"理念最好的诠释。为了保护孩子们的童心，首都师范大学附属小学的校园里充满着丰富多彩的活动。

这不，期末临近的时候，一年级10班要举行"'我是明星'颁奖盛典"了！当班主任崔玲老师在班里宣布这一重大消息时，同学们都沸腾了！

放学路上，一路同行的小伙伴们忍不住在猜测。

"崔老师说班里每个同学都是明星，不知道我会是什么明星？"可可说。

"我猜我一定是吃饭明星，因为每天我吃饭最快，还吃得最干净！"洋洋兴奋地说。

"什么是颁奖盛典，和电视上一样？当明星的感觉一定很好！"杉杉满怀期待。

"每一个人，一样有用，我是明星，点缀天空……"几个孩子不约而同地唱起了《我是明星》的主题歌，开开心心地回家了。

而此时，崔玲老师正在办公室里忙碌，41个孩子是41颗明星，把每个孩子的优点充分挖掘，再给予一个好听的名字，这个工作也是需要费一定心思的！

终于，在一个阳光明媚的周五，令孩子们好奇、期待与兴奋的一年级10班"'我是明星'颁奖盛典"隆重举行了！

孩子们穿着最漂亮的衣裳，一个个神采飞扬，端坐在座位上，等待着上台领奖。

主持人明明妈妈念颁奖词："一年级入学百天仪式上有个身穿汉服的小朋友，身后背着精心准备的一张棋盘，面对所有的家长大声地说出了'我是围棋高手'的宣言！这个小朋友已经取得了围棋2段，而且还将围棋作为自己的最大爱好来不断学习。大家猜，这个小朋友是谁？"

"小白！"同学们异口同声地回答。

小白同学是个平时比较调皮的小男生，没想到第一个上台的明星就是自己，小家伙看起来又自豪又羞涩。

"恭喜小白同学获得我们班'围棋之星'的称号！请小白同学上台领奖！"主持人宣布。

小白同学在老师、同学和家长们的注视下，走上讲台。班主任崔老师作为颁奖嘉宾郑重地给小白颁发了班级"围棋之星"的证书。

"沉静、大气的你每天都在快乐地成长。你关心同学，热心帮助周围的人，还会把自己喜欢的小礼物送给你的好朋友，懂得和他人一起分享。你做事非常认真，一丝不苟，带动了身边的同学向你学习，这又是说的哪位同学呢？"

同学们开始猜了，最关心同学、做事认真的是谁呢？

只听见主持人宣布："恭喜小羽同学获得我们班级'快乐小天使'的称号！"

真的是啊！小羽同学做事情很认真，还喜欢与同学们分享，前两天还把新买的课外书拿到学校与同学们一起阅读呢，的确是"快乐小天使"啊！

小羽同学穿着漂亮的公主裙，款款走上讲台，从崔老师手里接过了"快乐小天使"的证书，还得到了崔老师一个大大的拥抱呢！

第三个上台领奖的是涵涵，她获得的是"劳动小标兵"。当主持人念到

"有一个同学每天都眨着大眼睛，露出甜美笑容向老师问好，每位同学都愿意和她做朋友。她特别勤劳，总是主动地留下做值日，有了她的付出，我们的教室更加整洁了"时，全班同学再一次异口同声地喊出了"涵涵"的名字，看来涵涵同学爱劳动在全班同学中认可度很高啊！

接下来，"快乐百灵鸟""未来小画家""优秀指挥家""全能操王""最佳主持人""巧手小天使""未来领袖""班级小领袖""阳光少年""阳光小天使""童心小学生""健康之星""甜美小天使""甜心小天使"等大奖逐一产生，一年级10班每一位同学都像明星一样上台领奖，快乐、自豪洋溢在一张张小脸上！

参加活动的家长们看着孩子们的成长，内心充满感动。

童心教育理念的核心是尊重每一个孩子，正如崔玲老师所说，如果说学校是一座大花园，孩子们就是花园里争奇斗艳的缤纷的花朵，每一朵花都是独一无二的，每一朵花都有各自的精彩，首都师范大学附属小学的老师们用心、用爱守护培育着每一朵小花，春风化雨，静待花开。

/二/ 呵护心灵的小秘密

"你若变成小孩，便有惊人的奇迹出现：师生立刻成为朋友，学校立刻成为乐园。"陶行知先生为我们描绘了一道迷人的教育风景，在这道风景里，阳光明媚，乐趣无限，暖意融融。宋继东常对老师们说："真正了解儿童就是要蹲下身来走进儿童的世界，要倾听儿童的声音。作为教师，不可总是高高在上，老师要把自己大人的身段放低，和孩子一起玩，和孩子一起学，和孩子互相珍藏小秘密。这是我们倡导的师生关系。"

教师要做孩子的老师，先要做"孩子"，成为孩子的朋友。做孩子的朋友，就是看到孩子的懵懂时，感到浪漫；看到孩子的无知时，感到天真；看到孩子的沮丧时，感到担忧；看到孩子的"特殊"时，呵护他的心灵……满怀一颗童心，理解、信任和亲近孩子。老师赢得了孩子的喜欢，而孩子也赢得了快乐地成长。

老师，我不会画画！

"老师，我不会画画，我本来就不会画画！"

"老师，他是新来的，他以前从来就没上过美术课。"

"老师，他所有课都这样，什么也不干，您别管他了！"

这是发生在首都师范大学附属小学四年级美术课上的一幕，课题是《厨房的一角》，课堂实践要求是用线描的方法画出厨房最美的一角。

他叫小然，是个身材瘦小的男孩，一张尖尖的瓜子脸，面色灰暗，大大的眼睛泛着无助的眼神，薄薄的嘴唇，下坠的嘴角，满脸的不开心，让人心生怜意，似乎在他内心矗立着天大的屏障，让他无法前进一步。

老师讲完画法，并做了演示，其他孩子都画不少了，可他的纸上却空空的，这才出现了开始的一幕。

刘玉维老师很吃惊，四年级的孩子怎么能一笔都画不出来呢？从来没有学过美术知识的两岁小孩都能拿笔画画。画画是人与生俱来的本领，即使没上过美术课也不至于一笔都不会画呀！他的内心一定是藏着什么秘密。

刘老师握住小然的手，带着他画了几根线，平静地说："就这么简单，你来试试。"小然有点无所适从，"我，我不会！我本来就不会！"

"没关系，来，拿起你的笔，点个点儿总行吧？"

"点个点儿？"小然拿起铅笔，在画纸上草率地点了个点儿，还有些不耐烦地说："这行了吧？"

"很好，这不是画出来了吗？你再把笔稍稍移动就成了线。"

一条细细弱弱的线条像孩子身体一样羸弱地出现在了纸上，老师心中立刻像燃起了希望的火，兴奋地说："好啊，继续画，画什么都行，想怎么画就怎么画，把这张纸画满。"

"画满？那我能不能用这个？"小然指了指带来的水粉画工具。老师说："当然可以了。"刘老师见到小然的变化，脸上露出了幸福的笑容。又教他怎样使用水粉工具。小然学会了，选了个自己最喜欢的湖蓝色，用水粉笔蘸着颜料兴致勃勃地一笔一笔地画了起来。

过了一会儿，刘老师见小然还在用这个蓝色不停地涂，老师说："你再选两种和蓝色搭配好看的颜色涂上去试试看。"小然居然选了红色和黄色，多谐调的一组搭配呀！红、黄、蓝正好是三原色，这样的搭配能带给人强烈的视觉冲击力。著名的抽象大师蒙德里安就喜欢用三原色作画。小然这不经意的涂涂画画不就是一幅很好的抽象画吗？孩子从画画中找到了乐趣，老师从画中找到了那盏心灯。

下课前，刘老师在全班同学面前大力表扬了小然同学的进步。小然绷紧的表情此时早已融化，高兴地说："老师，我下次还能这样画画吗？""当然可以了！"老师的脸上也露出愉快的笑容！

虽然，小然的作品还没有达到本节课的作业要求，但是他从不画到画，从画点到画线，从画线到画面，从单色到多色，一个小小的封闭的心灵被老师的知识、经验、耐心打开了！这难道不是一个质的飞跃吗？只要他建立了敢画的信心，技法还算什么？一个小学生拥有健康的身心，养成良好的学习习惯远比学到了多少知识与技能更重要。

后来，刘老师又找到小然的班主任和家长谈了孩子的情况，原来孩子由于家庭环境和身体素质等原因，心理受了一些影响，不能像其他孩子一样正常学习。刘老师的话语、态度、要求与评价给了小然在课堂上大胆表现的勇气，他在后来的美术课上再也没有"什么也不干"，每节课都尽情地画着。

有一次画科技幻想画，同学们都安静地投入到创作中。刘老师在教室里巡视，走过小然身边的时候，一只瘦弱的小手轻轻拉住了老师。"老师，您看我画的！""哟，真不错！正好到了讲评的时间，你到台上给大家讲一讲吧？"老师见他有些胆怯，又有些犹豫，就拉着他的小手，说："来！老师和你一起讲。"小然怯生生地走到讲台上，老师和他一起举着画，他喃喃地讲起来："这，这是我设计的一个机器人，我一个人在家时，他可以陪我玩儿；当我不会写作业时，他可以给我当老师，还能带我去旅游……"台下响起了齐刷刷的掌声！小然羞涩地笑了。

类似于小然的孩子并不少见，首都师范大学附属小学倡导的童心美术教育就是要让每个孩子都能够敞开心灵，敢于拿起画笔尽情地表达自己的所思、所感、所悟，将来才有能力面对人生的挑战。天使的梦想正在从这里起航！

一个人的"合唱"

一天，结束合唱课程回到办公室的杨颂老师，手里的书本还没有放下，门缝里露出一个小脑袋，怯生生的小脸上一双充满期盼的大眼睛眨巴眨巴："杨老师，合唱比赛的时候，我能上场吗？我保证不出声，不影响比赛，行吗？"四年级 4 班的小宇，鼓起勇气向杨老师"抛"出了一个问题。

作为教了小宇所在班级四年的音乐老师，杨老师非常了解每个孩子的情况。小宇这个孩子平时上课非常认真，可音准问题经过长期训练却依然没有太大进步。即便如此，每次上合唱课，站在队伍里的小宇依然积极性很高，跟着同学们齐齐晃动小脑袋，摆动身体。在办公室里，小宇偷偷告诉老师，为了不影响大家唱，他就小声唱，或者只是做做嘴型。杨老师摸摸小宇的脑袋，和蔼地说："放心吧，班级合唱就是所有同学都参加，老师怎么会把你落下呢？"听了老师的话，吃了"定心丸"的小宇蹦蹦跳跳地离开了办公室。

其实，细心的杨老师早就在课堂上发现了小宇的"秘密"，而小宇提出来的问题，对杨老师而言并不是问题，即使是参加北京市比赛，她依然会带上小宇，因为真正的班级合唱，就是不能落下任何一个孩子。每次看到孩子们在合唱中获得自信、愉悦感，杨老师就非常有感触，合唱就应该面对每个学生，人人都参与合唱，享受合唱。

有人说，一所小学，拥有一支从全校学生中择优选取的优秀合唱团并非难事儿，而让每个班级都成为一个合唱团，却并不简单。首都师范大学附属小学童心教育的合唱课程就是把合唱教学纳入音乐课程中，力图打造课内外一体化的合唱课程，倡导"人人开口唱，班班有歌声"，让每个孩子都能有合适的方式体验合唱带来的愉悦！

成为孩子的"同伙"

小焦是个长相可爱、行为可怕的孩子，性格里充满了叛逆。不是亲身遇到这样的孩子，李海岩老师是无法相信他竟然只是一名二年级的学生。

那天中午孩子们高兴地从教室外走了进来，外面的春色太迷人。忽然李老师前面暖气旁的呼啦圈飞了出去，打到了后边的一名女生身上，接着听到一名男生说"我不是故意的"和桌子的碰撞声。李老师定睛一看，这时坐在第一排的小焦正准备把第二个呼啦圈向后扔去。李老师急忙站起来，迅速夺下了他手中的呼啦圈。他和李老师几番争执后就跑出了教室，在教室外的一个角落里藏了起来。

李老师既心疼又生气，李老师知道相对于说教，这个孩子更需要她的理解和认可，而不是一味地去请家长，一味地去批评。突然间，李老师觉得这个孩子需要自己一个大大的拥抱。班里静静的，她将这个刚刚还和自己大动干戈的孩子轻轻拥抱入怀。小焦很惊讶，抬头的瞬间眼中已有泪花。李老师知道，今天的事已无须再说了，他已知错。

但这并不代表李老师已真正"走近"了这个孩子。她轻轻拉过身边的椅子坐下，一本正经地说："小焦，李老师从没有遇见一个能跑过自己的学生，咱们试试吧！你跑吧，我一定能抓到你！"小焦怀疑地看了李老师一眼，转身就要跑，李老师一把抓住了他。他低头不语继续站在李老师的面前不动，静观其变。但当李老师刚要端水杯喝口水时，他转身就向后门跑去，李老师几大步追到后门，他又晚到了一步。

"服气吗？还跑吗？"李老师稳住呼吸问。

"不跑了。"他蔫蔫地说。

李老师放开这个低着头的孩子，静默了一会儿。她摸着孩子的头，平静地说："小焦，你个子不高，但老师知道你是个真正的男子汉，你所做的每件事都愿意自己负责，对吗？"

小焦把头往下低了低，用力地点了点头。

李老师接着说："为什么不能总是让爸爸妈妈来学校，并不只是因为他们辛苦，而是他们也有自己的责任，有自己的工作。你的行为已经严重影响了他们，你明白吗？"

小焦的头更低了，豆大的泪珠落在了地上。低低的呜咽声在静静的教室里显得格外清晰。

李老师走上前，捧起孩子那挂满泪珠的小脸，为他轻轻擦去眼泪，看着孩子清澈的眼睛说："从你的眼睛中，老师知道你今后再也不会犯和今天一样的错误了。所以，今天的事情我不会告诉任何人。"

小焦惊讶地瞪大了眼睛。

李老师温柔地笑起来："不相信？咱们拉钩吧。但是，你一定要保证在两周内不发生任何打闹事件。作为奖励，老师会在两周后，把你的爸爸妈妈请到学校来，当面肯定你的进步……"

听到这里，小焦迫不及待地抓着李老师的手，连说："真的，真的啊！"

当一只大手和一只小手勾在一起时，窗外的阳光已洒满整个教室。

两个星期很快就到了。在此期间，小焦的小毛病依旧会发作，但他真的没再动手打人，几次和同学发生矛盾时，他都及时克制住了自己。爸爸妈妈虽然忙得不可开交，但依旧禁不住李老师的"诱惑"，夫妻两人同时来到学校，他们一起探讨孩子的问题，规划孩子下两个星期的目标。就这样，在家校共同的努力下，"大问题焦"已经变成了"小毛病焦"。你瞧，课间活动中那个为同学们摇绳的人就是他；值日中那个满头大汗的人就是他；班中每日的纪律总结也有他的发言。

"小毛病焦"正在逐渐成为"多优点焦"！李老师深感成为孩子的"同伙"，满怀一颗童心，去理解、信任、亲近他们，不啻为教育的一种真谛！

唯有欣赏才能懂你

每天与孩子们在一起摸爬滚打，李亚兰老师被孩子们亲切地称呼为"知心姐姐"。用孩子们的话说就是"您懂我们"，这是多高的一个评价呀！但过程之曲折，只有故事中的人自己知道，默契品味着他们自己书写的故事。

他的沉默世界

五年级有一个很特殊的孩子，他总是沉浸在自己的世界里，一旦有人靠近他的世界，或者干扰他的独处，他就会突然间爆发。可是李老师总觉得他看自己的眼神充满了求助与委屈。李老师试着询问过原因，可是孩子有很强烈的抗拒，不肯回答她的所有问题。

李老师告诉他："你有不回答我问题的权利，只是一个人忍耐着寂寞和各种不友好的批评，是件很难过的事情。很多成年人都无法独自承受。如果你需要帮助，可以随时来找我，我就在你不远处陪着你。如果你不想改变，那也是你的自由，你的选择。我表示尊重，即使我不赞同，但我仍然会尊重你的选择。"说完，李老师真的一个优雅的转身，离开了孩子的视线。

在接下来的日子里，孩子经常偷偷地来看李老师。李老师总是一副淡定的样子，没有对他额外关注，也没有批评。

欣赏他的画作

在一次上课的过程中，李老师提到了自己最喜欢的减压方式——画画。当时她是这样说的："每个人在人生的旅途中都会遇到快乐，也不可避免地会遇到烦恼。每个人都需要学会发泄和自我减压，因为我们都是爱自己的，不希望自己被压力压垮。有些方式有效，但是会伤害别人或者会伤害自己，而我选择用画画的方式，描绘我的内心世界。那个世界只属于我自己，不用看别人的眼光，不用求得别人的认可，安安静静地做自己就好。只是如果有人能够看懂我的画，读懂我的心情，我会欣喜若狂，因为知己难求。"

李老师边说边悄悄地关注那个孩子的神情，发现他的眼睛湿润了。下课后，孩子拿着自己画的几张画让李老师看。李老师安静地看着他的画，然后用眼神寻求他的意思，他点头表示想听老师的感受。李老师默默地叹息一声，用手摸摸他的头，告诉他自己的想法："你是个很孤独和寂寞的人，有种怀才不遇的孤独。你的画中，我看到了细腻的笔触，精巧的构思，大胆的用色，狂野的情绪。但是，画面中没有人，更没有你自己。没有家庭的温暖，没有伙伴的欣赏，没有荣耀，也没有希望。这是一个荒芜的被废弃的城市。"

在解读孩子的画时，李老师没想过要教育孩子，只是尊重他的意思，单纯而诚实地说出自己的想法。其实，有时真正的坦诚才是最好的教育，童心的世界需要的是尊重和真诚。孩子没有说话，低着头转身走了。在他转身的一瞬间，李老师看到他嘴角上扬，但是却流下了泪水。李老师没有追上去，也没有安慰。她知道，孩子不想让人看到他的泪水和脆弱。

接下来的日子，孩子每天给李老师看他画的画儿，李老师也每天欣赏着他多彩的画面和丰富的内心世界，并感受到有些东西在他的心里悄悄苏醒。没有任何批评和教育，他们只是单纯地交流画作。就这样，在几十张画作的欣赏和解读之后，孩子终于可以正常上课了，在其他学科的课堂上也有了正常的表现，甚至有了精彩的发言。

莫名的默契

每次李老师走进课堂，孩子都会带头鼓掌欢迎她上课。李老师也会点头微笑，对他的欢迎表示感激。很多人问过李老师："他怎么那么喜欢你？"她微笑着告诉那些询问的人："我也特别喜欢他呀！"也有很多人去问过这个孩子，为什么这么喜欢"知心姐姐"，他只是笑笑，然后淡淡地说一句："就是喜欢。"

这样的默契温暖着彼此，也像鲜花的芳香一样，弥漫在整个课堂里。李老师相信，一句"你懂我"，是最好的认可；尊重与欣赏，是最强的力量。于是，她坚定地陪着每一颗童心经历着每一个生命故事，而这些感人的生命故事也在滋养着她的生命和灵魂。世界上有什么事比用一个生命影响另一个生命更美好呢？

小纸条搭起心灵之桥

那是石颖老师教三年级的时候。一天，她抱着课本，哼着小曲，高兴地向教室走去。突然，班长冲了过来："石老师，不好了，翔翔上科学课违反纪律，老师批评他，他还不听呢！""啊！又是他！"石老师的脸立刻沉了下来，为了教育他，石老师几乎耗上了所有的课余时间，找他谈心、和家长联系、耐心地批评，可就是不见效果，真是伤透了脑筋。

今天一定要好好帮助他。石老师边想边冲进了教室。没想到所有的同学正围着翔翔，纷纷指责他的种种不是，而他则敌视着周围的一切。但石老师从他的眼神中，分明感觉到了他内心的无助。这时，石老师心软了，这孩子，表面装得如此强硬，其实心灵深处是多么孤独啊！如果这时再大声训斥他，岂不是……

美国教育家季洛特说："教师的工作不仅仅是知识的传授，更重要的是处理好复杂的人际关系。作为教师，必须要重视与学生的关系，要能夺得每个学生的心。"要夺得翔翔的心，光用批评教育显然是无效的，要选择什么样的沟通方式呢？

初尝甜头

忽然，一个念头闪过石老师的脑际，前几天不是看过一篇文章，说一名校长利用写纸条巧妙地化解了与老师之间的尴尬吗？何不也写张纸条试试？

石老师示意同学们都回座位，然后走上讲台，略加思索，一张纸条写好了："翔翔，刚才发生的事或许有你的理由。你是个聪明的孩子，一定能自己好好想想。老师不想责怪你，只想看看这一节课，你能不能认真听讲十分钟。做得到，你在老师眼里就是最棒的！"石老师轻轻地走到了翔翔面前，把纸条塞给他。刚开始他满脸诧异，看过纸条之后，他那充满敌意的眼神似乎缓和了一些。

上课了，翔翔竟然破天荒第一次端正地坐在座位上。五分钟过去了，端端正正，十分钟过去了，还是端端正正。石老师高兴地对他点了点头，没想到，后来他还几次举手回答问题。坚持着、坚持着，整整二十分钟，他一直端正地坐着认真地听课，尽管后来他又有点按捺不住，偶尔玩笔，还东看看西看看……但这已经让石老师非常高兴了，因为他不但达到了石老师的要求，还比要求延长了一倍的时间！这纸条太神奇了，比石老师苦口婆心地说教一个小时都有效。

乘胜追击

下课后，石老师不失时机地又写了张纸条："真了不起，翔翔，你坚持了二十分钟，老师太佩服你了。下节课继续这样，好吗？"这一次翔翔拿到纸条，笑眯眯地跑开了。还真灵，下一节课他又有不错的表现。尝到了甜头的石老师，便经常利用小纸条和他沟通，当他作业拖拉时，一张期待的纸条便递了过去："翔翔，今天的作业你就在五道题中选做三题，和大家比试比试，好吗？"当他生气时，又一张提醒的纸条递了过去："翔翔，记得哦，忍一时风平浪静，退一步海阔天空！"当发现他进步了，石老师又会送他一张鼓励的纸条："翔翔，这个月的进步之星非你莫属了！"……

诸如此类的纸条不断地从石老师这儿传出。坚持了一段时间，翔翔真的变了，与同学相处和谐了，对待老师友善了，课堂上也经常能看到他高举的小手了。

投桃报李

慢慢地，翔翔也会给石老师写一些回条了。有时写道："老师，请放心，我会加油的！"有时写道："老师，我最喜欢你的小纸条了，我把它们全都收在文件袋里！"更令石老师感动的是，有一天，她声音有点沙哑，翔翔竟然递过一张夹有金嗓子喉宝的纸条，写道："老师，您嗓子不太好，我从家里找了一盒金嗓子喉宝，要记得吃哦！"望着他跑开的身影，再看看手中这饱含情意的纸条和金嗓子喉宝，石老师的眼睛湿润了，感动、兴奋、愉快一齐涌上心头。她想，这就是做一位教师平凡而珍贵的幸福吧。

一张小小的纸条，虽然诠释的内容不多，但它饱含了师生之间的真诚、理解和深切的关怀；一张小小的纸条，在师生的心中搭起了一座心灵之桥，使师生间有了心与心的沟通，顽皮渐渐被软化，自卑找回了信心，胆怯也鼓足了勇气！

折翼天使的幸福

首都师范大学附属小学的资源教室建设已近十年，这十年中，有一群特殊的孩子在全校师生的共同关爱下成长，每天都有很多平凡、真实的故事发生，感动着大家。

"重复"中的收获

她是一个长相甜美的小女生，大大的眼睛水汪汪的，翘起的羊角辫透着一股灵气。可是，让人惋惜的是，她是一个有中度自闭症的小姑娘，最大的爱好就是重复、记忆别人的话，在相关或不相关的情景中，不适合地重复出来，也因此吃了一些苦头。

记得那是在北京南站候车室里，妈妈去了厕所，她安静地坐在座位上，有些紧张，却认真地帮妈妈看管放在座位上的行李。这时，一对陌生的年轻夫妇走过来想坐下，她双手握紧拳头，抓着自己的衣角，随着年轻夫妇越走越近，她变得越来越紧张，嘴里不停地开始重复："陌生人，神经病！"其实，她心中并不知道这是对别人的辱骂。陌生的年轻夫妇生气了，将座位上的包扔到了地上，然后坐下了。一脸茫然的她默默地站起来，紧张而慌乱……

这话源于外公曾接到一个陌生的骚扰电话，随口说了句"陌生人，神经病"，不懂得与人交往的她此刻将这段回忆不适当地迁移过来，在嘴里重复了出来。

小姑娘遭到如此尴尬的境遇，资源教室的郭新星老师很心疼，一方面提醒妈妈不要疏忽大意，另一方面开始尝试帮助她。在她的课上，郭老师设计了很多遇到陌生人可能发生的情境，如问好、让座、再见、不能跟陌生人走等，反复表演。同时，郭老师还抓住她喜欢涂色的爱好，将每一个情境编成短小的绘本故事，让她制作绘本，然后和她一起阅读。周末的时候，爸爸妈妈也会带着她去汽车站、火车站、超市等场所进行真实场景的练习。

一个学期过去了，又到了返程回家的时候，她在火车站候车室里，看到一个陌生的爷爷，嘴里重复地说："您坐，您坐！"陌生的爷爷慈爱地说："谢谢你，宝贝！"听到陌生人的感谢，她高兴得手舞足蹈起来。后来，她在这样的重复中获得了越来越多的快乐，她的善良也给别人带来了很多快乐，班里的同学玩耍、活动的时候都喜欢拉着她一起参与。

孤独并快乐着的孩子

体育活动时间，校园变成了欢腾的海洋。孩子们像快乐的鱼儿，成群结队，嬉戏玩耍。一条特殊的"小鱼"，快乐地笑着、跑着，在斑斓的"鱼群"中穿梭，却几乎不和任何人有交集。他，就是宁宁。

作为陪读家长，宁宁妈妈就这样每天看着他，看了四年多了。四年多，宁宁妈妈最深的体会就是，儿子是一条孤独的鱼，不是别人隔绝他，是因为他天生自闭；他又是一条快乐的鱼，因为，他有幸融入了首都师范大学附属小学这片海洋。

是的，学校这个大环境，对特殊的孩子同样重要。不知该怎么形容，宁宁不可思议地特别喜欢上学。每天走进校门，脸上总是透着独有的喜悦和神圣。尽管因为注意力缺失，他在课堂上获取知识的能力很弱，但上课这种"仪式感"让他非常喜欢，觉得"我和别人是一样的"，这点似乎对他特别重要。宁宁妈妈深深感激，首都师范大学附属小学这个大环境对特殊儿童的接纳和包容。自闭症儿童行为怪异，兴趣不同寻常，缺乏自我约束力，不懂得社会规范。但是，在学校这个大环境中，通过日复一日的培养训练，这些问题都是可以解决或改善的，而这正是家庭无法模拟和做到的。宁宁进过广播室，打开喇叭对全校师生"播音"；为看餐车转动的轮子，多次跟随餐车进入老师们正在用餐的食堂；在好奇心的驱使下，"探究"过学校的每个楼层和角落……对于宁宁种种不适切的行为，老师们总是耐心疏导，让宁宁的行为有了很大改观。

现在，课堂上，宁宁可以做到安静听讲，注意力慢慢由无意注意向有意注意过渡。在和同学交往中，他的眼睛能够渐渐看着别人，目光热切，而不像过去那样冷漠游移。升旗或者课间操，宁宁能站在班级队伍里，跟随同学们完成整个过程……宁宁还学会了跳绳、踢球、吹口琴、画画等许多技能，每一项都浸透着老师们的悉心指导和额外付出，令宁宁父母感激不尽。

当然，宁宁还有很多地方，如学习障碍、情绪问题等，需要与众不同的干预和调节。因此，学校配备的资源教室便成了很好的休憩港湾和情绪出口。沙盘游戏、感觉统合运动、思维训练、游戏互动，加上特教老师的专业指导，可以为特殊孩子减压、充电、加油，的的确确是一个好地方。

通过几年陪读经历，宁宁妈妈真真切切地感悟到，对于先天缺乏社会性的孩子，他们同样渴望社会性大环境。对于学龄期的特殊孩子而言，只有在正常的学校环境中，缺失的东西才可以重塑，不足的东西才可以完善。正常的孩子会随着年龄增长，自然而然地适应这个世界，但特殊的孩子却需要有人帮他们一扇一扇地打开这个世界的窗子。宁宁何其有幸，在父母、老师、同学的关爱和帮助下，洞开了心灵，体验到了外面世界的种种精彩！

/三/ 私人定制，点亮童心

常言道：一把钥匙开一把锁。每一颗童心，就如一把特制的锁，拥有独特的外形，藏着独特的锁芯。在首都师范大学附属小学老师的心中，为每一个儿童找到一把适合的钥匙，打开隐藏着的锁芯，点亮每一颗童心，是他们神圣的使命！

飞飞办画展啦

"宋校长好！"飞飞冲校长点点头，挺着胸脯往外走，仿佛自己是个明星，到学校表演来了。"咦？今天气场怎么这么强？"宋校长心里暗暗嘀咕。回到家，宋校长打开手机，看到朋友圈中飞飞班主任李冬梅老师的微信："向高波老师学习，学生个人展览办起来。第一期隆重登场！希望更多同学能在这个舞台上绽放光芒，度过金色童年。"原来如此！宋校长暗暗点头，看来飞飞的变化真是不小啊！

"飞飞，这是老师一会儿要下发给同学们的生日贺信，你帮我装饰一下好吗？"自从李老师发现她的兴趣之后，总能找到合适的事情去让她做。慢慢地，飞飞和李老师的感情越来越好，老师说什么，她也都能认真听了。"飞飞，看你妈妈在朋友圈发的照片，你的画真是越来越棒了！你为什么不在班级里办个人画展呢？""我吗？"飞飞眼睛亮了一下，瞬间又暗了下去。"我可以吗？""怎么不可以？学校就是你们展示才艺的舞台啊！"李老师笑着点头说。"我和妈妈去准备！"飞飞跳着跑出去了！

几天之后，妈妈带来了飞飞的作品，一共有 7 幅画，每幅都那么有个性。妈妈刚把展板放进班级摆好，飞飞就激动地跳上了讲台。"我来给大家讲讲这幅画。""稍等一下哦，"李老师微笑着打断，"同学们还没坐好呢！你等同学们准备好了，再讲吧！""我都有点迫不及待了！"飞飞笑着说。同学们准备好之后，飞飞开始一一讲解创作过程："这是我心中的妈妈……"每一幅画，都有一个故事。每个故事都那么有意思，讲到动情时，她就蹲在地上。而听她讲画的孩子们呢？也跟着蹲在地上。真是让人感动的一幕！

看着照片中飞飞那专注讲述的样子，宋校长不禁感叹："这个曾经的丑小鸭快要变成一只白天鹅了！"

一种赏识，会开启一种崭新的生活，谁说不是呢？

可爱的"倔头"

六年级有个大男孩叫小夏，他是学校里出了名的"倔头"，经常听任课老师说起他的"倔事"。他高高的个子，方方的脸颊，宽宽的脑门上长满了不服气的青春痘，说起话来声音洪亮而略带沙哑，不折不扣一个青春叛逆期的孩子。

"倔头"遇见"倔头"

什么事让刘玉维老师记住他了呢？第一次上课的时候，刘老师讲了一下美术课堂的基本要求，又讲了讲该准备的学习用具，要求每个人交10张素描纸，上课时再发下去，随后开始讲第一课内容。第一次还好，平安度过。第二次上课要去美术教室，并且交准备好的纸。小夏张口就大声嚷："为什么非要交上去再发下来？多麻烦，那发下来的还能是自己的吗？"他语气蛮横，老师被这种没有礼貌的行为激怒，但还是忍住怒火给他解释："统一收上来是怕有同学忘了带，耽误用。"他又大声嚷："以前老师都不收，为什么你非要收？"刘老师努力压住心中的火，说："如果大家都不愿意交，也可以，但要保证每次作业都有纸用。"几位同学跟着说不愿意交，这件事刘老师让步了，同意了他们的要求。

随后，出教室排队去专业教室上课，别人都出来了，他还在教室里找东西，好不容易出来了，又和同学说话，而且说话的不止他一个，整个队伍懒散，没队形。刘老师的火再也压不住了，大声训斥了他和全班同学。过了好几分钟，队才排好，来到美术教室。

到了美术教室后，老师开始讲在美术教室上课的要求，怎样收拾用具，怎样摆放桌椅等常规问题，又提到如何获取成绩……有了他这个"倔头"带头，其他同学也散散漫漫，对刘老师提出的一条条本来合理的正常要求也开始横加指责，有点要"造反"的架势。

这种场面，刘老师工作了20多年，还真是很少见！既然这样，不能硬碰硬啊！刘老师想，我工作这么多年了，难道被这帮倔头吓倒吗？你们今天既然这样，我也先不要讲课本上的知识了，没有一个良好的课堂气氛，教学怎么能取得良好的效果呢？

原来如此

想到这里，刘老师说："把你们对我的看法都说出来，让我知道哪里做得不对，如果确实是我的错，我承认，并且马上改。"孩子们听到老师这样说，大胆地举起了手，有的说："原来杨老师给分都是A\B\C\D，您为什么给优、良？还是原来的老师好。"老师听到这里，想笑："这有什么吗？两种写法都可以呀，你们喜欢英文的，我可以给咱班例外。"继续，下一个。"你总不对我们笑，太严！我们喜欢温柔的老师。"哦！刘老师突然明白了，原来，他们很喜欢原来的美术老师，习惯了以前老师的风格，对新换的老师不了解，不习惯，没有感情，所以才造成了开始的场面。

这种集体向老师质疑、反驳的情况还真是触动了刘老师，刘老师的自尊与自信动摇了。"找到原因，反思自己，必须，立刻，马上！否则，今后的课可怎么上？"刘老师暗自对自己说。下课后，刘老师没有离开专业教室，开始写反思，反思着在学生面前强有理的内容是以话服人，还是以理服人？是不是笑着说话，孩子们更容易接受？有时候温柔的猫比凶猛的老虎更有力量……就这样一点点地反思着自己的言行，思索着其中的道理。

后来，刘老师又找到了同年级的年长教师和本班的班主任了解学生的情况，得知这个班是住宿班，孩子缺少母爱，所以他们希望老师像妈妈一样温柔。难怪，刘老师教这么多年没遇上过这种情况，因为，以前没教过住宿班学生。"住宿班"这个概念确实提醒了刘老师。

关于严厉，班主任比她还严厉呢。刘老师以为，只有像她那样这个班学生才会怕。老教师又道出了关键之处：她带了一年多了，有感情了，所以学生听她的。刘老师恍然大悟：原来是缺少沟通！班主任了解整个过程后，也和学生解释换老师的原因，帮助学生了解现实问题，也让学生更快地了解刘老师。刘老师也找了几个有代表性的学生，向他们了解对自己的看法。

最后，刘老师总结出小倔头们犯倔的原因，主要是缺乏对老师的了解，短时间内没有建立起良好的师生感情，老师的严厉在学生信服的情况下是有效的，在学生不信服的情况下，反而不起作用，或是起反作用。由于这个班是住宿班，他们比其他孩子思维更独立，胆子更大，更团结，所以，要想赢得学生的信赖，必须让他们了解到老师的优点，正所谓，"亲其师，则信其道"。

"倔头"也可爱

下次上课的时候，刘老师微笑着对同学们说："上次的课我们之间发生了不愉快的事，引起了我的深思，我向大家保证，我对你们是负责的，对上课这件事是认真的，你们应该也看到了我为上好一节课所做的准备。"说到这里，学生举手，"老师，您给我们讲欣赏课，感觉您知识挺丰富的"，另一个补充，"课件做得也很好""在黑板上画的画很美"。这时，教室里的气氛似乎融洽多了。

刘老师继续说："但我承认自己的问题，第一，我对你们说话的语气太重，态度不好，我也是个倔脾气，今后，争取多对你们笑，做到有话好好说。第二，对于有些不涉及原则的制度可以沿用以前的，如纸的问题、打分问题。但是，有关原则的问题，如课堂纪律，我不能退步，但会讲明理由，希望同学们能明白。第三，我希望我们的课堂是文明的课堂，有效的课堂。我尊重你们，同时，也希望得到你们的尊重，我会尽我所能，让大家在每一节美术课上都有所收获。"

第一节气氛和谐的美术课上完了，刘老师心里无比畅快！

后来，在学校的活动中，在课堂上，刘老师都很关注这些小倔头。有一次，学校搞集体活动，本年级要求穿夏季服装，可是，气温骤降，孩子们冻得瑟瑟发抖，这个班的学生互相抱着打气。上课的时候，刘老师及时表扬他们懂得互相关心。那个大倔头小夏，是学校国旗班的旗手，走起步来，英姿飒爽，表情无比坚定。他虽然美术基础不是很好，但上课时认认真真画画，很努力，愿意和老师交流。老师也耐心地指导他，他的作品还被选入了学校画册，每次见到刘老师他都亲切地叫着："老师好！"还半开玩笑地说："我们喜欢您！"这个班的课越上越顺利了，小倔头们把倔劲儿用到了学习上，每次课成绩全班都是优，他们由之前的懒散，变得积极努力，在一次公开课上他们优秀的表现还受到了专家的好评。

"倔强"是一个人的脾气，当它有真理相伴时就是执着、不服输的精神；"倔强"是童真，敢于直言，不畏强势；"倔强"是可贵又可爱的品质，刘老师爱自己的"倔强"，更爱孩子们的"倔强"！

"小蒜苗"长大了

孙金玲老师的班里有几个学生让她煞费脑筋，无论是批评教育还是耐心引导，都收效甚微。如何才能让这几个小捣蛋鬼快点长大？

开展"种蒜苗"活动

那天，孙老师又在为这几个孩子烦恼，无意中瞥见了办公室的几盆花草。那些花草在她的悉心照料下散发出勃勃生机，但也有一两盆花草并不如人意，看上去无精打采的，还耷拉着几片破败的叶子。孙老师想，她精心照料的花草多像身边的这群孩子呀！孩子们一直都是老师的"花草"，如果他们自己也能做一回"园丁"，定能感受"园丁"的快乐，也能体味老师的辛劳和希冀。

经过一番计划，孙老师便组织这几个爱捣蛋的孩子开展了"种蒜苗"活动，让他们比一比谁的蒜苗长得快、长得高。也许是因为孩子们都喜欢争强好胜，他们满口答应了。

刚开始时，他们都认真地给自己的小蒜苗浇水，盼望它们早点出芽、长叶。就连平日里调皮出了名的亮亮和俊俊，课间也不出去疯跑疯闹了，下课铃一响就围在蒜苗旁边，叽叽喳喳地议论谁的蒜苗长得高，谁的蒜苗叶子宽……有时还会争得面红耳赤。

几天后，孩子们失去了耐心，对待自己的小蒜苗也不尽心了。小乐图省事，心想天天浇水多麻烦，不如一次多浇点，却没承想小蒜苗芽还没出全就被水泡烂了。俊俊一下课就一溜烟地跑出去，时常不见他给蒜苗浇水，蒜苗叶子也开始蔫巴了。唯独亮亮的蒜苗越长越好，蒜苗叶子茂盛又嫩绿，孙老师在班中特意表扬了亮亮。为了让小乐和俊俊不失去信心，从这一天开始，孙老师每天都鼓励他们不要轻易放弃，继续留心照顾小蒜苗。就这样，耐心的孙老师和孩子们一起期盼"希望"的出现。

一天天过去了，亮亮的蒜苗越长越高。小乐的小蒜苗也终于冒出了小芽。俊俊的小蒜苗也越发水灵了。看着他们欢欣鼓舞的样子，孙老师不禁心生感慨："可爱的孩子们，你们也要快快长大呀！"

孩子的心灵也在"发芽"

孙老师和孩子们交流种蒜苗的感受。这些小捣蛋们告诉她，刚开始几天，总是期盼蒜苗发芽，心里非常焦急和失落："是不是水浇得不够多？""看别人的蒜苗都长出来了，太着急了！"当看到自己的蒜苗发芽并且一天一天长高时，他们又是那么欣喜，体会到了成功的快乐："我的蒜苗也发芽了！"

孙老师等孩子们七嘴八舌把话说完，郑重地对他们说："孩子们，你们知道吗？你们每天照顾自己的蒜苗，就像老师每天看护、教育你们一样。精心照顾的蒜苗不发芽，叶子变黄，你们着急，老师看不到你们的进步也会着急呀。老师对你们的成长寄予了很高的期望，希望你们每天都能有所提高，所以，孩子们，你们要像蒜苗一样，在关爱中不断成长。你们一定要和蒜苗比着长,它长高,你长大,变得更懂事。"小捣蛋们安静、认真地听孙老师说着,这是从来没有过的,一下子他们无邪的目光都集中在孙老师的身上。孙老师知道,孩子们听明白了。

在接下来的日子里,孙老师隔三岔五地和他们一起去观察、照料小蒜苗,看看有没有新变化,也提醒他们时常思考:"今天,我成长了吗?"孩子们都是争强好胜的,渴望在同伴面前一展风采,希望获得老师和同学们的肯定、表扬,从被夸奖、被认可中获得激励,就会努力把良好的习惯保持下去。一段时间过去了,孙老师的"小蒜苗"也终于"发芽""长高"了:他们上课时参与的积极性提高了,课间追跑打闹的情况也少了好多。

进步最快的亮亮开始担任班里的小园丁,负责管理班级花草。他邀请了几个同学一起管理,把工作安排得井井有条。他们还把家里不用的色拉油桶改装成花盆,把一些五花八门的种子种在里面。经过努力,教室里建成了温馨的植物角。

陶行知先生倡导通过角色互换来实现"自我教育、自我管理",受此启发,孙老师通过"种蒜苗"的方式引导孩子思考,让角色转化中产生的切身体会在他们幼小的心灵上产生清晰的印记。眼看着这些"小蒜苗"苗壮成长,作为"园丁"的孙老师也享受到了成长的快乐。

给他一个"支点"

"让每个孩子都抬起头来走路!"苏联教育家苏霍姆林斯基如是说。这句话看似简单,却更似一位伟大教育家内心的呼唤,这种呼唤蕴含着对孩子们的人格的尊重和生命的关爱,也无疑是对教育者最深刻的勉励和告诫。让孩子抬起头来走路,正是要让孩子站得直、行得正、自信豁达、积极向上,而这一切的基础就是要为他们找一个"支点",让孩子永葆一颗阳光的心,没有自卑,没有落寞,没有沮丧。

请你不要低着头

一年级的一节体育课上,吉丽老师宣布:"孩子们,咱们做一个接力游戏吧!"孩子们欢呼雀跃,争先恐后地回答:"太好了,咱们小组比赛行吗?""好呀，首先咱们分一下小组。”吉老师按照班级人数平均分成了四组。这时，一名胖嘟嘟的小男生站出了队伍，沮丧地低着头。吉老师走到他面前，抚摸着他那圆圆的大脑袋，轻声地问他：“你为什么站到队伍外面了？”他没有回答，依然默默地低着头。班里同学边笑边说：“小胖是个胖子，我们都不愿意跟他一组，他会扯后腿的。”

这个胖嘟嘟的小男孩突然大哭起来，蹲在地上一动不动。为了顾全大局，吉老师安排他暂时坐在旁边给同学们加油助威，等他情绪好转后，帮老师做一些裁判工作。下课的铃声响起，同学们高高兴兴地回班了，他依然低着头，慢慢地向教室方向走去。吉老师赶快追过去，大声说：“你今天帮了老师的忙，谢谢你！我要为你贴上一个大拇指贴画！”他没有回答，只是低着头跑开了。吉老师看着他的背影，心里很不是滋味，她想大声地喊：“孩子，请你不要低着头！”

吉老师回到办公室，左思右想，这样的孩子在运动场上不自信，跟老师一点关系也没有吗？可能正是因为老师对自己的教学管理能力缺乏自信，没有给孩子树立自信的机会吧！所以，要想改变他，老师首先要改变自己，相信自己。

帮“小胖”抬起头

第二天的体育课上，吉老师问：“孩子们，你们想不想再做一个接力比赛游戏呀？”孩子们听到“比赛”二字都高兴得跳了起来。“今天的比赛规则和昨天有区别了。每个小组要选择一个力气最大的同学双手举起哑铃，其余的同学依次把篮球放在对面的框里。当各组的这名大力士举不动时，就停止比赛。看哪个组框里的篮球最多，哪个组就获胜。同学们听清楚了吗？”“听清楚了！”“好，下面自愿分成 8 人一组。”

明明笑眯眯地邀请小胖：“小胖，你跟我们一组吧，你力气大，举的时间长。咱们准赢。”超超一把抓住小胖，噘起小嘴：“不行，不行，小胖排队就在我后面，当然应该是跟我们一组！”同学们你争我夺地邀请小胖跟自己一组，跟昨天上课的场面截然相反。

吉老师拍了拍小胖的肩膀说：“还是让他自己决定跟谁一组吧！”小胖摸了摸头，笑嘻嘻地说：“我站队是第一排的，我是第 1 组的。”第 1 组的同学都兴奋地跳了起来，好像他们已经拿到冠军了。

比赛开始，同学们都齐心协力奔跑着。每组的大力士举起哑铃默默坚持着。比赛已经过去3分钟了。不好！3、4组的大力士坚持不住了，哑铃掉在了地上。2组的大力士还在咬牙坚持着。5分钟后，2组的大力士手里的哑铃掉了下来。1组的小胖仍毫不费力地举着哑铃，面带笑容。

比赛结束了，1组在小胖同学和组员们的共同努力下，轻而易举地拿下了冠军。1组的同学纷纷拥抱小胖："真棒，你是咱们班的大力士！"看到小胖脸上洋溢着灿烂的微笑，吉老师感到欣慰，也为成功的课堂设计感到开心。

下课后，吉老师特意留下小胖："孩子，你真了不起！今天你可让老师大吃一惊，也让全班同学对你刮目相看！你为人忠厚、力气最大。你知道吗？你身上有许多老师、同学没有的闪光点。我相信，你坚持锻炼，注意饮食，体育成绩会越来越好的！"小胖紧抿着嘴，什么也没有说，眼睛里却分明闪烁着光芒。

"小胖"抬头挺胸，阔步向前

五年后，篮球场传来一个洪亮的声音："吉老师好！"一个身材魁梧的篮球后卫刚刚抢下一个篮板球，他右手拿着球，左手指挥着队友接球，一个妙传，3分球进了。他突然转过头，黑黝黝的皮肤，炯炯有神的大眼睛，直勾勾地看着吉老师，好像在等待着什么。吉老师愣了一下，这不是原来的"小胖"吗？老师大声喊："真棒，加油！"小胖瞬间充满了动力，抬头挺胸，阔步向前，又抢下了一个篮板球。

吉老师再次深深地感受到，一个总是低着头、弯着腰走路的人，他的骨骼必然会弯曲，成为驼背；同样，一个缺乏自信的学生，在人前人后抬不起头来，他的心灵也必定会出现不同程度的扭曲。所以，他需要一个支点，以便昂起头走路，挺起胸做人。这个支点就是自信。让他重建信心，帮助他培养自信，不仅需要他有破除自卑的勇气，更需要老师用欣赏的眼光去看待他，找到他的闪光点，引导他前进，让他真真切切地看到"自己能行"。这样的孩子怎能不自信乐观、开朗愉快呢？

扶"瑶"直上

有这样一个小女孩，名叫瑶瑶。学习上，她不用老师多加指导，很多知识她都一点即通，掌握扎实；纪律上，她是许多孩子的榜样，坐立站走也都有模有样；生活上，她的个人物品永远都是整整齐齐、干干净净、规规矩矩；人品上，她懂得谦让，愿意等待，乐于助人，诚实懂事。每次表扬，每张奖状，每项评比都会有她的名字出现。

就是这样一个小女孩，看似完美无缺，但是唯有一个问题，也恰恰是这个小问题让她的那些光辉优点鲜为人知。她不善言辞，面对与他人语言上的沟通她不仅是不愿意，还有着一些胆怯。她在课下与同学需要语言交流时，都尽量去用肢体动作提示他人，非到必须说话时也只是只言片语。40分钟的课堂上更是一言不发，每次的创编诗篇展示，她也安于成为听众。每当班主任田欣老师看到她与同学交往不顺畅，心知肚明却不去回答，才华优秀也不愿分享时，田老师真的为她心急。怎么帮助这类羞涩的孩子呢？经过细心观察和认真思索后，田老师开始为"扶"她一把而行动。

想要改变一个学生首先要了解她的家庭背景，性格形成的原因，并与其家人有效沟通，以达成共识，得到家长最大的支持，才能利用家校合作实现教育目标。

于是，田老师拿起电话，拨通号码打给了瑶瑶的妈妈。这个电话一打就是两个小时，瑶瑶的妈妈跟田老师倾诉了很多很多。经过一番沟通，老师了解到孩子这种表现的形成原因有两个：一是家庭中从未有人对孩子与人沟通或勇敢表达自我给予关注；二是瑶瑶习惯于事情未发生就提前设想出不好的结果而使自己胆怯退缩。

第一步进行得很顺利，接下来就是为瑶瑶私人定制出一套充满期盼的培养方案，帮助孩子敞开心扉。教育讲究因材施教，每个孩子都是独特的，问题看似相同，却有着不同的成因，所以需要这特制的方案，才能达到预期的效果。

针对瑶瑶家庭教育上对孩子表达培养的缺失，田老师首先为她妈妈设计了一个简单又容易操作的方案。方案中只有两条：第一，每当学校布置了前置作业或创编练笔作业后，就请告诉您的孩子："田老师好喜欢你的答案或作品，希望你能够说或者读给老师听。"第二，陪伴孩子练习说出或读出她的作品，不管她是否打算第二天读给老师听，都要告诉她："你真棒，妈妈真为你骄傲！"

而针对学校活动中对瑶瑶勇于表达的培养，田老师做了更为细致的计划。已知晓这个孩子之所以不善沟通，不愿表达，并不是因为她没话可说，她的每一篇诗歌创作或小练笔都可圈可点，既有丰富的想象，又有生动有趣的词语，因此她完全有东西展示，并且会赢得掌声。所以，她的问题主要出现在没有人在她犹豫恐慌之时过来扶她一把，她多的是假想出的担忧，而缺少的仅仅是勇气。

于是，田老师开始在学校尽量时时刻刻地关注她，尽量多抓住一些契机扶她一把，锻炼她的胆量，培养她的自信。每天一早，田老师都要微笑着走到瑶瑶面前打招呼，并告诉她你的声音真好听。瑶瑶也都热情相迎，还能回应老师"早上好"。到了课间，田老师会随机找话题跟她聊她看的课外书、学过的课文、喜欢的活动……本着老师说十句她说一句就算成功的标准，师生间交流的东西越来越多。课堂合作学习时，田老师请她把准备好的创作先读给自己的一两个好朋友听，每个好友都鼓励她："你读得真棒！"随后再请瑶瑶把给好友读过的文章分享给小组同学；最后，奖励瑶瑶成为当天的组长助手。如果在课堂上，瑶瑶能够把文章朗读给全班同学听，全班同学会热烈鼓掌三分钟，庆祝瑶瑶成为当天的班主任助手。

培养自信非一日之功，老师和家长、同学坚持不断地鼓励，利用各种资源鼓励瑶瑶，努力让她体验交流成功的喜悦。在大家坚持不懈的共同努力下，瑶瑶脸上的笑容多了，课间时会与同学、老师聊起前一天晚上的趣事，还经常三五成群地和小姐妹来当老师的小助手。

拍星空的女孩

妙妙，是一个爱做梦的女孩，最喜欢仰望天空数星星。这些星星可真幸运，能够拥有一片自己的天空。不过，妙妙并不羡慕它们，因为她的学校给了她一片童心的天空。在这片奇妙的童心天空下，她可以尽情地挥洒个性，

追逐她的天文梦想。

妙妙虽然今年只有9岁，但是对天文着迷已经很多年了。从4岁第一次踏进北京天文馆的那一刻，她就被浩瀚的宇宙吸引了。从此，妙妙便成了天文馆名副其实的"老"观众。她反复观看了天文馆所有的科教影片，买遍了喜欢的与天文相关的玩具，还读了许多关于宇宙、恒星、星空和观测的书籍。对未知世界的纯粹兴趣，激发她不断尝试与宇宙进行其他形式的交流。

2015年寒假，妙妙所在的首都师范大学附属小学开展了"为梦想付出三次努力"的假期活动，这个活动给了她一次绝好的机会，让她与星空来了一次真正的约会，开启了她探索星空的梦想。

2015年1月30日，带着拍摄星空的宝贝，妙妙来到了印度尼西亚的巴厘岛。飞机降落时正好是深夜12点多。第一次站在赤道附近南半球的星空下，她有点兴奋过头了。仰望星空，她兴奋地叫起来："星星，你好吗？"可是由于种种原因，妙妙的这次拍摄并不太成功。但是，她第一次看到了南半球的星空。

2015年2月7日，妙妙来到了呼伦贝尔草原。这里的冬天，气温在零下18℃到零下30℃，但是，严寒依然不能阻挡她对星空的向往。冒着鼻子被冻掉的危险，在妈妈的协助下，妙妙拍摄了大量的草原星空照片。

2015年2月16日，妙妙来到了爷爷奶奶家过春节。爷爷奶奶家位于乡村。这里的夜黑得太理想了。妙妙当然不会放过拍星空的机会。经过一个寒假的拍摄，她不仅拍摄水平有了突飞猛进的进步，还拍下了甲午马年最后一张星迹照片和乙未羊年第一张星迹照片，作为独特的新年礼物送给爱星空的自己。

学校"为梦想付出三次努力"的活动启发了妙妙，让她明白有梦想就要去努力。为了她的天文梦想，每年寒、暑假和家人外出旅游时，她都会有一

个皮箱专门装自己的宝贝：手机、相机、几个天文镜头和两个三脚架。2015年暑假，妙妙拍过希腊爱琴海米克诺斯岛和圣托里尼岛的星空，也拍过巴黎埃菲尔铁塔上方的星空。2015年寒假，她幸运地拍到了南半球澳大利亚的星空。

伴随着丰富的拍摄经历，妙妙在拍星星的道路上成长着。首都师范大学附属小学的童心天空给了她飞翔的翅膀，让她拥有了一片属于自己的天空。她爱这片充满奥妙的星空。

站在庞贝古城演讲

演讲在首都师范大学附属小学是一门课程，尽管每天只有20分钟，但收效很大。

从一年级起，宋继东校长就经常鼓励孩子们——心有多大，舞台就有多大！

最开始，明明懵懵懂懂。直到班级举行暮醒仪式，他勇敢地举起了手，第一次走到全班同学面前，害羞地汇报着自己一天的心得："我今天跳绳，跳了70个，我很开心！"面对着一双双炯炯有神的眼睛，他紧张得双手直冒汗。但随着总结完毕，台下响起了同学们热烈的掌声，他似乎明白了校长话里的意思。

于是，明明珍惜每一次发言的机会。开始是课堂的朗读，然后是国旗下的演讲，直到那次"梦想从春天启航"诗歌朗诵会。在这个舞台上，他朗诵的《沁园春·雪》获得了如潮的掌声。明明第一次在众人瞩目的舞台上，寻找到了最闪亮的自己，他的全身好似瞬间充满力量！看到同学、老师、家长频频点头，他清晰地感觉到——我是重要的！

2014年，学校举行了演说家比赛，站在小小演说家的大舞台，紧张吗？也许，但更多的是兴奋，是期待！兴奋着，今天的我——有想法、有目标、有进步；期待着，明天的我——更阳光、更自信、更大方！明明获得了演说家比赛一等奖。在他心中，能够成为超级演说家，绝不是一个句号，相反，它说明自己的未来是充满无限可能的，更大的舞台正在向他招手！

这种感觉好幸福，2014年，为了自己的梦想——登上更大的舞台，明明走进了北京人民广播电台的播音间，通过红苹果电台，为北京市的小听众们奉献了精彩的故事《牛司令》。

2015 年的全国英语书虫大赛，简直就是为明明量身打造的舞台。他第一次反串角色，扮演了一只糊里糊涂但母性十足的鸭妈妈。虽然这次不是用母语来表演，但台下评委纷纷为他和同伴竖起的大拇指，说明他们精湛的演技，已经把大家带进了丑小鸭的世界。

带着这样的自信，明明和妈妈走进了欧洲，站在庞贝古城的剧场中心。面对看台上三五成群的外国游客，他心里异常激动。他的演讲《大海啊故乡》，在庞贝古城的舞台上大放异彩！那一刻，明明由衷地为自己是一名中国人而骄傲！

童心里藏着爱与责任

在首都师范大学附属小学，寒假不仅是孩子们调整身心的假期，也是孩子们关注社会、了解社会的好时期。孩子们不仅要在学校做一个好学生，更要在家做一个好孩子，在社会上做一个好公民，承担属于自己的责任。

北京持续的雾霾天气让人们深感困扰，孩子们对身边的环境忧心忡忡，每个人都在期待重回一片美丽的蓝天。除夕，在春节钟声敲响时，烟花爆竹把整个夜空映照得五彩缤纷，但同时，浓厚的硝烟在上空经久不散，大大增加了空气中的 PM2.5 含量。

这不，今年星野同学就做了一项特殊的作业——燃放烟火小调查，到人多的公共场所去实地采访，看看北京的老百姓对于过年燃放烟花这项传统有了什么新的认识。为此，他和爸爸一起制作了简单明了的问卷：

今年春节您家燃放烟花了吗？		
是，燃放了	没有燃放	原因

　　带着问卷，星野和爸爸来到了电影院的门口，进行实地采访。这是他第一次做采访，还真是挺紧张哒！

　　先和一位老爷爷聊聊练练胆量。

　　"爷爷您好，我是首都师范大学附属小学的一名小学生，我想问您一个问题，今年春节您家燃放烟花了吗？"

　　首次采访，老爷爷十分配合，星野"胆壮"了，那就再到人多的地方做做调查、做做宣传吧！

　　大家都夸星野是一个爱护环境的孩子，十分配合他的调查，纷纷表示支持少放烟花，保护环境。

　　采访进行十分顺利，快接近六十人啦！保安叔叔也来接受一下采访吧！

　　胜利完成六十人的采访任务！

　　结果表明，在接受采访的六十人中，仅四人燃放了烟花爆竹！说明大家的环境保护意识越来越强了！

　　开学后，星野郑重地倡议：为了北京的一片蓝天，今后的春节我们少燃放或不燃放烟花爆竹，让空气质量不再恶化！同学们，从我做起，从现在做起，不再给雾霾天气加重污染，共同迎接美丽北京更加灿烂的春天！

第二章

"真·美"课堂，童心生态

课堂样态背后的文化追求

2014 年年底，首都师范大学附属小学举行了一次特殊的研究课活动。之所以特殊，是因为上课的人不是普通的教师，而是学校所有的教学干部，所有教师则成为此次活动的评委。这次活动的主题是——干部开放课堂。其实，开放的不仅仅是课堂，更是开放的胸怀、开放的观念、开放的态度。

宋继东校长在评课记录中写道：

今天，以李晓晖副校长的"中国人，你为什么不生气"一节语文研究课拉开了首师大附小的干部开放课堂教学引领活动的序幕……李校长的课没有进行试讲、没有经过专家指导，但是，这节课充分体现了"目标导向"，她非常清楚语文学科到底培养什么素养和她自己的研究（指向语言表达和写作），本节课展示了学校倡导的"真·美"课堂标准，巧妙地运用了我校推行多年的学生前置小研究和小组学习，教师的教育性表现以及教师的帮助作用也给了我们很多启发。

什么是"真·美"课堂？

"真·美"课堂是首都师范大学附属小学的全体教师与专家共同研讨达成共识的课堂标准及课堂文化追求，它从"真学、真教、真会、知美、行美、人美"六个角度，从"评价角度、教学过程、达成标准、评价要素建议"等方面描述了"真·美"课堂的样态，突出了"三为"目标——"为学习、为学生、为人生"。

真：真任务引领备课；真问题组织教学；真活动驱动学习；真情感展现课堂。

美：挖掘学科本身的美；倡导多育共存的美；教义自然动态的美。

首都师范大学附属小学本着"童心至上"的原则，形成了基于学生未来发展的"真·美"课堂，即：

体现玩的课堂——真思；

围着学生转的课堂——真教；

有鼓励的课堂——真爱；

围绕问题交流的课堂——真学；

落实目标的课堂——真会；

能力发生变化的课堂——真懂。

在体现生态的课堂中挖掘学科本身的美、倡导多育共存的美、培育自然动态的美。

"真·美"课堂讲究求真、致美，顺应学生智力活动的速度，调动学生的学习潜能，培养学生求索的态度和实践的能力，并向学生的生活辐射，帮助学生自我发展。

"真·美"课堂的基础是"前置性学习"，即超越传统"预习"意义的课前自主学习，"带着知识走进课堂"，研究教师提出的问题，解决自己提出的问题，拓展其他相关的问题。

"真·美"课堂的特点是高效互动探求真知、合作共赢和谐致美。学生是教学活动中的重要资源。通过"问题的提出—异质小组组内交流—同质小组组间风暴—反思性小结与提升"四个流程，使每一名学生在多向互动中获得个体学习难以取得的效果。

"真·美"课堂的效果是热爱学习、不断求索。学生在经历课堂的深度思考、探究之后，带着"新问题"出课堂，开始新一轮的学习。

在关注学生、关注课堂实效的基础上，首都师范大学附属小学十分注重教师的情感投入，因为，有情感的教育才是有生命力的教育。在这里，教师们有着"四热爱"：

热爱学生——认真倾听每一个学生发言，学生回答问题之后能马上给予解答，给予具有启发性的反馈，每一分一秒不放弃对学生的指导，关心学生每时每刻的成长。

热爱课堂——课堂是师生生活与成长的重要场所，用叶澜教授的话说就是："让课堂焕发生命活力。"老师们注重在真实的学习生活中给予学生鼓励、肯定和纠正，在真诚的人际交往中教会学生合作倾听，在真正的质量中使学生品行发展，感悟课堂之美。

热爱语文——语文是学好所有学科的基础，是一门学会说话、学会思考、学会表达（写作）的母语课程，语文所承载的任务比任何一个学科都重要。语文课不仅仅要完成教材中的内容，更要联系生活实际、联系经典文化、联系各个学科，在语文教学中体现人文性、工具性，将立德树人的根本任务植根于心中，外化于行动。

热爱研究——童心教育的核心价值观是"率真、关爱、求索"。求索就是爱研究、敢质疑、能创新。一个教师最重要的是有自己的想法，而这个想法必须是正确的、符合规律的、和学校发展合拍的；一个教师一定要有自己的研究目标，这个目标与学校目标应是一致的，在工作中研究课程、研究课堂、研究学生、研究教材，成为有研究精神的教师。

宋继东校长和他的团队在追求"真·美"的路上探索着、研究着，逐步把学生变成课堂的主人，把教师教变成学生自主学，把学变成"玩"的活动，共同努力对课堂进行根本的改造，使之成为儿童自己的课堂，使儿童的生命活动与社会需求统一起来，从而产生最活跃的、共生的学习和教育生态。

/一/ 把课堂还给孩子

英国大文豪萧伯纳曾言：如果你有一个苹果，我有一个苹果，交换一下，还是一个苹果；但如果你有一个思想，我有一个思想，彼此交换就有两个甚至多于两个的思想。在首都师范大学附属小学每个教师的心中，课堂是充满兴趣、充满智慧、充满生命活力的场所，教师将课改的新思想、新理念融入课堂教学的每一个环节，创设更多的时间和空间让学生去表现，蹲下身子与学生对话，真真正正地把课堂还给学生，得到师生积极的、创造性的共同参与，才能开出绚丽的花朵，让课堂充满生命和思想的魅力。

飞翔，不用翅膀

《义务教育语文课程标准（2011年版）》指出：在阅读中"应让学生在主动积极的思维和情感活动中，加深理解和体验，有所感悟和思考，受到情感熏陶，获得思想启迪，享受审美乐趣"。为此，在教学中赵琳老师总是努力挖掘课文的空白处，寻找学生的发展点，鼓励孩子去想象，培养孩子的创新思维能力。

这天，赵老师带着孩子们欣赏诗歌《我有一盒彩笔》。自由朗读"美丽的今天"这一小节时，赵老师抛出来一个问题："同学们，你看到小朋友用彩笔画出的景物，想说些什么吗？"赵老师的"砖"立刻引来了孩子们无数"美玉"：

"我喜欢小河流过稻田这句，因为小河浇灌了稻田，稻田喝饱了水，明年一定是个丰收年。"

"我喜欢中秋明月挂在山间，因为这是中秋节的月亮，中秋节是个团圆的节日。"

"我喜欢连绵起伏的远山，因为它是用紫色的曲线画的，我喜欢紫色。"

"我喜欢电视塔插入云天这句，因为我喜欢插入云天这个词。"

"我也喜欢电视塔插入云天这句，可是我和他的理由不同，我喜欢它播放的电视节目，因为它能给我们带来欢乐，还能给我们提供许多信息。"

……

孩子们这会儿一个个好像是哲学家，满是道理。赵老师认真倾听孩子们的发言，鼓励孩子们："老师发现你们在生活中是细心人，老师特别欣赏你们对生活的热爱！"

孩子们在这种自由、宽松、和谐的气氛中，品读诗句，交流体会。孩子们的思维被打开了，思维的火花在一点点地迸射出来。当读到小朋友画明天的理想时，孩子们更加活跃了，有的说："我喜欢'我画结满面包的大树，为了永远消灭饥荒'。要是真有结满面包的大树，那就再也不会有饿肚子的人了！""那农民伯伯也不用辛苦地在太阳底下种地了！"有的说："我喜欢'小朋友长上翅膀，为了在广阔的天空飞翔'，因为我想飞。"赵老师趁热打铁，有意启发想象："孩子们，如果我们现在就有一对翅膀，你会用它去做什么呢？"话音刚落，孩子们争先恐后地发表自己的见解，奇思妙想纷纷涌现：

"我会和小鸟比赛飞翔，看看谁飞得高，飞得快。"

"我就能用最短的时间到更远的地方去了。"

"我就能把我们的慰问信和捐款捎给在印度洋海啸中受灾的小朋友了。"是啊！我们要是真的有翅膀，不就能在海啸来临时救起那些人吗？

"对！我们还可以用我们的翅膀当小船，就可以在水灾中救起更多的人了！"

……

　　孩子们丰富的想象、纯真的爱心，深深地打动了赵老师。这一刻，孩子们似乎真的长上了一对翅膀，飞到了印度洋，送去了他们的爱心，捎去了他们的问候。此时，孩子们就翱翔在想象的天空中，使赵老师真真切切地感受到：飞翔，真的可以不用翅膀！

　　"孩子们！如果你手中也有这样一盒彩笔你会用它画些什么呢？"孩子们又一次深思，又一次在想象的天空中飞翔，一个个小诗人纷纷写道：

我有一盒彩笔，我用它画美丽的今天：
画一栋直直矗立的长方形房子，那是人们居住的楼房。
画一条长长道路，那是车走的马路。
画出许多白色和黑色的键，那是有旋律的钢琴。
画一个红色的长方形，那是国旗在高高飘扬。

我有一盒彩笔，我用它画明天的理想：
我画透明的天空，为了看清神秘的宇宙。
我画绿色的世界，让动物在那快乐地生活。
我画明亮的月球，为了让世界上的人到太空居住。
我画自己工作的清洁机，为了我们的地球更环保。
我画神奇的药品，为了让世界没有疾病。
我画精密的气象机器，为了让人们不再被海啸伤害。
……

　　课堂上，孩子大胆的想象、出色的表现，让赵老师感到欣慰。孩子们的课后作业"诗配画"，再次让她走进了童话般的世界。

　　赵老师深深地体悟到，孩子的思维是一片纯净的天空，我们的教学就应

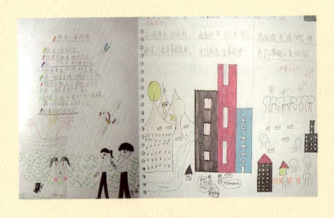

该把课堂还给孩子，为孩子的想象力提供驰骋的空间。真正地把课堂还给孩子，你才能拥有一颗不老的童心，去了解他们的内心需求；真正地把课堂还给孩子，你才能把教材童话、趣化，真正实现与文本之间的对话；真正地把课堂还给孩子，你和孩子之间才能实现真正意义上的交流，让孩子的思考力、想象力、创造力真正飞翔起来！

头脑风暴中的智慧

小组合作学习，作为首都师范大学附属小学积极倡导的有效学习方式，因其具有使学生优势互补、形成良好人际关系、促进学生个性健全发展的优点，使得越来越多的教师在课堂教学过程中采用这一方法。

让我们一起走进二年级的数学课，亲身感受一下小组讨论后交流的热闹氛围吧。这节课的课题是《分物游戏》，课前马宁老师给学生布置了自学书中相关内容的作业，引出上课的话题："先请大家独立整理一下自己的学习成果。"每个孩子都坐在座位上认真地翻看数学书和自己在笔记本上的记录。此时，教室里只听见沙沙的写字声、书本的翻页声，有的孩子正全神贯注地进行标注，有的孩子正对某道难题冥思苦想，有的孩子正奋笔疾书在书上作答，有几个孩子遇到问题正急得抓耳挠腮，也有人再次思考时忽然茅塞顿开不由得发出喜悦的声音，大家都在为稍后的讨论积极做准备，积蓄能量。

"现在请小组交流大家课前学习的情况。"老师的话音刚落，同学们分为四人一组，拿着数学书和笔记本，讨论起来。大家各抒己见，你一言他一语，热火朝天地讨论着，有时候为了一个观点不同而争论不休，有时候又为了达成共识而击掌言欢。良好的交流意识，使得学习氛围十分浓厚。马老师看着同学们，情不自禁地笑了。

小组讨论后，小组代表发言，介绍了圈一圈、画一画教材中图片的方式，之后，还有几只小手高高地举着。

平日里沉默寡言的小胡说："我是用估计的方法解决的。我想，12 根胡萝卜分给 3 只兔子，每只兔子一个或两个分有剩余，可以一次多分几个，我就一个一个地加，正好每只兔子4根胡萝卜。"这次主动发言令他兴奋得满脸通红。

马老师心里乐开了花，二年级的孩子还会用估计的方法，不能准确计算时想到了估一估的方法，不能一下子找到一个合适的数，还能边试边调整数的大小，看来"估计"的方法已经深入人心了。

"他想的比书中介绍的还丰富。还有其他同学要补充吗？"只见小叶的脸憋得通红，双眉拧成疙瘩，就连胳膊上的青筋都出来了。看来，又有一个积极分子等不及，要补充了："我听了他的发言，想到一句我们学过的乘法口诀——三四十二，三代表三只兔子，十二是十二根胡萝卜，四就是每只兔子分到的四根胡萝卜。"

"这是我们刚学过的乘法口诀，小家伙就现学现用了，真棒！"听了马老师的赞许，同学们向小叶投来了羡慕的目光。

小叶的发言像一枚投入水中的小石子，激起了千层浪，请求发言的声音此起彼伏。

"老师，我想用原来学的减法解决今天的问题。可以吗？"

"没问题，快来说一说吧。"

"大家看，可以先从 12 里减去 4，代表分给第一只兔子四根胡萝卜。萝卜还有剩余，可以接着减。直到减完，不过要提醒大家，每次每只兔子得到的萝卜数量要同样多。"

孩子们真是太棒了，不仅新知识会运用，还沟通了新旧知识间的联系。

此刻，热情讨论的声音如同涨满河槽的洪水，突然崩开了堤口，咆哮着、势不可当地涌进了课堂。这样的讨论与分享，要归功于小组合作学习，它将学生的个体差异作为一种积极的教育资源加以利用，组织同学之间的交流与合作，让每个学生带着自己的认识倾向、思考方式和价值观念参与到集体学习中。组内的不同学生的智能、基础有差异，在合作学习中，可以取长补短，尤其平时胆小和少言寡语的孩子能在组内得到比老师更多的帮助，因为同龄人的帮助有时比老师的帮助更为贴近，更为有效。而且，当一个缺乏自信心的学生，一旦能主动完成任务，就会得到全组的鼓励和赞许，小组的支持将激励他更加积极向上。

让我们把更多的时间留给孩子们，让他们在头脑风暴似的学习中，碰撞出更多的智慧火花吧。

"抢"出来的精彩

有心理学家做调查，对许多人来说，在你最感到恐惧的事情当中，死亡只列在第二位，列在第一位的竟是"当众讲话"！

作为老师，你有没有发现，随着孩子年龄的增长，他们当众讲话的勇气越来越少了呢？

一次，宋继东和史亚情老师在校园中偶遇，宋继东打趣地说："年轻人，课讲得怎么样？看来我得抽时间去听听你的课了。"一天上午，他真的坐到了她的课堂里。这节课，班里只有少数几个孩子积极举手发言，大多数孩子都是做听众。课后，宋继东问一位男生："你的汇报单写得很好，为什么不举手发言呢？"他低着头，羞涩地说："我不敢。"

宋继东意味深长地对史老师说："试想一下，如果孩子的父母听到这句话，他们会是什么感受？"

他说，学生的成长是在"学"中长，而不是在"教"中长。教学的目的是为了不教，为了学生能自学。当然，没有任何教学方法是完美的，没有任何教学模式是包治百病的，这就需要我们不断实践和优化，结合学科、学段的特点，选择恰当的教学形式……

宋继东的一席话，让史老师恍然大悟。于是，在宋继东的点拨下，史老师开始改变课堂，把讲台让给孩子们。她告诉孩子们，这是他们展示的舞台，老师才是他们真正的听众！

数学课，史老师给他们一个字："抢！"她提醒孩子们：课堂的展示机会，是需要抢的！比一比，看看谁能够更多地站到这个"舞台"上！你得自己做好充足的"抢"的准备——

尽量在小组交流的时候积极参与，互相合作，吸收别人的优点，补充自己的不足，自己更加优秀，小组才会更加优秀，这样才可以抢到更多的到台前展示小组的机会；

认真倾听别人的发言，及时给予点评或补充，这样的孩子是思维最敏捷、最具创新能力的孩子，所以他们抢到的是展示自我精彩的机会；

说错了，更没关系，你的错误会提醒大家今后不再犯同样的错误，所以，你抢到的，是给大家做示范的机会……

这一抢，真的抢出了精彩！

史老师惊喜地发现，在小组交流的时候，每个孩子都积极地参与，认真倾听别人的发言，都希望自己能够给予修改或补充，成为发言最精彩的同学；在小组汇报过程中，孩子们更是抢着要登上讲台，每个小组成员都希望自己成为主讲人，像个"演说家"一样，滔滔不绝地表达自己的想法。最精彩的要数组与组之间的互动了，那时候真的是"抢"得不亦乐乎。看！第一小组的代表刚刚表达完他们的观点，第三小组的同学立刻站起来补充。其他小组也是不甘示弱，都在下面认真倾听。第三小组的成员不小心出了错误，可是被第六小组的代表听出来了，于是第六小组又"抢"到了登台的机会，接下来就听他们对第三小组的反驳了……就这样，孩子们的想法不断地泉涌在课堂上，史老师倒成了最不受关注的人。可是，史老师心里是最高兴的！孩子们在"抢"的过程中，收获到的是积极参与、认真倾听；是思维敏捷、不断创新；是展示自我、增强信心……就像宋继东所说："我们要让学生享受课堂、享受成长！我们要将学习的主动权还给学生，他们就会有机会'享受'！"此时，史老师真正体会到了这句话的真谛。

史老师发现，原来孩子们的潜力真是无限的，重要的是你是否给了他们发挥的空间！让出一个舞台，让孩子们自由释放，他们定能展现不一样的精彩！

老师，请让我来讲

听说明天有北京市的领导进教室随堂听课，郭丽萍老师有些小紧张呢！

放学后，送走了孩子们，她重新回到教室。

"卓衡，江浩，你们已经把教室打扫得很干净了，赶快回家吧！"郭老师催促着。

"老师，我们不怕晚，还可以再做得更好一些。"卓衡赶忙回应老师。

郭老师知道这孩子，为班级做好事一向很积极。

"老师，要不这样，您不用等我们，我们值完日自己能走。都这么晚了，您先下班回家休息吧。"江浩这孩子，一向很为别人着想。

"唉！"郭老师长长地叹了一口气，"我说孩子呀！今天还不定什么时候才能回家呢，我是想等你们值完日，在教室里准备一下明天要上的课，需要做的事情还多着呢。"郭老师在讲台前走来转去，一副很焦急的样子。江浩是班级的智多星，突发奇想，对老师说："要不这样，我们和您一起研究课堂怎样？您先说说您的想法，我们给提建议。"郭老师一听，紧锁的眉头一下子舒展开了，兴奋得像个孩子，拍着手说："好啊！好啊！"当郭老师给两位同学的爸爸妈妈沟通好之后，三个人的研究就开始了。

天渐渐黑了，窗外有星光，室内有灯光。这师生三人研究得热火朝天，还时时传来笑声呢！这不，老师的 PPT 中"乌贼"两个字，被写成"无贼"，江浩最先发现，马上告诉老师。老师一看"扑哧"一声笑了，卓衡笑出了声，江浩也跟着呵呵笑。大家都笑时，各有各的姿态，也因此更加可笑。就这样，他们笑了好一阵子。

笑过之后，继续研究。老师讲讲停停，问这样是不是能听得明白，那样是不是更有趣，老师留给同学思考的时间够不够，还有没有什么新想法……这两个小同学不住地为郭老师出谋划策。在讨论海底动物的生活方式时，江浩说："老师，这部分可以让我讲，我读过海洋动物的书，还可以给课文内容补充一下。咱班还会有了解海洋动物的同学，我组织同学补充，这样一定比只学课文有趣。"孩子勇气可嘉，尽管郭老师心里隐隐担心，但还是很痛快地同意了。就这样，他们忙碌一个晚上，还一起查阅了许多资料。

在郭老师再次调试 PPT 课件时，江浩主动提出要在黑板上帮老师画线，有了线写字就不会担心歪歪扭扭了。卓衡也不闲着，他往黑板上画画，竟然画出许多条各种各样的鱼，为老师创造了海底世界的环境！

感觉一切准备妥当，可以关灯走人了，江浩拉着郭老师的手说："老师，您讲的有些内容其实我们也可以讲明白，能让我们讲的您就让我们来讲吧！您嗓子不好，别太劳累。"郭老师的心里暖乎乎的，班里孩子都知道她是慢性咽炎，经常喝中药含药片，没想到江浩这个男孩子能这么体贴关怀。她拉着江浩的手，告诉他这个提议非常好，让老师很感动，学生能讲的老师不讲，让学生成为课堂上学习的主人，是很好的教学理念，老师明天的课一定要做到这一点。

第二天，随着上课铃声响起，市领导如期走进三年级1班。郭老师先组织同学们小组交流，说说自己读懂了什么，存在哪些问题，把问题梳理归类后，请同学围绕问题深入学习课文，自己找答案，找到答案的同学给大家讲。在讲到几百米以下海底全黑时，其他同学结合课文内容概括海底世界是什么样子。浚伊高高举着手，向同学质疑："我读过一本书，书中讲的海底和课文中的截然不同，真正的海底世界并不像课文中写的那样。""你读的那本书是什么名字？能带来看看吗？"一位同学将信将疑。"不用明天，现在我就带着呢，我给大家读一读这一段。"说完，他就认认真真地读起来。他边读边讲，讲得头头是道，听得同学们个个睁大了眼睛。听课的老师们频频微笑点头。课即将结束时，子悦、楚沣还用诗歌来表达对大海的热爱和向往。40分钟的时间很快过去了，市领导对郭老师说："和你们班孩子一起上课的感觉很幸福！他们很会学习，很有思想，很会表达。我看，在你们班，将来是要出诗人了！"听着这样的评价，郭老师心里美滋滋的。

是啊，孩子们的力量真是不可小觑！让孩子深入参与，成为学习的主体，把更多的空间和时间留给孩子，当他们成为主"讲"人时，课堂将更加生动、美好！

我七岁，教龄两年啦！

作为一名小学生，二年级4班的何嘉润同学开心地在首都师范大学附属小学度过了两年的时光。可是你想不到吧？在学校里，他也是一名老师，他的教龄也已经两年啦！

这件事要从一年级开学时说起。去年，小嘉润背上妈妈送的新书包，满怀好奇地走进校门，开始了他的小学生活。这时他才知道，原来学校里有那么多丰富的课程！看到不同的老师站在讲台上绘声绘色地为大家上课，他的脑海中就在幻想：要是我也能站在上面给同学们讲我知道的知识该多好啊！于是他鼓起勇气，把这个想法悄悄地告诉了班主任杨敏老师。没想到，杨老师竟然爽快地答应了，还让他回家好好准备，第二天在数学课上给同学们讲

《神秘的数字7》！当时，小嘉润的心兴奋得像装了一只小鹿，不停地怦怦乱撞！

回到家，他把这个消息迫不及待地告诉了妈妈："妈妈，我也要当老师啦！"妈妈很惊讶，问他是怎么一回事。小嘉润抑制不住兴奋，自豪地把经过眉飞色舞地娓娓道来。妈妈听了，开心地和他笑作一团。忽然，嘉润像是想起了什么，一脸严肃地对妈妈说："妈妈，我需要您的支持！"看着嘉润认真又迫切的眼神，妈妈关爱地摸摸儿子的头："怎么支持？快说吧，嘉润老师。""您教我做PPT吧？我这个小老师也得有教材呀！""没问题！"妈妈高兴地答应了。

向来调皮的嘉润，一下子变得安静而专注起来。平时用来消遣的iPad变成了查阅资料的好帮手。对于妈妈的指导和建议，他也是听得格外用心。复制、粘贴、插入、剪辑……终于，生动有趣的"教学课件"大功告成！嘉润又赶紧绞尽脑汁、一遍一遍地练习自己的"教学语言"，并拉着爸爸妈妈给他当"学生"。"怎么样？可以吗？"每次讲完，他都急切地询问爸爸妈妈的意见，直到他们满意地点着头，小嘉润才开心地笑了。

第二天，嘉润充满自信地站在讲台上，把杨老师当作心中的榜样，模仿

着她的气势与神情，开始了自己的"教学活动"。"7在古人心目中是个很神秘的数字，他们看到天上神秘的金星、木星、水星、火星、土星五颗行星，再加上太阳和月球，便称为'七曜'……"他一边讲，一边用手中的小棒指点着图中对应的内容，熟练地翻动着PPT，讲到重要的地方，还大声地强调着。虽然第一次站上讲台，面对四十多双专注的眼睛，小嘉润心中也难免紧张，但他那个认真劲儿和略带微笑的神情，像极了一个经验丰富的老师！

最终，从同学们认真倾听的神态、结束时的热烈掌声，到杨老师给予的一个大大的拥抱，小嘉润知道，他的第一次"教学"任务成功地完成啦！那一天，他觉得比过生日还开心！

从此以后，杨老师为了鼓励嘉润当小老师的勇气，锻炼他的表达能力，又让他多次担任了小老师，并且，也应其他同学的要求，增加了小老师的数量，让同学们都能满足自己的心愿！

"童心是一粒种子，泥土之中，孕育希望。关爱是成长的泉水，童心沐浴温暖的阳光。率真是生命的绽放，童心吐露美丽的芬芳……"每当嘉润唱起这首《童心之歌》，妈妈就仿佛看到他像一棵小树，在校园里苗壮成长着；每当看到小嘉润快乐的身影，妈妈就感觉到他浑身充满了成长的力量！妈妈希望嘉润在首都师范大学附属小学这个"童心校园"里，向着他的明天，向着他的未来，展翅飞翔！

快乐合作的"小鱼儿"们

新学期开学啦！学校的小组合作学习依然如火如荼地进行着，今年嘟嘟有幸和三位漂亮可爱的女生分在了一个组，而且，他还成了小组长。小组悄悄确定名称为"快乐美人鱼"。

虽说小组内这三位组员都非常漂亮，但都是女汉子型的，外表漂亮却很有个性。小宝学习和纪律时好时坏，主要看心情；彤彤一张可爱的娃娃脸，却不苟言笑；小草莓，梳着天真的娃娃头，就是从来不听讲，各种小动作陪伴着她。作为组长，嘟嘟着实有点头疼，可是转念一想，老师这么信任他，还是得想办法做好组长帮助她们进步啊！

放学后回到家里，嘟嘟和妈妈说起了这件事，妈妈先是朝他竖起了大拇指，说："儿子，你真棒！你现在已经是个有梦想的孩子了！"妈妈顿了顿，接着说："这件事情的确不那么容易，我们得好好计划一下。"

说干就干，嘟嘟和妈妈准备好纸笔，制订了"我和我快乐的小鱼们"行动计划，上课发言一次记一分，按时上交作业记一分，整节课没有违反纪律记一分，小组讨论时认真倾听并积极发言记一分……

"哦，妈妈，既然是'小鱼们'，我们何不用上小鱼图案做印章？"

"好主意！"妈妈拍手叫好，"现在我们就来设计表格和印章。"

母子俩一边讨论，一边设计出了表格，一张纸做一个星期的记录，一周五天，每个人占一列格子，每人每天得到五枚小鱼印章就会有一个小礼物，如果有八枚以上印章可有大奖励呦！每周五放学前进行统计，下周一发放奖品。表格还加上了一个闪亮亮的标题——"看看哪条美人鱼游得最快"。好了，一切准备就绪，嘟嘟的心情立刻轻松了很多，而且充满信心，一定能够把这个组长当好。

第二天，嘟嘟正式向组员们宣布了这项规定。组员们一致同意，表格正式投入使用。

数学课上，彤彤坐姿端正了很多；小草莓也一直眼睛盯着黑板，着实不错。嘟嘟暗自高兴了半天，这次应该能梦想成真了。一节课很快过去，赶快召集小组成员，简单小结一下，每人一分，一条小鱼兴奋地游到了纸上。组员们欢呼雀跃，信心倍增，表示下节课继续努力。

第二节课是语文，老师提问之后，组内成员互相对视了一下，却没有举手的勇气。唉，失去了一次发言的机会。下课后，几位互相鼓励，约好下次一定鼓起勇气举手。

第三节、第四节顺利过去，大家的收获非常不错，每人都得到了四条纪律"小鱼"。看来，大家都是积极向上的。嘟嘟脸上露出了一丝得意的微笑，并暗下决心："下午继续，一直坚持下去，一定能成功！"

但是，事情总是不像想象得那么顺利，偏偏下午美术课时候，彤彤不画画，还一直趴在桌子上。嘟嘟悄悄问她，她也不说话。终于熬到了下课，赶快追查原因。哦，原来是有人把她的笔拿走了，她没笔用。"唉，早说啊！大家是一个小组，要互相帮助，以后有问题要告诉我们，大家一起解决。"彤彤笑了，感觉自己的小组那么温暖。

小组成员一点一滴的变化，嘟嘟记在表上，喜在心上。班级中还有一个发现这个组超级变化的人——班主任吴月芳老师。

课间，吴老师拉着嘟嘟的手聊着天，说起了这事儿。嘟嘟一五一十地道出了事情原委。这真是一个负责任又讲究方法的好组长。吴老师灵机一动，决定让嘟嘟把自己的做法在班级分享。嘟嘟更是喜上心头，细致地准备了"我和我快乐的小鱼"分享活动。

经过这次分享，各个小组长和组员们都不甘落后，积极行动了起来。你看，一个个灵气活泼的名字诞生了——"闪电小子""七彩太阳花""雷霆超人"……"雷霆"小组几个小脑袋挤在一起，叽叽喳喳热闹地议论着奖励惩罚的措施；"太阳花"小组还郑重其事地宣誓，一定会遵守小组规定并努力做到；"闪电"小组手拉手紧紧握在一起，势必与"闪电"比速度……

吴老师欣慰地笑了，看了一眼嘟嘟，嘟嘟也开心地笑了。师生俩手挽着手，看着教室里热火朝天的场面，展望着小组合作的美好未来，这里不仅仅有快乐的小鱼，还会有超能的闪电侠、姹紫嫣红的太阳花……

/二/ 种下研究的种子

宋继东在听课点评记录中这样写道：

几节课的教学环节中都有对"前置小研究、小组学习"的运用。前置性小研究是一堂课的开端，是学生自己探索理解学习内容，收集、整理有关资料的自主学习过程，也是上好一堂课的基础。它是一种学习的心理准备过程。它给学生提供了一个自由探索的空间，是学生在没有教师指导下学习新知识的过程，它体现了学习的自主性，有助于学生自学能力的培养。前置性小研究是生动课堂教学的前奏。从今天的数学课和以往重视前置研究的课堂可以看出真正经历过的学生，对教学内容有了自己的认知、收获。课堂上，他们根据研究后的认知提出问题、小组交流、师生共同探讨，思维流量大，利于教学深入开展。前置性小研究设计主要由三个方面组成：一是给学生明确的研究方向；二是指引学生从哪些方面研究；三是研究中你有什么发现、疑惑、感受、体会等，第二方面是设计的重点和难点。前置性小研究的设计要做到精，准（对学生指引的话语要准确），低（使学生的研究要低入高出，可以从一些游戏、活动操作、生活化问题等让学生着手研究，这样会保持兴趣）。

就儿童教育而言，我们是在给孩子的心田播种。当今社会的发展，日益呼唤人类的创新精神和能力。从前置性学习入手,结合小组合作的学习方式，在儿童的心田种下研究的种子,已成为首都师范大学附属小学打造"真·美"课堂行之有效、有趣的途径。

前置学习是预习吗?

课程实施的主阵地是课堂,只有通过课堂教学,才能把理想的课程转化为现实的课程。首都师范大学附属小学着力进行了童心课堂的探索,核心就是"构筑基于学习的教学"。童心教育认为儿童是天生的学习者,教育的功能在于顺应儿童的天性,满足其发展的需要。因此,童心课程的实施以孩子们认识世界的本真状态为起点,把课前的"前置学习"、课上的"合作探究"与课外的"拓展研究"结合起来,培养学生主动的学习态度,使其掌握必需的学习方法,提高学习力。

童心课堂的基础是"前置学习",即超越传统"预习"意义的课前自主学习,"带着知识走进课堂",基本方式是"三个一":

研究教师提出的一个问题;

解决自己提出的一个问题;

拓展提出一个相关的问题(或查找一份相关的资料)。

不同年级有不同的形式与安排。"前置学习"的安排是基于童心教育"调动儿童的学习潜能,培养儿童求索能力"的基本理念,目的在于帮助儿童自我发展。这种学习既发挥了教师的主导作用,有利于实现核心教学目标,又让学生体会到了学习的责任感和探究的乐趣,培养了学生"掌握知识、理解知识、运用知识、博采知识"的关键素养,为后续的深度学习做好了充分的准备。

从前置学习到前置小研究

"请大家跟随我看屏幕,我们小组认为0乘5应该等于0。可以从两个角度去说明:一方面0乘5表示5个0的和,那么0+0+0+0+0=0;同时也可以想3个5等于15,2个5等于10,1个5等于5,0个5就应等于0。从这两个角度分析,我们组得出一个结论:0乘任何数都得0。"

这么自信而响亮的发言是从三年级9班的数学课堂上传来的。求索3组的孩子们正在讲台上自信而大方地与全班同学分享他们小组学习的成果。汇报过程中，其他小组的同学认真倾听的同时还会给予及时的补充。这一来一去，课堂完全是孩子们在进行相互的交流。黄燕舞老师偶尔会提出一个问题，引导孩子们进入到更深层次的思考与讨论。来自北京市科研班的校长们边听边频频点头。他们很好奇，为什么孩子们的发言如此自信而且思考有深度；他们还发现，在孩子们交流的过程中，每个人手里都会捧着一个厚厚的笔记本，本上写着满满的学习笔记。有的老师有些怀疑，是不是因为有人听课，孩子们才写了这些内容，可仔细一翻，没想到前面的每一课，都有满满的笔记，而且每个孩子的记录都不同，一看就不是为了听课刻意而为，而是完全真实的笔记！

下课的铃声响起，孩子们课间休息，听课老师们却迟迟没有离开教室，因为他们有很多的问题想找到答案。他们把黄老师围在中间，问："孩子们在学习这节课前都做了什么？""他们的这个大本记录的是什么？"……黄老师很有耐心地为老师们解答："宋继东校长经常对老师们说：'学生是一个个活生生的生命，我们的课堂也应是充满生命的课堂；孩子们是具有天生的学习力的，应该把课堂真正地还给孩子们。'在首都师范大学附属小学，学生在上每一课之前，会进行前置学习。以前，孩子们只是简单地预习书本内容，没有系统和深入的思考。经过一段时间的研究，他们对前置学习进行了再改进，将预习过程变成孩子们对一个问题进行系统的前置小研究。这个研究主要分四个部分：对数学书上内容要读懂，并提炼出思路；进行深入分析，横向纵向的对比沟通后，发现其中的相同、不同或者规律；对于自己不能够理解的问题提出质疑；补充其他更有效的方法以及生活中的实际问题。孩子们将这几部分的学习记录在大厚本上，这样带着自己的思考进行小组的交流，每个孩子都会很有自信，因为他们是有备而来的。小组交流过程中，还会有补充与修改，最终确定小组的学习收获。所以，大家在听小组汇报的时候，孩子们会很自信，而且想法深刻。"

听到这里，老师们终于知道孩子们为什么那么有想法，课堂上为什么那么自信，学习为什么那么投入。从前置学习到前置小研究，孩子们在学会与课本对话，与同学对话，与老师对话。而在这个对话过程中，他们是真正的学习者。

有备而来，有蓓而生

前置小研究是学生自主学习的一种方式。学生通过课堂学习前的研究过程，独立思考，产生自己的想法，这为课堂上的交流与互动提供了丰富的资源。课堂不再是老师教学生学的单向的被动局面，而是一个你我他交互的网络，是思维火花碰撞和交融的课堂。前置小研究是学生与学生、学生与老师之间发生化学反应的催化剂。

在学到《诸葛亮少年时代的故事》时，孩子们对诸葛亮等三国人物十分感兴趣。赵琳老师就设计了这样的前置研究：聊聊三国人物。于是大家发起了"聊聊三国人物"的热潮，在语文课上展示交流。

主持人：大家好，我是今天语文课的主持人雨泽。《三国演义》里面英雄人物很多，整本书刻画了上百个人物角色，各有各的特点：诸葛孔明神机妙算料事如神；关羽是"忠勇义"的化身；曹操文武兼备知人善任等。今天我们就一起来聊聊三国人物吧！

谁先发言？

有请小峰！

小峰：我先说诸葛亮。读了《三国演义》，我对诸葛亮可谓佩服得五体投地，在我眼里他已经不是人而是神了！他上知天文下知地理、神机妙算、料事如神。

（小明按捺不住想发言的激动高高举起手来，主持人给了他一次插话的机会。）

小明：我补充！他的草船借箭、借东风火烧曹营，无不体现他丰富的天文地理知识，还有空城计、十面埋伏、围魏救赵等都表现了他的胆识和计谋！

楠楠：（抢着说）关羽一直被大家认为是"忠勇义"的模范代表，自桃园三结义后，关羽就誓死效忠主公刘备，还有保护兄嫂不被欺负。

小豪：（及时插话）你们知道关羽真的归降曹操了吗？（孩子们齐说后来关羽又回去了。）

小博：这段我讲讲！曹操爱才心切，诚心感化关羽，对他还是特别好的。但是当关羽得到了刘备的消息后，立即向曹操辞行，但曹操避而不见，最后，关羽只能不辞而别。

婷婷：我补充！由于没有得到曹操的同意，关羽一路上遭到了层层拦阻，打败了曹操六员大将。

雨泽：说到这里有人会认为关羽傻、愚昧，但我认为这正体现了关羽为人的"忠"，自古忠臣不侍二主。

瑞瑞：关羽当初为了保护主公家人有言在先，说只暂时归降于曹操，最后又回到了刘备那里。是"忠"！

小吴：至于勇就不多说了，关羽斩杀敌军的胜仗很多。他的义，当数华容道放曹操逃跑了。关羽本可以抓获曹操的，但念及过去旧恩，意气用事放曹操通过，充分体现了关羽高尚仁义的性格！

……

就这样，赵老师从学生的兴趣点出发，将课文中的一个话题作为研究题目，让他们在前置性学习中通过各种渠道搜集相关资料，阅读研究文本，在脑子里储备足够的"料"。查阅资料本身就是一个阅读过程，学生发表自己的观点，就是将阅读到的内容内化为自己的理解后再表达出来。学生通过对这一话题涵盖的内容进行发掘和研究，对课文的内容或者重难点有了一定程度的理解，带着自己的理解与发现的问题进入课堂，再与老师和同学进行交流时会更加具有针对性和方向性，会有更多的共鸣以及新思想的碰撞。有备而来，课堂上自然就会有蓓而生了。不仅如此，很多时候，这种蓓蕾的绽放还会在课堂之外继续吐芳。

在研读课文《手》时，张迎善的手激起了孩子们一波又一波的讨论。课堂时间有限，他们意犹未尽，就在论坛上发表自己的作品，还就"我们如何有双勤奋的手"这一话题展开了热烈的讨论：

"勤劳是一种美德，勤劳的人总是受人尊敬的。"

"生活本就是一种劳动，要想过充实的生活就需要勤劳，这是我们必须肩负的责任。"

"勤劳的付出，班级才会井井有条，家里才会幸福和气。"

"勤勤恳恳的人总比懒惰的人有更多进步的机会，天道酬勤，很多伟人都是从小事开始一点点勤奋积累起来的。"

"我们的双手会做的事情真多，那么，我们首先要学会自己的事情自己做。"

"我们知道了勤劳的双手帮助别人做事情时会给双方都带来快乐。正所谓赠人玫瑰，手有余香。付出比得到更可贵！"

"建议，咱们班家长过生日，同学们能否自己学本领，为家长制作生日礼物呢？"

……

有备而来，有蓓而生，芬芳隽永。赵琳老师忍不住感慨：前置小研究的魅力真是不可小觑！

当前置研究与小组合作相碰撞

课堂本来就是展示学生才华的舞台，孩子们个个都是身怀绝技的演员，但是作为导演的教师经常是指导过多，经常喊停，限制了"小演员"的个性发展和能力提升。自 2010 年以来，首都师范大学附属小学确立了以"率真、关爱、求索"为核心价值观的童心教育理念，"求索"是什么？求索就是应该让学生有一颗好奇之心，对知识的学习充满了渴望与探索，并能够主动进行学习和探究。孙明焱老师在这样的理念指引下，积极探索童心英语课堂教学。

记得那一次，五年级英语课正好学到"节日"这一主题，就是让学生了解东、西方重要节日的时间、来历以及在这个节日经常做的事情等。这个话题涉及的内容很广，该如何进行教学设计呢？正当孙老师发愁的时候，她突然看到五年级 3 班的学生在课间讨论着什么。她走过去询问才知道，原来孩子们在合作完成美术老师要求的一幅作品。作品构图精美，颜色搭配优雅大方，充满童趣，令人赞叹。

孙老师茅塞顿开，何不让学生自己查找资料、自己来梳理有关节日的信息和可以做的活动呢？多么好的前置学习作业题目啊！于是，孙老师在当天的课堂上布置了这样的前置学习作业：以小组为单位查找中国或外国某一个节日的资料，研究它的文化内涵，并完成一幅思维导图，明天课堂进行小组汇报。作业才刚刚布置下去，各个小组就展开了热烈的讨论，小组长真是有方法，各个组员很快都领取了不同的任务。只听到一个叫可润的组长这样吩咐道："辛文，你平时电脑使得最好，你今天回家负责上网搜集有关万圣节的资料，然后分享给大家。韩韩、赛翰，你俩画画不错，还会设计，这个思维导图就由你们来设计绘制吧。我们晚上在群里讨论研究，我负责明天的讲解汇报。"

孙老师在班中巡视一圈，听了各个小组的分工安排，心里踏实了一半，可是孩子们真的可以完成这样的任务吗？等着明天的英语课吧。转眼第二天的英语课到了，当孙老师踏进教室的一刹那，孩子们都高兴得欢呼起来，大喊着："孙老师，什么时候让我们展示啊？我们都准备好了！"只见各个小组都高举着做好的思维导图，跃跃欲试。孙老师看着孩子们兴高采烈的样子，"狠狠"地表扬他们："孩子们，你们太棒了！你们在课下肯定花费了很多时间和精力，你们真的很了不起！"一个叫小涵的小姑娘站起来说："没事儿，孙老师，这样的作业我们太喜欢了，我们一点儿也不累，真的很有意思！""哦，那还等什么呢，孩子们，让我们正式进入节日之旅吧！"……

蝶恋花，我恋画

这节课是美术课吗？不清楚六年级6班课表的人看着孩子们的桌面上摆着一张又一张五颜六色的图片，心中不免疑惑，还真以为这是一节美术欣赏课。其实这是一节地地道道的语文课，曾会平老师马上就要讲六年级下册的一节语文课《蝶恋花·答李淑一》了。宋继东正坐在教室后面一边关注孩子们的情况，一边准备和曾老师一起研究这节检验前置学习效果的语文课呢。

都六年级的大孩子了，还有必要搜集那么多图片吗？形象思维为主体的思维方式应该是低年级的重点啊，高年级学生的课堂学习重点不是重在品味语言文字所传达的思想感情吗？这话说来没有错误，可是在上这节课之前，当曾老师一如既往给学生布置前置学习任务时，孩子们叫苦连天的情景还历历在目：

毛泽东是谁？

杨开慧是哪一个？

李淑一又是何许人也？

柳直荀是谁？

吴刚又是什么人？

嫦娥为什么是寂寞的？

蝶恋花是蝴蝶恋上花朵吗？

怎么让我们查阅这么多资料？

这得查到什么时候啊！

……

是啊！这一连串需要查阅的资料早让孩子们不胜其烦了，他们在学习课文之前已经丧失了对课文的兴趣。常言道：己所不欲，勿施于人。如果换做自己是学生，会心甘情愿接受如此一连串的问号吗？可是，要学的课文是一首诗词，里面涉及不少文学和历史的知识，学生不了解又不行，但以这种方式了解肯定也不行！改，必须得改！

"老师，我们小组合作研究可以吗？"

"老师，我们打破您现有的小组，自愿组合可以吗？"

"我黄诗诗愿意和王贝贝一组，因为我记忆力超群，她电脑技术卓越。记性好，就可以把查到的资料讲个八九不离十，不用再去抄写或打印下来；电脑技术好，就可以下载清楚的图片，做成PPT，我俩合作完成其中的一项任务，肯定是珠联璧合。"

好主意啊！曾老师不禁为他们点赞，他们自己解决了自己的烦恼。看来小孩子的斗志也像革命军一样，到了一定的程度也会"逼上梁山"。

水泊是好汉们施展才华的战场，课堂是孩子们展示自己前置学习的舞台。课上当老师讲到"问讯吴刚何所有，吴刚捧出桂花酒"时，王贝贝走上前台，点开她早已在屏幕上拷贝好的吴刚伐桂的图片。黄诗诗也走到屏幕旁，半侧着身子，小手指隔空虚点着触摸屏幕，滔滔不绝地讲道："吴刚伐桂是古代汉族神话传说之一。相传月亮上的吴刚因遭天帝惩罚到月宫砍伐桂树，其树随砍随合，以这种永无

吴刚伐桂

休止的劳动作为对吴刚的惩罚。"

紧跟着有同学问："一个被罚做苦役的仙人，哪有那个心情给烈士的灵魂捧上桂花酒？"

晓莲马上说："除非是烈士的英雄行为深深打动了仙人。"

于是另外一个合作小组的两名同学站了出来，文配画，介绍他们的成果："1930 年 10 月中旬的一天，杨开慧不幸被捕。敌人只要她在报上发表声明，与毛泽东脱离夫妻关系，就可以马上获得自由，遭到了杨开慧的严词拒绝。她对前去探监的亲友说：'死不足惜，但愿润之革命早日成功。'同年 11 月 14 日，杨开慧在长沙浏阳门外识字岭刑场英勇就义，年仅 29 岁。"

"柳直荀，1924 年加入中国共产党，1926 年任湖南省农民协会秘书长，参加过南昌起义。早年参加新民学会。1932 年在肃反运动中被杀害。"

"面对二人对革命的坚贞不屈，仙人能不敬仰吗？"

老师"趁火打劫"："诗中只有一个仙人吗？"

于是又有一组同学打开精美的画面，汇报他们的前置合作研究情况："嫦娥，中国上古神话传说人物。上古时期后羿之妻，美貌非凡，神话中因偷食后羿自西王母处所求得的不死药而奔月成仙，居住在月亮上面的广寒宫之

中。连嫦娥都为烈士的灵魂起舞，可见先烈的英雄行为感天动地，怎能叫我们对先烈不肃然起敬？"

......

本来六年级语文的教学重点不在图画，但通过学习之前对图画的了解，帮助学生知道了神话人物的来历，从而通过仙人对凡人的崇敬之情，更增添了对英雄的敬仰之情，从图画欣赏到人物介绍的口语表达，从人物行为举止到诗人情感的迸发无不蕴藏在课前的巧妙构思中。

看，前置学习之前的"十万"个为什么，被孩子们化整为零、化繁为简、化文字搜集为图片整理与语言表达相结合、化固定小组组合为依据个人优势自愿结合的前置研究小组，这样依据文体特点而富于变化的研究使得课堂因学生的精彩而生动起来；课堂的精彩又源于课堂之前的有备而来。只有让前置研究活起来，只有让学生和老师一起有备而来，我们的课堂才会展现出连绵不断的美丽画卷。

/三/ 智慧开花

课堂教学离不开教育智慧。叶澜教授曾提到："教师的教育智慧集中表现在教育教学实践中：他具有敏锐感受、准确判断生成和变动过程中可能出现的新形势和新问题的能力；有把握时机和转化教育矛盾和冲突的机智；具有根据对象实际和面临的情境及时做出决策和选择、调节教育行为的魄力；具有使学生积极投入学校生活、热爱学习和创造，愿意与他人进行心灵对话的魄力。教师的教育智慧使他的工作进入到科学和艺术相结合的境界，充分展现出个性的独特风格。教育对于他而言，不仅是一种工作，也是一种享受。"首都师范大学附属小学的老师们正是在童心课堂教学的土地上思考着、耕耘着，享受着教育智慧开花的喜悦。

字理教学真神奇

我们中国的汉字是古代劳动人民根据生产、生活的需要创造出来的。汉字是表意之字，每个汉字都有一定的道理和根据，在教学中运用汉字的形与义的关系进行识字教学的方法，就是字理识字教学法。低年级的思维特点就是由具体形象思维向抽象逻辑思维过渡。在识字教学中，采用传统的笔画分析法，让学生一笔一画地书写、记忆，而要记住几千个汉字，不是一件容易的事。尽管学生抄写很多遍，可是错别字仍不少。因此，对小学生进行字理识字教学显得尤为重要。杨红老师别出心裁，针对每个汉字的构造特点，结合字意，形象生动地教学生识字，学生甚至在课堂上大呼："识字真有趣！"

有一次，学习"肆虐"的"虐"字。从前的孩子们总是把下面手的方向记反，于是，杨老师问学生："你猜猜这个字与什么有关？"这可激起了他们的兴趣，也顾不得举手发言了，你一言我一语争得面红耳赤，有的猜与老虎有关，因为有虎字头；有的猜与手有关，因为老师以前给学生讲过 ⴑ 表示手的意思。杨老师欣喜地竖起大拇指："真棒，老师以前讲过的知识你们还都记得，这两个部件自古以来一直保留着这个意思，你能不能把这两个部件组合起来，讲个故事给大家听呢？"此时教室里一下子静得出奇，一双双眼睛在骨碌碌地转动着。瞬间的宁静，换来的是孩子们争先恐后地乞求发言，手都举到杨老师眼前了。

"茂密丛林中，一只饥饿的东北虎看到梅花鹿，伸出利爪，飞扑上去，美餐了一顿。"一个男孩子率先讲述自编的故事。

"一个猎人想打死老虎，老虎伸出爪子扑向了猎人。"

"动物园里，饲养员刚投进一大块生肉，老虎就立刻扑过去，用锋利的爪子抓过生肉撕咬起来。"

......

孩子们编的故事中都说到老虎的爪子抓别人。杨老师故意追问："那它的爪子应该朝哪个方向呢？"

"当然是向外了！"孩子们边异口同声地回答，边向外伸出扑食的双手。

"如果向里呢？"

"那就是自杀了呗！哈哈哈……"

一阵哄堂大笑之后,孩子们把"虐"字在练习本上认认真真地写了一个,从此再也没有写错过。

杨老师意味深长地告诉孩子们:"我们的祖国有着悠久的历史和文化,每一个汉字都如'诗'似'画',这是因为它的部件表示这个字的意思,依据字理理解、记忆汉字,你就能透过汉字的字形想象出一个个如'诗'似'画'般有趣的故事,从而形象地、牢固地、准确地、快速地识记汉字。"

有时在课堂上,所有的生字都被杨老师引导学生运用字理知识学习。在学习《渴望读书的大眼睛》一课时,生字多而且不好记忆。杨老师在投影上打出了本课的字词:"跋涉、援助、积攒、崛起、召唤、濒临失学、蜿蜒的山路",让学生猜这些字跟什么有关,孩子们猜"跋"与脚走路有关,"涉"与走路和水有关,"崛"与山高和险峻有关,"援"与手有关,"濒"与水有关,"召"与嘴有关,"攒"与手和钱财有关,"蜿蜒"都与蛇有关。猜得对不对呢?马上查字典验证。一阵紧张地哗哗翻字典之后,一声声惊呼声此起彼伏:"真的是这个意思!哇,太有意思了!"

学生初步掌握了汉字的基础知识,感悟了汉字特点,激发了热爱学习汉字和学习语文的情感,具有较强的独立识字能力,养成了主动识字和阅读的习惯,增强了想象和创新思维能力。每天,孩子们都盼着杨老师上语文课,杨老师把讲字理当作奖励,只要这节课大家表现优秀,就给他们讲几个汉字的字理。知识本身是有魅力的,杨老师就是在引导孩子发现知识本身的美,汉字本身散发的魅力。

一个词的趣事

"咦,这个词书里没有!"小海燕皱着眉头,自言自语,然后噘着小嘴,跑过去问杨老师:"杨老师,书里没有'琼谣仙境'这个词,到底是哪个字错了?"

杨老师听了笑着问她:"这个词是什么意思?"

小海燕不假思索地答道:"就是景色特别美的意思呀!"

"那你猜猜会是哪个字错了呢?"

小海燕转转眼珠,小声说:"我觉得是'谣'字错了。"

"为什么这样认为呢?"杨老师追问道。

这下可把小海燕问蒙了，她站在原地不知怎么回答，嗓子像被一团棉花堵住了似的，只能张着嘴，呆呆地望着杨老师。

杨老师温柔地鼓励她："这个字你猜猜会是什么意思？大胆地说说你的依据。"

小海燕心想：这个字应该读 yáo，言字旁应该跟语言、说话有关系，于是随口就说出了想法。杨老师边听边笑眯眯地点着头。

看到老师真诚热情的目光，小海燕的胆子也大了起来，接着又说："所以我觉得应该换成王字旁，因为它有宝玉的意思，很贵重的。"

杨老师听了眼睛眯成了一条缝，使劲地点着头，轻轻地抚摸着小海燕的头，激动地向她竖起大拇指："真棒！你没有见过的一个字，依靠已有的知识猜就猜对了！越来越聪明了！"

听了老师的夸赞，小海燕心里美得就像盛开了一大朵艳丽的牡丹花！

一个字的趣事

"杨老师每次讲比较难的字都很精彩！"鸽歌同学赞叹。

杨老师站在讲台上，等同学都集中注意力，眼睛盯着她的时候，她就会笑眯眯的，显得和蔼可亲。大家也都放松下来，期待着杨老师带来的又一次精彩。

有一次，讲到"辔"字的时候，杨老师问大家："什么是辔头呀？"

没有人举手，孩子们都不知道。

杨老师就自问自答："就是从前呀，马、驴拴的那个套到头上的东西，就叫辔头。"

孩子们点了点头表示明白了。

杨老师先写"辔"里面的"车"，边写边说这个是驴的头，旁边两个"纟"是用绳子编的辔头，刚讲到这里，就有人笑了，真的很精彩，也很有趣。

杨老师继续说："底下的那个口呢？"

"是嘴！"孩子们开心地应和道。

"对了！"杨老师看大家答对了，也很开心。

讲完了，孩子们兴高采烈地讨论起来，有的兴奋地赞叹："杨老师太厉害了！把这么难的字讲得这么明白！"有的期待地叫了起来："这么有趣，什么时候教教我们怎么讲呀？”也有的抑制不住心里的笑容和期待："要是天天讲好几个，那该有多好呀！"

万万没想到！

话说这天晚饭前，儿子浩浩在进行第二天的语文课前置学习，在给生字组词这个环节，其中有个"领"字，他问："妈妈，'领导'的'导'字怎么写啊？"浩浩妈妈想了想说："是上下结构的，下边是'寸'，上边是'巳'。"

"哪个'sì'啊？一二三四的'四'吗？"

"不是，是……'巳蛇'的'巳'。"

"哎呀！"浩浩妈妈顿时后悔了，他肯定不会写这个字，一会儿又要一连串地问了。嗯，我得换个对策，一会儿他再问，就建议他去查字典。浩浩妈妈正得意扬扬时，浩浩却说："我知道，吴老师教过我们这个字，在区别'己、已、巳'的时候。这个字我会写！"边说边写下了"导"字。

浩浩妈妈有点儿小小的震惊，没想到！真是没想到二年级的小辣椒能知道这个"巳"字！妈妈还沉浸在惊讶之中没缓过神儿来，小辣椒又开口了："妈妈你知道吗？汉字中带有'三、九'的，一般表示'多'，就像这个'杂'字。"

这次好在不像提问了，看这架势是要给妈妈授课了。说真的，浩浩妈妈还真是答不上来。她饶有兴趣地问："哦？这你又是怎么知道的？还有哪些字？"

浩浩清了清嗓子，端了端镜架，俨然一副老学究的样子："我跟您说吧，还有胡须的'须'字，你看，里边有个'三撇'，所以表示'多'。您看，爸爸的胡须是不是很多，猫咪的胡须是不是也很多呐？另外，还有……"浩浩的眼中闪着自信的光芒，简直像个博学的小老师，一副滔滔不绝的样子，"像这样的汉字有很多很多，品、众、森、晶、焱、淼……品字结构的汉字是由三个相同部件组成的，都表示什么东西很多很多，或者这个东西很多的延伸意思，根据这点，我们就可以有根有据地猜一猜某个汉字表示什么意思啦！"

浩浩妈妈大惊，张大了嘴："这些我都不知道，你从哪里知道的？"

儿子凑近妈妈的耳朵，神秘兮兮地卖起了关子："我不告诉您！"忽而，又转了转机灵的小眼睛："算了，还是跟您摊牌吧，这些啊，都是我们语文吴月芳老师教给我们的！"

此刻的浩浩妈妈瞪大了眼睛，真的不敢相信，不仅仅是惊讶于汉字有这么多有趣的内容，更为震惊的是，儿子才只上二年级，就能够学到这么多系列化的关于汉字的知识，而且能够内化于心，娓娓道来，他真的被有趣的汉字吸引了、学通了。

浩浩妈妈对儿子的语文课产生了浓厚的兴趣，于是谦虚地继续请教小"老师"，关于汉字，还有哪些有意思的内容。

小老师伸出小手指，一本正经地开讲了："看在您虚心求教的面子上，我就不吝赐教吧。看好了啊，'谁'是个形声字，右边的字念'隹（zhuī）'，是一种短尾巴鸟，是象形文字演变过来的。您看看，我们常见的麻雀，是不是短尾巴小鸟？所以'雀'字就是由'小'和'隹'组成的上下结构的字。"

"哦，原来如此！"浩浩妈妈真的像个好学上进的娃娃，恍然大悟。

浩浩妈妈回想起自己小时候：老师拿着教鞭指着黑板，领着孩子们一遍又一遍地重复 a、o、e、人、山、口。没想到！真的没想到！！万万没想到！！！语文的学习还能够如此生动有趣！

学习的乐趣在于激发兴趣，兴趣的培养造就学习的热情，将一个个懵懂的孩子带进知识的海洋，让他们在探索中去感受成长，这就是一个优秀的童心教师的伟大之所在。在学校的"童心教育"理念的带动下，浩浩妈妈相信，知识的渗透会如春雨滋润小苗般，让孩子们茁壮成长。说是被孩子震惊到，其实是对这种教育方式的认同，那种如同雾霾中看到光明的感动，震撼心灵。

小兴趣，力量大

在一年级的办公室里，杜岩岩老师正在折着小纸船，桌子上已经折好了一些五颜六色的小纸船，旁边还有一些彩色的纸。这位老师怎么折起小纸船了，难道是非常喜欢吗？抑或她是一位语文老师，将要给孩子们上《小小的船》一课，折纸船是为了给孩子们准备上课所需的"小小的船"？

走进办公室才知道，原来折纸船的是一位数学教师，同时也是首都师范大学附属小学杨敏工作室的一位成员。在杨敏老师的引领下，杜老师和同伴们一起研究小组合作的学习方式。杜老师十分重视从孩子的兴趣出发，马上要学习《7 的加减法》了，她准备了 7 条不同颜色的彩虹纸船。

为什么要选择创设小纸船这个情境呢？原来在开学第一天的学生创作活动中，杜老师发现有很多学生特别喜欢折纸船、纸飞机等东西，而且有的孩子多次让老师教他们折喜欢的东西。刚开始，杜老师感觉孩子对折纸感兴趣很正常，折一折的活动可以强化动手能力，让他们去玩就行了，并没有把这些放在心里去仔细琢磨。一段时间的教学实践以后，杜老师认识到孩子的兴趣对学习能够产生极其重要的影响，因此开始渐渐关注到班里学生的兴趣，而且对孩子感兴趣的事物进行了深入思考：为什么会对它感兴趣？它会给学生带来哪些益处？在教学中能否引入或者"改造"学生感兴趣的事物而达到乐学的效果？有了这样的思考，她开始利用学生的兴趣设计小组活动。

瞧！在黑板前面一个孩子正在拿着饮料瓶倒水，四个孩子正在拿着相同的杯子接水，其他孩子都在睁大眼睛紧盯着他们，生怕错过什么似的。"这是在做什么呢？"看到的人都很好奇。"1 号瓶倒出了 3 杯水，2 号瓶倒出了 3 杯半水，所以 1 号瓶比 2 号瓶装的水多。"哦！原来这是在学习数学中的《比较》一课，当孩子无法准确比较出两种瓶装饮料的多少时，杜老师准备了了孩子们感兴趣的材料让他们自己动手验证。经过亲自去倒水，数出"眼见为实"的水杯数量，孩子认识到高瓶子不一定比矮瓶子装得多。对孩子而言，与抽象的讲解相比，这样的小实验更有可信的力量。

之后，杜老师总是千方百计地让课堂上出现能引起孩子兴趣的地方。在《"0"的认识》一课中，学习了"小猫钓鱼"情境后，杜老师突然说："我们都知道小花猫一条鱼也没钓着，可以用 0 来表示。可是小花猫为什么一条鱼都没钓着呢？你愿意猜一猜吗？"孩子们都笑着点头说"愿意"。原来这是杜老师在课下与孩子们聊天时，发现他们对小花猫没钓到鱼的原因感兴趣，特意提出了这个问题，想借助这个机会培养孩子们的推理能力。"每个人先想一想、猜一猜，然后和你的小伙伴说一说，看看你们猜得一样吗？"杜老师补充道。教室里立即热闹了起来，连平时不喜欢与人说话的小宇同学也投入到小组的猜想交流中了。"我猜小花猫可能刚学的钓鱼，还不太会钓！"浩浩兴奋地说。"我猜小花猫钓鱼时来了几只蝴蝶，它去捉蝴蝶了，又来了几只小蜜蜂，它去捉蜜蜂了，跑来跑去，就没钓到鱼。"小莹自信地说着。"我猜小花猫忘记在鱼钩上放小鱼爱吃的食物了！"这是小泽在认真地交流着，眼神中闪烁着思考的快乐光芒……

看着孩子们畅所欲言，交流着自己的各种猜想，杜老师真切地感受到了兴趣带给学生的那片希望。原来小小的兴趣竟有如此大的力量，让此时的课堂充满了智慧之光。

换个角度，你如此美好

有这样一个问题："雪化了是什么？"一个孩子回答："雪化了是春天。"看到这个答案，林毅老师想，我们不要急于去判断正误，因为，这个出人意料却又别出心裁的答案告诉我们，每个孩子都是独特的，每颗童心都是浪漫的。我们要善于捕捉孩子的亮点，善于呵护孩子的"过人之处"，让每个孩子快乐成长。

"老师，老师，你看我的！"

"我觉得你很有想法。你认为哪里是你画得最好的？给我讲讲吧！"

片刻的沉默之后，孩子吐出两个字："没有！"

"我觉得你画的汽车想法很好，给它设计了不同的功能。"

"对，它能清扫，还能……就是画面不太好看！"

望着眼前的孩子，林毅老师看到了他急于得到肯定却又不太认同自己画面的眼睛，看到了他羡慕其他同学的眼神。此时，林老师的心里一阵着急，可是着急归着急，最重要的是应该寻找方法，切实地提高孩子的创作水平。

在一年级《可爱的家》这一课中，林老师引导学生观察、感受家中家具的造型，并以情促趣，表现家中的活动。学生很是兴奋，但是个别同学的创作效果还是有些差强人意。小天同学就是这样，他很投入，但就是主体太小，形象感觉团在了一起，他自己都感觉画面效果不理想。在这幅作品中，画面没有突出的主体形象，画了很多内容，近看很有想法，但是整体效果凌乱，特别是因为他太想把某个形象画好，但是由于表现的形象太小，最后都把纸给抠破了。

林老师的心里有些震惊，也着实有点心疼孩子，她说："小天，你画得很生动，但是主体太小了！"可是小天却看着林老师，想了想说："已经很大了，这已经是我画的最大的了！"大、小在一定条件下，本就是相对存在的，再争辩下去也于事无补，还会影响学生继续创作。画得小，没关系，我们贴个大的，比着画，不就大了吗？林老师顺手撕了几张彩纸，把它们撕成长方形、正方形等形状，贴在他的画中。没想到小天高兴地说："这像张床，我还可以画个枕头。"

看着他画面中的效果，林老师组织学生停下手中的笔，讨论思考：这些形状能变成什么家具？因为前面有了欣赏家具的基础，这时学生的思考就像点燃的爆竹，火光闪现，有的孩子说长方形"立着"像书柜，要是"躺下了"就是床，如果把"立着"的长方形中间剪开，还能当门呢。

课堂一下子活了起来，有些孩子按捺不住，纷纷把纸贴在自己的背景纸上，在上面进行添画，马上又投入创作了！没想到这节课的效果很是让人满意！很多学生都站上了讲台，自信地向大家介绍自己的作品。换种方法，孩子们能收获另一种喜悦和成功。

课堂中，总是会有一个又一个的问题，但是"创造始于问题，有了问题才会思考，有了思考才会有解决问题的方法，才会有找到独立思路的可能"。为学生更好地解决"问题"提供有效的帮助，让孩子在逐渐进步中，感受成长的美好！

/四/ 最美的作业

2016年寒假，首都师范大学附属小学在学生部的整体设计指导下，学生自主制定寒假作业，以"星星保卫战"的形式，设计了一个充满趣味、充满挑战、充满创造力的"酷酷"假期。

在这份童心自主假期作业中，每个孩子都将得到50颗星，分布在5个任务星群里，每个星群只有一个挑战任务，完成好挑战任务，就能得到相应的等级勋章奖励。

"星群"分布是这样的：

第一星群："挑战"，孩子走进社会，做一份兼职。比如，帮助社区进行垃圾分类管理，帮助超市派发海报，或者为你的小研究课题做个市场调研；

第二星群："创造"，孩子们可融合多学科，做两个探索项目。比如，研究新版人民币的人文内涵、前身历史、美工设计、换算方式等；

第三星群："沟通"，在网络时代，玩转三个交流群，借助微信、QQ 建群，把手机、iPad 变为随身的沟通神器，分享阅读、开展四人朋友圈研究、交流假期新鲜事；

第四星群："阅读"，选择最爱读的四本好书，建议读不同种类的书籍；

第五星群："健康"，在假期，为自己找几个最需要或最喜欢的运动项目，至少进行 5 次运动项目锻炼。

首都师范大学附属小学的童心作业，就是如此酷，如此美，创意无限！

秋天可以如此美丽

星期天的早上，上班族的大人们难得捞到一个自然醒的机会，佩佩的爸爸也是一样沉浸在周末的美梦中。可是，女儿佩佩却依然早早起床。朦朦胧胧之中，爸爸断定宝贝应该是悄悄地看着动画片，或看着自己喜欢的课外书，或自娱自乐地玩着类似白日梦的各种自创情景游戏。

爸爸终于睁开了惺忪的睡眼。女儿马上爬到爸爸身上，兴奋地说："爸爸，你看！"一张名为"美丽的秋天"的手绘作业，突然出现在爸爸的面前。爸爸立马使劲睁了睁眼睛，没看错吧！爸爸一下子精神好多了。惊讶！喜悦！原来女儿早上悄悄地爬起来，自发地完成了一张自己想要表达情感的手绘。爸爸突然意识到，新学期开始后，好像孩子们阅读《新教育的一年级》系列书籍后，都会有不同主题不同形式的手绘，女儿越来越喜欢通过手绘表达自己的思想和情感了。

"隔江人在雨声中，晚风菰叶生秋怨。"这是爸爸特别喜欢的有关秋天的词句。在他的心里，秋天除了气温的体感凉爽外，内心或许更多的是萧瑟和孤独。

然而，在女儿佩佩的眼里和心里，一切却完全不同。

"秋天到了，树上的叶子掉落到了地上。地上的叶子一片一片又一片，漂亮极了！每一片叶子长的都不一样。有草叶、有树叶，还有其他各种各样的叶子。用心去发现，就能看到不一样的美丽哦！"

单纯的孩子，稚嫩的语句，虽然其中还有"的"字使用错误，但丝毫不影响手绘的整体吸引力。爸爸真的"用心去发现"，仔细地品味女儿的作品。在所有的语句中，外溢的都是喜悦和快乐！这，也让悲秋的爸爸觉得秋天其实也可以是十分快乐的。第一次，爸爸觉得秋天是那么美丽动人。

更为惊讶的是，在作品的左侧，佩佩居然通过平板电脑查询，将自己写下的语句，全部翻译成英文。虽然书写晦涩，单词之间没有做出空格区别，但是，女儿求索的精神深深地感动了爸爸！爸爸发自内心地觉得"求索童心让孩子更完美，手绘作业让秋天更美丽！"

小导图　新天地

小小数学思维导图，真是个了不起的东西！它能够巧妙地将数学的预习、学习、复习、练习课有效地结合起来，在整理知识点、提高学习效果的过程中，为小朋友们开辟五彩缤纷的新天地。

一次数学课上，葛少芬老师让孩子们用喜欢的方式将学过的四边形进行

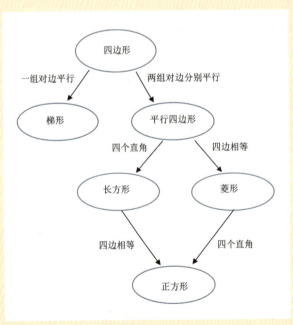

了整理。大部分学生很快画出了平行四边形、长方形、正方形、梯形和菱形。紧接着，葛老师让孩子们去梳理四边形之间的关系，孩子们开始愁眉苦脸。好一段时间后，有的用文字叙述，有的用图形简单绘画，有的还在静静地想，不知如何整理……在这种情形之中，葛老师把一个新朋友带到了课堂——数学思维小导图。

小导图可以由一个或

几个关键词引出，可以沿着一个知识脉络进行整理，还可以清晰、快捷地联想到不同领域的知识，进行纵向梳理。葛老师带着孩子们以画知识树的形式对四边形的知识进行梳理和总结，把各类四边形与图像、颜色等建立记忆链接，画出一幅知识点一目了然的思维导图。

"哇！太神奇了，它怎么这么有威力，还这么漂亮！"孩子们不由自主地赞叹。

从此，小导图成了孩子们特别喜欢的一项作业。看！了不起的三年级同学，可以很巧妙地将所学数学知识与生活实际相关联，运用思维图感受一个由浅入深的学习过程——

我们再听听孩子们怎么说吧——

"每学完一单元，我们就会用思维导图来整理这一单元每一课的知识点。每次用到思维导图，我们都特别兴奋。我们先迅速找到这一单元的主题设计成核心，再围绕核心写出每一课的名称和知识点，按照这一课的知识点自己出 1~3 道生活中的题，做到举一反三。我们都用自己喜欢的形式来装饰自己的思维导图作业。我喜欢设计一些情景，加上花边，把泡泡涂成自己喜欢的颜色。同学们设计的作业也都特别美观，而且各有特点。我们画的单元思维图中包含了所有的知识点，真的是又清楚又漂亮。"

"这样的作业真好！因为导图整理了每一单元每一课的知识点，所以对期末复习真的很有用，可以帮我们在期末考试中取得好成绩。我们都用心地和同学分享自己整理的思维图，对自己有遗漏的地方进行补充，将自己好的方面推荐给大家，长期坚持下来，我发现自己不但是个画画小能手，还是一个整理小专家！这样的作业真是难忘呀！"

英语作业，Wonderful！

作业是课堂教学的延伸，是英语教学中必不可少的环节。童心教育理念指引下的作业，形式应该是多样的、有创造性和针对性的。武祎老师在实际教学中，践行这一理念，对英语作业进行了改革和创新，并取得了不错的成效。

作业如此"自主"

镜头一：

阳光明媚的早晨，学生们来到学校，只听英语课代表说："同学们请把完成的英语作业分类放在前面的桌子上。"

小桐说："我写了一篇小短文，介绍了我最好最好的朋友，你完成的是哪项作业？"

小洲回答："我画了一张我好朋友的画像，旁边配上了英文介绍，你看，怎么样？很棒吧？"

泽一说："我的好朋友是语文老师，我特别喜欢她，你们看我画得像不像？写得棒不棒？"

小琛说："这算啥，我有更棒的，你们

看这是什么？"

"这不是优盘嘛，你的作业在这里？"

"对呀，我完成的是朗读录音，现在就可以插在电脑上，咱们听一听！"

小涵说："录音我也有，我把课文改编成了英文小故事，还讲给我爸爸妈妈听呢，他们听得可开心了！"

这就是武老师为孩子们布置的英语作业。孩子们做得开心，效果也是棒棒哒！武老师认为，童心教育理念最关键的就是必须充分发挥学生的主体积极性、主动性和创造性。所以，在教学工作中，她要考虑对有差异的学生进行分层练习。武老师根据学生的知识掌握程度将作业设计成难易有别的 A，B，C，D 等组别，让学生根据自己的实际情况选择。

镜头二：

博宇："妈妈，今天我们学了水果的英文名字，我都会说了！"

博宇妈妈："都会了也要复习巩固才行，老师留了什么作业？"

博宇："今天老师让我们自己设计作业，来复习学过的水果单词。"

博宇妈妈："自己设计作业？你有什么想法？你会设计吗？"

博宇："当然有想法啦，而且还不止一个呢，我现在说给您听。"

博宇妈妈："好的，妈妈也可以帮你一起设计，让你的作业既能复习巩固所学的知识，还能体现你的个性！"

博宇："妈妈，我想制作水果英语卡片，就像老师上课用的那种卡片一样，以后我在家也能用这些卡片复习。我还要把水果儿歌背诵下来，可以表演给我的同学和好朋友看。您说这两个想法怎么样？"

博宇妈妈："真不错！妈妈有个小建议，咱们学了水果的单词，不如画一个水果商店吧，看看你能不能把水果店中的水果都能标出它们的英文名字！"

博宇："哇，水果店我喜欢，好棒啊！那还等什么？妈妈，我们赶快开始吧！"

就这样博宇的作业呈现在了武老师的办公桌上。老师拿到这份作业，也是赞不绝口。看来教师更新观念，变"给学生布置作业"为"让学生自主设计作业"，真的实现了以学生为主导，关注到了学生的需要，激发了学生的兴趣，发展了学生的个性！这样的作业，学生怎么会不喜欢？

作业如此"可爱"

武老师发挥出所有的能量，把英语教学变成让学生欢欣鼓舞、能力全面发展的动力源泉。作业是整个施教工作中不可缺少的一部分，是上课的延续。那么如何做到"乐做乐学"呢？不妨在作业的设计上，增加一些趣味性。

低年级的学生没有书写作业，老师更多的是从口头练习的角度给学生布置作业。

作业类型有歌谣或手指操等。看着小学生有板有眼地用童声念起英语小歌谣，一脸认真地做着手指操，武老师的心里深深地欣慰：他们已经开始入门了！

中、高年级不仅要关注学生的口语表达，还要关注到学生的书写，以"书写"的形式进行知识体系的巩固，再结合口语水平的提高，学习效果会很不错。作业类型可以选择朗诵／读诗篇；讲／复述课文、讲故事等形式。

为了激发学生的学习兴趣，武老师还为学生设计了更多的可爱的作业表达形式：

唱一唱——音乐的 Wonderful

英语歌曲以其动听的旋律、轻快的节奏和生动的内容深受学生的喜爱。有些英文歌曲虽然歌词有些拗口，但学生都能把它熟练地唱出。在布置作业时，武老师就试着把一些单词配上乐曲，以唱歌的形式来练习。学生通过编歌既掌握了所学内容又充分地开发了音乐智能，而且学得愉快。

画一画——笔尖的 Wonderful

小学阶段学生的思维以直观、形象为主，枯燥、抽象的英语单词常常让学生产生厌恶心理。若能将形象的图画与抽象的单词联系起来，记忆单词就容易多了。于是，在设计作业时，武老师尝试让学生根据所学单词自行设计图画。在教学水果、动物、数字等单词时，她便布置学生根据自己的喜好设计制作图文并茂的图画。第二天，交上来的作业五彩缤纷、各式各样，完全出乎老师的意料。

玩一玩——异域文化的 Wonderful

在平时的教学中，武老师还注意对学生进行西方文化的渗透。到了某个西方节日，会为学生布置一些与节日有关的作业。

演一演——情境的 Wonderful

武老师："今天我们学了这个英文小故事，你们喜欢吗？"

孩子们："喜欢，特别喜欢。"

武老师："既然大家都喜欢这个小故事，我们能不能试着把这个故事表演出来？"

孩子们听了武老师的提议，都特别开心。一直以来，英文小故事表演是孩子们的最爱！

你们看，武老师刚刚布置了任务，孩子们就行动起来了。让我们看看关爱小组的孩子们都在干什么。

组长："伙伴们，故事里有四个角色，我们来分一分，看看谁适合演什么角色。"

组员1："组长组长，你的口语在咱们组里最棒，读得最好，你来旁白和串词，可以吗？"

组长："没问题！"

组员2："我是女孩，我来演小兔子的角色吧！"

组员3："那我就来演小猴子，我和它一样活泼好动！"

组员4："我，我，我……"

组长："你怎么了？"

组员4："我的口语不好，读的都不如大家好，我不敢跟大家一起表演这个小故事。你们演吧，我不参加了。"

组员们："那怎么行，你是我们的一员，怎么能不参加呢？"

组长："现在还有一个角色就是大象，不过你不用担心，我们一起来帮你，哪个不会我们大家教你，绝对让你说得棒棒哒！"

组员4："我能行吗？我真的说不好，怕给大家拖后腿。"

组长："一定行的，要有信心哦！"

就这样，组员们通力合作，互相帮助，关爱小组的英文小故事表演新鲜出炉了。在各小组的汇报表演中，他们的表演获得了一致好评。

通过这次英语故事表演，武老师深深地感受到，在作业中，如果仅限于让学生死记硬背课文，这对交际能力的培养效果甚微。不如让学生以小组为单位组成"英语会话小组"，表演课文，并鼓励他们进行创新。在排练小故事的同时，孩子们也体会到了合作学习、互相帮助的快乐，发挥了小组中优秀学生的长处，也让学习有困难的学生，得到了大家的帮助。有些学生因为居住地比较偏找不到合作伙伴，这时她就建议孩子们表演"独角戏"。进行评比时，有些学生的独角戏演得非常好，他们运用两种声音，换用不同装饰，站在不同的位置上表演，不仅演得好而且非常风趣。

作业如此评价

课代表："今天把作业本发给大家，大家看一看，老师已经进行了批改，请大家认真改正错误。"

小凝："我的作业全对，老师印了小印章，还写上了 Great！"

小桐："你的 Great 算什么，我的评语可是 Wonderful！是不是比你的还牛气？"

课代表："同学们，武老师给我们准备了四个等级的奖励卡，大家可以根据作业本上的等级，到我这里来领取相应的奖励卡。武老师还为大家准备了礼物，大家可以根据积攒的奖励卡的数量，到我这里来换取小礼物哦！"

同学们："太棒了！"

教师对学生作业的评价与批改，是营造轻松气氛，激发学生学习兴趣，培养创新意识的重要途径。教师在批改和评价中，要特别注意保护学生完成作业的热情，理解学生完成作业的心理状况；同时注重用富有艺术性的评价，激发学生的持久的作业兴趣。教师在评价学生作业的时候，除了用A、B、C、D、Good！ Great！ Wonderful！ Excellent！ 等常用的方式外，不妨插入简笔画，尝试"有形"的评价，如画个小笑脸、小手势。这样寥寥数笔，不仅给学生理解上降低了难度，同时又增添了批语的活泼程度，更贴近了学生，缩短了师生之间的距离。

除了在作业本上为学生留下"艺术性"评语之外，武老师还给学生准备了四个级别的奖励卡。根据学生完成作业的情况，为学生发放不同级别的奖励卡。学生得到奖励卡之后，可以根据卡的种类和数量，来换取相应的礼物，这样也极大地增强了学生学习英语的热情与积极性。学生能够积极主动地完成老师布置的各项作业，并能积极改正作业中的错误。完成作业的过程中，也更加认真仔细，生怕自己的作业中有错误。当完成作业时，他们也会检查好几遍。当孩子们拿到作业本后，会马上打开，看一看老师给的等级和评语，看完后，就赶快跑到课代表那里去换取奖励卡或相应的礼物。孩子们每天最期盼的就是发英语作业的时候！

　　童心教育的完美弘扬，学业水平的持续进步，都在呼唤我们的教师要不断学习，时刻为学生着想，切实减轻学生的课业负担；开动脑筋，精心设计高效、实用的作业，不断改革和创新英语作业，通过自主的、趣味性的、开放的、有个性化的作业，潜移默化地影响学生的情感，影响他们对英语学习的感受、思考及表达方法，培养学生自主、合作的学习能力和创新素质。武老师坚信：通过我们的共同努力，一定可以让课外作业成为每个学生和教师之间心与心的对话。

超赞的假期作业

　　当学生的最怕写作业：语文作业、数学作业、英语作业；书面作业、背诵作业、听力作业；卷子、习题、作文、小报；各种各样写不完的作业……尤其怕假期作业！忙了一个学期，好不容易考完试了，就怕学校和班主任又留一大堆的作业，忙得连玩游戏、看电视的时间都没有。

　　不过，宋继东可是个"童心专家"，学生这点小心思，他早就知道得清清楚楚，所以学校每年的假期作业总是设计得别出心裁、独具匠心。不信，且听三年级2班的奇奇同学说说：

学校鼓励我们走出家门，到自己没去过的地方看看。俗话说，读万卷书，不如行万里路，所以每个假期爸爸妈妈都会带我出去旅行。

我在假期里看到了秦皇岛的大海，才知道原来大海的污染这么严重，并不都像书里写的那样湛蓝。

我在假期里去了雪乡，才知道哈尔滨的冬天是多么寒冷，我拼尽全身的力气才翻过了白雪茫茫的雪山。

我在假期里去了草原，才知道在辽阔的草原上开着山地摩托车一路狂奔简直太爽了！

我在假期里去了千岛湖，才知道江南的冬天跟北京不一样，阴雨绵绵的湖中小岛就像一幅水墨画……以后我还要去更多的地方印上我的脚印。

学校每个假期还要安排我们做一些动手动脑的实践作业。比如，学做美味的食物、学习做家务等。我就在假期里学会了做汉堡、蒸芋头、拌沙拉、包粽子、熬绿豆汤；还学会了洗内衣、刷碗、扫地拖地、清洗空调、电风扇。

奇奇印象最深的是二年级暑假时，学校让他们设计不插电游戏。那时，奇奇特别喜欢玩 iPad，每天一做完作业就缠着妈妈要 iPad 玩，一玩就是一两个小时，连头也不抬，紧张得眼睛都不敢眨，吃饭、喝水、上厕所都用最短的时间完成。可是，假期里为了完成学校安排的设计游戏的作业，奇奇只好放弃了玩电脑游戏的念头，整天埋头设计，终于发明了几个小游戏：在冰棍棒上写诗句，两个人玩拼诗大赛；在贝壳上画图案，玩记忆游戏；用装鸡蛋的托盘做成跳棋棋盘，玩跳棋。最让他自豪的是自己设计的创意游戏《英雄戚继光》。

这个游戏的灵感来自于动画片《戚继光》。这部动画片讲述了明朝抗倭名将戚继光的故事。奇奇最着迷的是戚家军独创的狼筅、戚家枪、神机箭、虎蹲炮等武器，还有鸳鸯阵、三才阵等阵法，简直太厉害了。在电视上看了戚继光用自己的胆识和智谋，率领戚家军屡屡打败倭寇，奇奇被戚继光的英雄气概深深地感染了。怎么才能设计一个跟戚继光有关的游戏呢？

妈妈给他出主意："我们中国的象棋就是两军对垒的游戏，把战场转化成了棋盘，把千军万马转化成了一个个棋子，你也可以设计一个棋盘，让戚家军与倭寇对战啊。"

奇奇想起了数学课上学过的华容道就是曹操被关羽等猛将包围起来，如果他能从初始位置移到出口就算赢了，"那我把华容道里的曹操变成戚继光不就行了吗？"

"这个想法不错，"妈妈说，"可是华容道只有一种玩法，一旦你掌握了方法，就没什么可玩的了。"

"那怎么办？"奇奇急得挠头。

"你可以再想想，怎么能设计出很多种不同的玩法。"

"不同的玩法？不同的玩法……"奇奇皱着眉，不停地小声嘀咕着。忽然，他想起了 iPad 上的移车库的游戏。那个游戏是要把车库里的目标车从一堆横七竖八的车里移到出口。有几关特别难，他总是玩不过去。其实那辆车不就跟戚继光一样吗？他经常被倭寇重重包围，可是在戚家军的帮助下，总能冲破重围，杀出一条血路。奇奇赶紧跟妈妈一起讨论怎样才能把这个游戏设计出来。

他们先照着 iPad 上的车库画出一个战斗盘，然后再按照游戏里每一关的车子摆放位置画出战斗卡。这样就有了倭寇包围戚家军的布阵方法，而且分成不同的难度等级。最后再上网搜集戚继光、戚家军和倭寇的图片，奇奇亲手绘制每个人的头像，涂上颜色，做成小人偶。

可是，问题又来了，iPad 上的车库是平面的，车子在里面移动很方便。但是要把它做成一个玩具，就要让战斗盘和人偶变成立体的。奇奇试了很多种方法都不行，经过一天的忙碌，已经累得不行了，晚上灰心丧气地躺在床上，不想再做了。

第二天，奇奇起床后发现妈妈找了很多正方形的乐高积木放在他的书桌上。他疑惑地看着妈妈问："妈妈，这是干什么用的？"

"你看，这每块积木像不像一个车位？车库不就是由很多个车位组成的吗？"

"对啊！"奇奇一拍大腿，精神又来了。在妈妈的帮助下，奇奇先在一个硬纸板上抠出一些方框，横向和纵向各有六行，每行之间有间距，然后把积木块塞到方框里，涂上一些 502，把积木块粘牢固，再把积木四周用硬纸板包围固定。这样就有了一个战斗盘。接下来奇奇找了一些小药盒，修剪后盒子的大小正好可以在积木块的间距中滑行。他把小人偶粘在药盒上，每个人偶就像一辆小战车可以在战斗盘中移动。最后，按照之前画好的战斗卡上的字母，奇奇给每个字母安排了一个人偶角色。哈哈，大功告成！

这样，游戏的主要道具就全有了：

1. 用 36 块积木拼成的战斗盘。

2. 人偶战士。他们中有戚家军成员，还有倭寇。

3. 四张游戏卡，分为低级、中级、高级和专业级。以后还可以不断增加游戏卡。

游戏的玩法是：

1. 先拿出一张游戏卡，按照游戏卡上的字母找出人偶战士，然后把它们摆在战斗盘相应的位置上。

2. 观察人偶战士的布局，让他们在战斗盘中移动。如果是横着摆的，就只能横向移动。如果是竖着摆的，就只能纵向移动。直到戚继光从出口移出就算赢了。

创意游戏《英雄戚继光》最终获得了学校游戏设计一等奖！大队辅导员老师给奇奇发了奖品，还让他在全校同学面前介绍这个游戏。奇奇真是太高兴了！他从这次游戏设计过程中学到了很多：设计游戏要上网搜集资料，在制作过程中要不断解决出现的问题，还要学会将书本上学到的知识在实践中应用。"既动手又动脑，既保护视力又锻炼意志。"奇奇兴奋地告诉小伙伴们，"它让我找到了当英雄的感觉！超赞！我超喜欢！"

特别的作业给特别的你

"老师！老师！这是我得的第五个优秀了！你快看！"一个身材高挑的小女孩儿拿着一张卷子向范雅静老师奔去，脸上写满了激动和自豪。范老师拿着这张第五单元词语练习卷，向小女孩儿表示祝贺："太棒了！你表现越来越好了！"小女孩儿冲她一笑，跑开了。小女孩儿就是范老师班中特别内向的旋旋。看着旋旋远走的身影，她脸上露出了一丝微笑。这孩子越来越自信了，半年前的小女孩儿可不是这个样子。

　　"旋旋，这次词语听写又没有合格，全班只有你一个啊！"范老师皱着眉头对站在她面前的孩子说，"你得努力了！再不努力就会被同学落下的。"孩子的头埋得低低的，牙齿咬着嘴唇，轻轻地点点头，声音细得简直像蚊子哼哼，哽咽着说："老师，我知道了。"小女孩儿在转身的瞬间，眼里流出几滴晶亮的泪珠。范老师心里也挺不是滋味的，暗暗想：旋旋的生字总也记不住，到底有什么好办法呢？查找了一些资料，很多理论都认为孩子多重复有助于加强记忆。

　　又一次词语听写，旋旋又一次得了很低的成绩。范老师对旋旋说："把错的词语每个改三遍。"下课了，其他的孩子都出去玩了，旋旋还在埋头改着生字。一个上午，除了上厕所，三个课间都在教室里改错。第四节课上课铃响起时，孩子跑到讲台前，左手拿着一张纸，右手还不停地甩着，应该是改生字累坏了。旋旋把纸交给了范老师，上面是密密麻麻的词语。范老师仔仔细细看了一遍，全都改对了，微笑着说："累坏了吧？这回都记住了吗？"旋旋长吁了一口气，认真地点点头："差不多了。"范老师也心中暗喜，这回她的成绩肯定上来了。

　　第二天，范老师把那些词语又听写了一遍，收上本子，坐在办公室认真地批改起来。孩子们的准确率都比上次提高了很多，她心里特别高兴。忽然，熟悉的字体跃入眼帘，是旋旋的卷子，她心想：这回旋旋的成绩应该不错了，可是越往后判范老师越生气，昨天出现的错字今天又照样出现了，看来昨天的三个课间是白费了。这可怎么办呢？思来想去，她决定让家长帮忙：每次听写完词语，她先让旋旋改错，再请家长把错的词语重新听写一遍。家长积极配合，但一段时间下来，还是收效甚微。范老师真是有点黔驴技穷了。

　　很快就到了期末，汇总复习特别忙碌，一方面要抓基础，一方面还要把握住阅读和作文等多方面的知识点。批作业也要花掉一个上午的时间，弄得范老师头晕眼花，焦头烂额。实在是忙不过来了，她决定把生字词的批改交给同学，但一定要是认真负责的同学。她站在讲台上边看边琢磨着：谁来做这件事呢？突然，一个大胆的想法在她脑中闪现——虽然旋旋的生字写得准确率不高，但这孩子做事认真，让她来批改生字词，说不定会对她巩固字词大有促进呢！就这样定了！范老师在班里宣布了这件事，选了几个做事认真细致的孩子，告诉他们，她会在他们中间选出最认真负责的，孩子们都特别兴奋，一个个跃跃欲试。第二天，孩子们就走马上任了，每个人都那么认真，旋旋尤其认真：下课了，旋旋拿着红笔，认真地看着同学的作业本，还时不时翻看着语文书，俨然一个小老师的模样。

一天、两天、一个星期过去了，有几个同学有些懈怠了，但旋旋还是那样认真负责地完成这项特别的作业。更让范老师喜出望外的是，旋旋的听写成绩竟然提高了一大截，有几次竟得了满分！旋旋小组同学的听写成绩也有不同程度的提高。

一份特别的作业，给了特别的旋旋，成就了柳成荫的景象！

特殊的毕业礼物

还有一个月就要毕业了。往年，哥哥姐姐们都会在毕业前夕给学校献上一份"厚"礼，感谢学校、老师六年来的培养。今年，用什么方式，回馈母校和老师们呢？六年级4班的小干部们叽叽喳喳地讨论着。一旁的班主任王老师也思索着：这几年来，宋继东校长在各种场合反复强调，老师们要研究童心，站在儿童的立场，考虑儿童的需要。献一份怎样的"毕业礼物"，才能既满足孩子的情感需要，最大化地发挥他们的能力水平，又显得礼物有新意、有价值呢？对了，班里的孩子大都能写会画，何不让他们用自己的笔写点什么，画点什么？

王老师的提议，立即得到了小干部们的响应。

"这么多年来，都是老师给我们写评语，临别之际，也给老师写写评语吧！可以以小组为单位，对谁印象深，就写谁。大家一起写。"

"还可以创作诗歌！嘉洁和紫萱就刚写完两首，写的是对老师的感谢，对同学们的留恋，特感人，好多同学都看了。"

"写诗有难度。咱班这两年写了那么多周记，都是记录日常生活的，不会写诗的，可以把周记本找出来，看看有没有反映师生情的，加工完善一下。"

"对了，大鹏鹏那天中午不是给王老师创作了一个艺术签名吗，可以两三个人一组，给所有教过我们的老师，一人设计一个。"

"这主意好！不擅长写却特能画的同学，肯定喜欢。"

"签名的设计，如果能和老师所教的学科结合起来就更有意思了。明天有美术课，可以请孙老师辅导辅导咱们。"

"我在网上见过有中学生在教师节时，用漫画反映'师生情'的，你们是不是也可以尝试一下？"王老师的建议，再次得到了大家的响应。

"咱们画的画，必须体现咱'首都师范大学附属小学'的特色，不能放哪个学校去都行。"

"真有想法！不愧是我的得意门生！"王老师十分赞许，"如果把这些都整理出来，再加个'序'和'目录'，就能出一本'毕业纪念册'了。把这个送给学校，多有纪念意义。怎么样，我跟你们几个一起做这事，有信心吗？"

"没问题！您当总策划，我们几个当编委。"几个孩子纷纷点头。

"我爸有个好朋友，我们以前做作文集，都找那个叔叔帮着打印装订。我可以让我爸问问，这次，能不能帮咱班做。"

斯佳的一句话，像给大家注入了一剂兴奋剂，老师、同学都充满了期待。

当天晚上，王老师就接到了斯佳爸爸的电话："学校培养了孩子这么多年，眼瞅毕业了，我们都盼着为班级、为学校做点贡献！"

有了后勤保障，王老师心里更踏实了。

接下来的半个多月，全班所有孩子都兴致勃勃地投入到"毕业礼物"的创作中，每天在王老师的组织下，分组写稿、改稿，创作漫画、签名，用文字抒发着对老师、对同学的情，用绘画表达着对母校、对小学生活的爱。

担任文字编辑的嘉洁、斯佳、雅茜、小奥和振铎，先后修改、校对了36篇稿子；擅长电脑操作的梦楠、紫萱从校园网、班级照片库中精选了40多张反映校园生活的珍贵照片，插入作品，承担了整个纪念册的美编工作。

作品初稿出炉后，小编委们分别找到史淑英书记、宋继东校长、李晓晖副校长征求意见。看到这种用漫画反映校园生活、表达师生情的别样形式和这些新颖有趣的"艺术签名"，几位校领导十分高兴。李副校长当即把美术组组长请来，建议在期末考试后，开展全校性的"漫画绘首都师范大学附属小学"活动。宋校长则建议，把一年级入校时的合影和六年级的毕业照放在同一页，更能突出孩子们是在"首都师范大学附属小学"这个大家庭里成长起来的。

又经过一个星期的印制、装订，《童言 童语 寄童心——六（4）班献给母校的毕业礼物》横空出世了。

第三章

童心课程，保卫童年

课程体系背后的哲学追求

课程是什么？课程对于学校教育重要吗？有多重要？对于学校教育而言，课程是学校教育系统的"心脏"，具有"牵一发而动全身"的作用，是能够迅速反映时代主题及社会变化的"晴雨表"。课程潜移默化、有形而又无形地影响着学校的各个环节和各个主体。对于教师和学生来说，课程是他们每天都需要直接面对、直接接触的切身体验，它集中了教育思想与教育理念，是实现教育目标的重要途径，在某种程度上可以说，课程改革的成功与否，直接关系到教育改革的成功。什么才是好的课程？首都师范大学附属小学经过反复地思考、探索和实践，给出了有力的答案：好的课程就是让学生喜欢的课程！

伴随着学校发展壮大的是宋继东对学校发展的不断思考和探索。他认为要让学校得到深远发展，靠扩大校址规模、广招生源、平推学校工作是远远不够的，学校教育的最终目标是满足所有孩子的需要。由于深知课程对学校教育至关重要的作用，宋继东将思考的着力点和突破点放在了课程的开发和建设上。

"以往的课程问题在哪？明晰了过去课程的弊端，才能趋利避害，开发和建设出更能满足学生个体需要的课程。"宋继东思考着。以往的课程过于统一，合理的统一是必要的，有利于保证基础教育的质量，但过分地强调统一会忽视学生的个性发展，缺乏针对性。我国的各个学校目前都存在显著的差异，不同地区和不同学校的孩子的需求也是不同的，在达到国家规定的基础标准之上，因地制宜地发展课程，才能实现更好的发展。要想让学校课程满足不同学生的个体需要，必须结合学校的教育实际，从学生的个体需求出发，设计和开发出一套属于首都师范大学附属小学的课程。

结合"童心教育"的办学理念和培养目标，首都师范大学附属小学将开展课程建设的目标定位于"童心教育"理念下形成的具有实践价值的学校发展的方式，将即将开发的课程定位于"童心课程建设"。正是基于以上思考，首都师范大学附属小学确定了童心课程的三个逻辑起点："课程为谁设计""课程为何设计""课程如何设计"。

课程是个非常专业的名词，课程建设也是一件非常专业的事情，开发和构建课程并不是随随便便设置几门课程那么简单，要想让课程构建专业而有深度，光靠自身的摸索是不够的，站在巨人的肩膀上可以使课程探索之路走得更顺、更远。基于这个认识，宋继东有了一个新的想法——"你开书单我买单"。借着教师节的契机，全校的教师为自己的伙伴推荐一本关于课程的书籍，并写上祝福话语。有推荐《课程与教学论》《课程和教学的基本原理》《课程新论》等专业理论书籍的，也有推荐《中国教育寻变——北京十一学校的1500天》《好课程是设计出来的》等实践操作性强的书籍的。借着这股子购书热，首都师范大学附属小学的教师轰轰烈烈地展开了课程学习。关于课程讨论和交流的声音似乎在学校的各个场合、角落以及主体之间充斥着：大到周二全体教师大会、课程骨干会议，小到教师年级办公室甚至教师们的每一节课上；有领导与教师之间的探讨，有教师与教师之间的争论，有教师与学生之间的交流。

经过一次次的碰撞与研讨，宋继东和他的团队的所有教师都认识到课程的建设要重视其内在价值。儿童需要探究与发现，需要对意义有独特的见解，宋继东带领课程建设核心组成员，从愿景规划、课程目标、课程设置、课程实施、课程评价等多方面对童心课程体系进行总体构建，并在教育实践中不断地修缮，让所有的孩子都喜欢，以期最终实现童心教育的育人目标。2015年，随着《北京市实施教育部〈义务教育课程设置实验方案〉的课程计划（修订）》方案和海淀区课程改革方案的出台，宋继东团队再次审视和确立课程改革目标，即建立符合教育规律、顺应时代要求、具有学校特点、让所有学生都喜欢的童心课程设置方案。至此，首都师范大学附属小学童心课程体系得以明晰，并日趋完善。

在这一体系中，童心课程的愿景具体规划为：在生动的环境中习得悟性、修得品性、获得灵性——

悟性：在课程学习中痛彻成长的经历。

品性：通过课程学习获得为人的优秀品质。

灵性：课程设置满足学生自由成长的需求。

童心课程的目标为：培养具有率真性情、关爱德行、求索能力的人。

童心课程的设置主要是对国家课程进行校本化的改造和重构，在层次化实施国家课程的基础上融入学校的"童心文化"，依据学校自身的办学理念和发展目标，整合学校资源优势，根据所开设课程的门类构建出一套适合学生发展的有机统一、富有特色、有趣味性并能激发学生学习兴趣的课程。

你们的课程你们来排名

"我代表四年级 6 班同学选合唱课程。我们喜欢合唱课程，因为合唱课程能提高我们的乐感，还能提高我们的凝聚力。"

"我代表三年级 8 班同学选机器人课程。我们喜欢机器人课程，我们想为人类科技的发展做出自己的贡献。"

"我代表六年级 3 班选陶艺课程。我们喜欢陶艺课程，因为中国的陶艺文化博大精深，我想让我国的陶艺在世界上发扬光大。"

……

每个新学年开始的九月份，首都师范大学附属小学都会召开一次别开生面、气氛热烈的学生课程代表大会，即我最喜欢的课程评选大会。

设置让孩子们喜欢的课程，谁最有发言权？当然是作为课程主体的孩子们。课程代表大会在学术报告厅如火如荼地召开的同时，除了作为代表的孩子，其余所有的孩子都在教室收看现场直播，每个代表发表完自己的想法之后，就到了全校孩子紧张激烈地投票选出我最喜欢的课程的时候啦！孩子们有的窃窃私语小声商量，有的眉头紧锁，有的咬着笔杆子、头向上 45° 歪着，有的表情轻松快乐，好像最喜欢的课程早已心有所属，有的表情认真又严肃，生怕自己不小心填错了心中的最爱……填写完毕后，早已准备就绪的大队委们负责收集大家的选票，最后统计出首都师范大学附属小学学生最喜欢的课程排名。

你可不要小看了这小小的排名，这可是首都师范大学附属小学创设让孩子们喜欢的课程、为孩子们设置课程的重要依据呀！

神奇的"午间二十分"

"丁零零丁零零"每周三中午一点的铃声一响，首都师范大学附属小学每个教室的广播里准时会响起校园广播员稚嫩而自信的声音："同学们，你们做好准备了吗？让我们安静地坐下来，准备收听今天的校园广播吧！"广播一响，孩子们立刻迫不及待地端坐到自己的座位上，竖起了耳朵，生怕错过了广播员的每一个字。

除了每周三的广播，每周四的慕课视频，孩子们也是各个瞪大了眼睛聚精会神地听着。

来首都师范大学附属小学参观的外校老师及家长们都很纳闷，孩子们经过一上午紧张的学习，中午不应该是困顿疲惫的吗？怎么个个精神头这么足啊？

这你们就有所不知了，每天中午的一点到一点二十可是首都师范大学附属小学神奇的"午间二十分"呢！

为体现童心课程的特色性、创新性和综合性，实现在综合素养发展基础上每个孩子的个性发展，让每个孩子喜欢并学有所长，成为真正全面发展的人，首都师范大学附属小学进行了丰富多样的课程设置。长短课结合就是首都师范大学附属小学对于课时设置的一个探索和尝试。

在"午间二十分"课程中，依据不同活动类型设置主题日，结合时代主题将学生发展与现实生活紧密结合起来，"做与时俱进的学生"，具体课程设置如下：

日期	内容	要求	课程评价
周一	语文学科"写漂亮生字"	练字	
周三	（1）价值教育大讲堂。让学生理解本国的文化和传统并对它持正确态度。围绕价值观教育实现对学生在价值观念和社会态度的培养，特别强调中国传统美德 （2）少先队广播 （3）积极心理讲座	收听广播	无考核评价
周四	明确学习的目的，各学科提供给学生最有意思、最有价值的慕课资源，增加学习内容，增强学生学习的积累，为后续发展提供"动力"和创造"机会"	音、体、美、科、品、信、语、数、英各两次，承担本学期慕课资源的提供及播放安排。观看慕课 15 分钟，记录听课笔记，5 分钟回答问题	有考核评价
周五	学生讲堂。通过各种信息的交流，实现信息的交流与分享，进行回顾与评价等	信息交流（发现与评价）	无考核评价

童心课程不仅仅是一个理念，一个口号，首都师范大学附属小学课程设置的魅力之处体现在课程主体的综合化和多元化、教学的个性化和创新性等各个相关因素和环节之中。

基础性课程	拓展性实践课程		综合性课程
国家课程	地方、校本课程	10% 学科实践课程	综合实践活动
科目	科目	科目	科目
语文	写字	语文戏剧	研究性学习（3~6）
数学	阅读	数学游戏	实践活动
英语	晨诵	英语语言实践	社区服务（3~6）
音乐	慕课（3~6）	合唱	劳动技能（3~6）

体育	学生讲堂（3～6）	体育竞赛	家政课程
美术		美术作品制作	家庭伦理
科学		趣味实验（3～6）	兴趣普及
品德		品德体验	校级社团（2～6）
信息（3～6）			艺术普及（1、2）

/一/ 为你的心灵健身

"知心姐姐积极心理大讲堂"是首都师范大学附属小学心育课程的代表，每周一次的课程，着实让孩子们翘首以盼。在这里，孩子们主动和知心姐姐倾诉自己的困惑、问题，分享自己的快乐，而知心姐姐则逐一为孩子们回复解答。知心姐姐有个非常保密的文件柜，说到保密的程度，连校长宋继东都不能打开。里面藏的不是贵重物品，不是私人物品，而是一本本整齐的心理咨询记录。知心姐姐不仅"知心"，而且"细心"，为每个来咨询的孩子建立了心灵档案，跟踪辅导效果，陪伴孩子成长。心育课程取得的成果也受到了普遍的称赞，仅 2015 年一年，知心姐姐就为教育部、人民教育出版社、北京师范大学、首都师范大学、北京教育学院做展示课、报告十余次，接待广东以及深圳、重庆、苏州、南京、泉州等十几个省市的教师观摩十余次。

首都师范大学附属小学作为海淀区心理健康教育示范学校，其童心课程体系不仅关注孩子知识层面、能力层面、思维层面的培育，更关注孩子心灵的成长；近几年，不仅积累了丰富的经验、专业的师资，还将心理教育与课程建设、德育教育、活动课程、群育课程等有机结合，形成了包含走进自然、故事与心理、心灵健身操、童心大讲堂、充实的心灵、经典国学诵读、家政体验、生涯发展与转衔教育等诸多子课程的心育课程，让孩子的心时时、事事、处处得以滋润，达到春雨润物的效果。

菜园小记

学校开辟了一片菜园，作为孩子们的植物基地和劳动基地。菜园像一块碧绿的翡翠镶嵌在校园的一角，大概有半个足球场那么大，是孩子们特别喜欢的地方。

三年级的力鸣记得在上一年级的时候，这块地方还只是一片空地，上面长满了杂草。今年春天，校长请来一些叔叔阿姨除掉杂草，翻整土地，把这片空地清理出来，种上了各种蔬菜。力鸣到现在还清清楚楚地记得，当小伙伴们发现空地上长出蔬菜的小小嫩芽时，是多么惊喜啊！从那以后，力鸣和同学们只要一有时间总要惦记着跑到菜园里，蹲在地上观察这些小菜苗，看着叔叔阿姨给这些小家伙浇水、施肥、除草、捉虫。有时候得到叔叔阿姨的同意，他们也会在旁边帮忙。最开始的时候，所有的小菜苗长得都差不多，都是一个嫩嫩的芽，两片绿绿的子叶，慢慢地长出第三片叶子、第四片叶子，这时它们就变得不太一样了。这真是很神奇的一件事情。渐渐地，他们亲眼见到了紫莹莹的茄子、红彤彤的西红柿、带着小刺的黄瓜、绿茵茵的豆角……从小花苞一天天地长成了水灵灵的果实。

小菜园让孩子们懂得了珍惜粮食和蔬菜。通过小菜园，孩子们观察到了从一粒种子成长为一棵蔬菜的整个过程，深深地体会到了这其中的艰辛与不易，现在吃午饭的时候，如果有同学浪费粮食，别的同学马上说："请你不要浪费粮食了。"吃完饭后，同学们喜欢把各自的饭盒亮出来看谁吃得最干净，大家都以爱惜粮食为荣，以浪费粮食为耻。

小菜园让孩子们体会到了劳动的乐趣。看着一粒粒小小的种子抽枝发芽，长成一棵棵嫩嫩的蔬菜，结出可爱的果实，孩子们明白了只有付出劳动才会获得果实。到秋天的时候，各种蔬菜都到了收获的季节，孩子们真的就像快乐的农夫一样幸福得合不拢嘴。力鸣记得去年秋天收获萝卜的时候，红红的萝卜就像害羞似的一半埋在泥土里，一半露在外面，他拉住萝卜水灵灵的叶子使劲往外拔，结果一不小心把叶子拉断了，他坐了一个大屁蹲，伙伴们见了都"哈哈"笑了起来，快乐极了。

小菜园让孩子们变得勇敢了。在校园劳动的时候男生被划破了手也不哭，女生看到虫子也不大惊小怪了，这些都被大家视为勇敢的事情，小菜园让他们变得勇敢、坚强了。

力鸣说："这个美丽的小菜园，是我们的劳动基地，也是我们最喜爱的地方，如果你有机会到我们学校来，一定要来小菜园看看啊！"

大手牵小手　共享家政课

佩依，是一个温柔可爱却又略显内向和胆小的小女孩。虽然她个子不高，身子也不壮，但她偶尔的一言一行，竟会让妈妈感动并震撼。

一个周末的上午，佩依来到妈妈面前，仰着头认真地说："妈妈，我长大了，我想为你做饭，哪怕是做一碗汤。西红柿鸡蛋汤，行吗？"听完她说的话，妈妈的第一反应是，这小家伙又想搞什么"过家家"的游戏了吧。于是，妈妈满不在乎地回答说："好啊，你做吧。"佩依得到妈妈的回应后，一溜烟跑到了厨房，半天悄无声息。过了好一会儿，厨房里传来了叮叮当当的声音，似乎阵势还挺浩大。不好！不是来真格的吧？危险呀！

妈妈见大事不妙，立即奔向厨房，一打开门，便被眼前的一切惊呆了！只见案桌上放着一个鸡蛋和小碗，菜板上放着一个洗干净的西红柿，佩依正吃力地挥舞着切菜的大刀，对着西红柿无从下手呢！天呀，妈妈吓出了一身冷汗，急忙大声斥责她："佩佩，怎么能随便拿刀呢？妈妈是怎么告诉你的，你的安全意识哪里去了？你到底想做什么呀？"

佩依被妈妈的突然闯入和大声呵斥吓坏了，忽闪着大眼睛，强忍着在眼眶里打转的泪水，委屈地说："我、我想、我想为您做一碗西红柿鸡蛋汤啊！您不是已经同意了吗？我记得，您以前讲过，贫困地区山里的一些孩子，他们很小的时候就能做饭、种地、照顾家了。我已经7岁了，也想像他们一样，照顾您，照顾家！"

妈妈被女儿稚嫩的话语震撼了，意识到自己的鲁莽，轻轻地走到她的跟前，温柔地对她说："宝贝，真乖！妈妈和你一起做，好吗？西红柿是圆的，不好掌握，那么就由我来切西红柿，剩下的工作你再来解决。"佩依笑着点头，眼眶里的泪水那么晶莹："嗯，好哟，开工吧！"

妈妈一边切西红柿，一边给女儿讲怎么处理圆形的蔬菜，佩依也开始指手画脚起来："西红柿切得不能太大，否则煮不熟，口感不好；也不能切得太小，煮大了，只剩下皮了。"妈妈看了她一眼，这小家伙正做着鬼脸，"我也可以像您平时一样很严格的哦！"哎，这小家伙，像谁呢？

接下来该轮到佩依大展身手了，看上去她似乎很是得心应手。先是往小锅里装满水，放到炉子上，点火，又在小碗里打了一个鸡蛋，搞得一手黏糊糊的，还懒得洗手，趁妈妈不注意就往自己衣服上蹭了蹭，然后像模像样地搅起了鸡蛋。水很快就开了，她将妈妈刚刚切好的西红柿放到了锅里，等到水再次冒起了泡泡，她一点一点、小心翼翼地将鸡蛋倒进了锅里，一边倒还一边用勺子在锅里搅动着，然后叨唠着："放盐，少放一点点酱油，最后放一点点香油。""大功告成，西红柿鸡蛋汤做好了！"她高呼起来，开心极了。

转而，佩依满脸严肃，一本正经地盛了一碗汤，端到妈妈的面前，说："妈妈，我为您做了一碗汤，请您尝尝吧！祝您母亲节快乐！"

这样温馨的一幕发生在童心学校的很多家庭中。首都师范大学附属小学号召孩子们在节日里和家长们一起完成家政课程，根据不同的节日，提供不同的特色活动，供家长和孩子们更深入地了解节日的特点，在活动中增进亲情。

你看，妇女节了，妈妈们脸上洋溢着灿烂的笑容，那是收到了贴心小棉袄的精美礼物；劳动节到了，小家伙和爸爸一起打扫房间，热火朝天的劳动之后欣赏着窗明几净的"新家"；中秋节了，赏明月、吃月饼、话中秋、拉家常，全家欢聚乐陶陶；重阳节了，登高山、插茱萸、观菊花、敬老人、品尝年糕步步高……

家庭 CEO 就职记

放学了，邹邹一进家门，就大声地向爸爸妈妈说："从现在开始家里的大事小情都要听我的。"看着刚一进门就宣称要"夺权"的女儿，爸爸妈妈感到莫名其妙。看过女儿手里的学校童心品德学科开展的"我是爸爸，我是妈妈"的体验活动通知，他们才明白女儿话中的意思，"家庭 CEO"是个有趣的名称与职位，怪不得女儿一回到家就宣布当家做主呢。根据学校活动要求，一家人协商通过，从第二天开始的周五、周六、周日三天为邹邹的"家庭 CEO"体验日，在这三天中家里的一切事情都由邹邹统一安排，爸爸妈妈配合实施，为了让邹邹全面体验"家庭CEO"的角色，家庭会议还决定，将三天的日常生活费用500元和以备不时之需的500元储备金都交给了邹邹。邹邹也很兴奋，想着要好好计划一下，让爸爸妈妈感受一下自己管家的能耐。

手忙脚乱的第一天

走马上任的第一天，邹邹比平时早起了半个小时。从早餐开始，邹邹就要全权负责家里的事务了。邹邹快速完成了洗漱等一系列的个人内务，她自己都很感叹做事的速度要比平时快了许多。

头一天她就想好了早餐的内容，煮鸡蛋、热牛奶、烤面包。看着妈妈平时有条不紊地就能做好了的几件事，怎么到了自己的手里却是那么不顺手？不是失手掉了碗，就是找不到合适的锅，于是在厨房不时传出的惊呼和锅碗瓢盆奏鸣曲声中，邹邹终于第一次独立做完了早餐。摆好了早餐，去请爸爸妈妈用餐。爸爸妈妈坐到了餐桌前，望着盘中煮破了的鸡蛋和有些焦煳的面包，再看看昨晚大包大揽不许他们帮助的CEO——邹邹同学，小姑娘有些不好意思地笑了笑，犹豫了一下，伸手夹起那个煮破的鸡蛋放到了自己的碗中。若在平时，邹邹是绝对不会碰的，而今天自恃身份不同，觉得还是应该吃苦在前。邹邹端起奶锅往爸爸妈妈的杯子中各倒了半杯牛奶，把剩下的小半杯奶放到了自己的面前，看到爸爸妈妈疑惑的表情，邹邹轻咳一声："那什么，牛奶溢出了锅，就剩这些了，大家凑合一下，晚上我们吃得丰盛些。"

临出门之前，爸爸向邹邹申请100元钱买一张电话卡，这是必要的支出，邹邹同意了。

上学的路上，妈妈为邹邹讲解怎样做鸡蛋会不容易破、牛奶不会溢锅、面包片会松脆，邹邹听得很认真，不时追问着。妈妈说完，邹邹不禁感叹：别看这些都是小事，还挺有学问呢。

晚上放学后邹邹和妈妈一起到了超市，邹邹推了一辆购物车不停地往车里放着自己看中的东西。看着满满的购物车，妈妈边翻看边说，这个不能买多了，不然吃不了就过期了；那个家里还有，买回去很浪费的……眼看东西又要被妈妈放了回去，邹邹不干了，很严肃地和妈妈交涉："妈妈，不是商量好了吗？这三天家里的事我做主，您要遵守约定呀！"妈妈笑着说："我是在给你建议，再说，买这么多东西，你手里的钱够吗？""您别管了，我心里有数。"看着女儿认真的样子，妈妈不再说话，只是协助邹邹推车结账。结账出来，还真吓了邹邹一跳，这次购物花了200多块钱，算上给爸爸的电话卡钱，500元的生活费只剩了100多元。不过，想到了还有500元储备金，邹邹心里就踏实了。

回到家中，邹邹发现自己买的这些东西家里大多都有，她后悔没有听从妈妈的建议，看来买东西之前要看看家里缺些什么，做个小计划才行呀。

晚饭在妈妈的协助与指导下，比早餐顺利了许多，只是当邹邹吃着自己认为最为拿手的西红柿炒鸡蛋时，发现糖放多了，腻腻的，好在拍黄瓜还算清爽。晚饭后在爸爸的协助下整理一片狼藉的厨房，邹邹感到疲惫得很，躺在沙发上想休息一下，不知不觉中睡着了，睡梦中的邹邹还在东一头西一头地忙碌着，而她的身后是东倒西歪的锅碗瓢盆……

捉襟见肘的第二天

第二天是周六，邹邹睡得很香，睡梦中听到妈妈在耳边说："邹邹 CEO 快起来，我们饿了，早上吃些什么呀？"邹邹醒了，看到妈妈站立在床边，暗暗叹息：家庭 CEO 也不好当呀，往常的周六、周日自己可以很晚才起，今天却要早起为家人做早饭呀。爸爸走过来，看着赖床不起的邹邹笑呵呵地说："起不来了吧，没关系，交了权接着睡吧。"听到要收回自己的管家权，邹邹 CEO 不再耍赖，从床上迅速爬了起来。

有了第一天的手忙脚乱，对于第二天的早餐质量，邹邹还是很满意的，虽然内容一样，但质量有了不小的进步，她不免洋洋自得起来，看来自己还是很能干的呀！

带着这种自得，邹邹决定今天要组织一次家庭集体外出活动，让家人过一个愉快的周末。要先去看一场心仪已久的电影，再去吃一次大餐，还要去参观天文馆，那场面想想都很愉快。她向爸爸妈妈宣布了自己的决定。爸爸妈妈也没有意见，只是在走之前，妈妈拿出了两张缴费通知，一张水费单，一张电费单，明天是最后缴费期限。邹邹看了看，两张费用共计200元，而自己手里加上储备金还有 600 多块钱，没问题的。邹邹财大气粗地说着："爸爸妈妈要买什么跟我说，我一定会买给您的。"替大人付钱买东西那会是多爽的事呀！

　　到了电影院，一家人高高兴兴看了电影。时至中午，邹邹又带着爸爸妈妈一起来到了自己非常喜欢的餐厅去吃了午餐。结账后，邹邹瞠目结舌，从家里带出来的 600 多块钱只剩下 250 元了，明天还要交水电费呀，本来还想着给爸爸妈妈买东西呢！邹邹紧紧攥着剩下的钱，手中出汗了。而一旁的爸爸妈妈却兴致勃勃，一个说我要买条裙子，一个说我要买新出的车模型。邹邹一边嘱咐服务员将没吃完的食物打包，一边转转眼珠狠夸起妈妈身上的裙子。妈妈笑眯眯享受邹邹的赞美时，就听见女儿说："我发现您的裙子太多了，都穿不过来，今天就不买裙子了吧？"邹邹又转向爸爸："既然妈妈的东西不买了，公平起见，您的也不买了。"爸爸妈妈纷纷抗议，述说着自己的理由。看着平时通情达理的爸爸妈妈此时的"蛮不讲理"，邹邹头疼了，嗯，他们说的话怎么那么熟悉，好像自己也说过，当父母不满足自己的要求时，自己就是这样磨他们的呀，自己也曾经这样不讲理吗？邹邹小手一挥："不要吵了，就这样决定了。"

　　"镇压"了爸爸妈妈的申诉，为了安抚一下情绪，邹邹说可以满足爸爸妈妈另外一个小要求，如喝一杯饮料什么的。妈妈说："我要吃哈根达斯。"邹邹也想吃呀，但 30 多元一小盒太贵了，纠结半天，还是忍痛劝妈妈："和路雪也很好，就它吧。"她没有看到爸爸妈妈低头偷笑的样子。

　　看着剩下的 230 元钱，邹邹只好宣布取消下午的活动，一家人回到了家里。晚饭，邹邹安排了将打包回来的午餐加热吃掉。解决了晚餐问题，她嘘了一口气。

　　不出门就不用花钱。邹邹决定，自己管家的第三天，一家人就在家中活动，避免外出造成不必要的支出。

开源节流的第三天

　　早晨起来，为了弥补昨天的失信，邹邹决定将早饭做得丰盛些重新赢得爸爸妈妈的信任。于是，她尝试着用豆浆机做新鲜的豆浆。满头大汗地做完豆浆，邹邹觉得喝着比平时的都香甜。

接下来，邹邹要考虑今天一家人的花销问题。看着手中的 230 元钱和两张缴费单，可以花销的只有 30 元了。想想昨天自己带领一家人出门时的财大气粗，此时感到那么的底气不足。邹邹来到厨房查看家中的食物，看到冰箱里还有一些存货，决定今天的午饭与晚饭要先把家里的食物吃完，虽然蔬菜不够新鲜了，但好在还没有烂掉，那样 30 元钱就可以保存下来，自己的 CEO 也能顺利完成任期。做好了决定，她向爸爸妈妈讲了自己的想法，上午在家中各自做自己的事情，下午去银行缴费再到小区花园乘凉。

一家人做事效率很高，邹邹还主动询问爸爸妈妈有没有什么事情需要自己的帮助，她还真为爸爸妈妈遇到的问题出谋划策了一番。午饭时，大家一起动手，配合默契。邹邹吃着午饭，感到比昨天餐厅中吃的还可口呢。一家人度过了快乐的上午时光。

到了下午，邹邹坚持自己去银行缴费，因为银行离家不远。爸妈也放心让她去尝试，双方约定在街心花园汇合。

虽然是第一次独自一人走进银行办事，但是邹邹还是蛮镇定的。学着大家的样子刷卡拿号，坐到座椅上等着叫号。当银行的一位阿姨夸奖邹邹懂事能干的时候，她甜甜地笑了。

走向和爸爸妈妈约定的街心花园，邹邹的心情很是雀跃。离着不远，就看到那里的阴凉处聚着不少人，好像在搞着什么活动。邹邹跑过去看清楚了，原来是小区捐书义卖活动，义卖所得将全部用来帮助小区中有困难的居民。周围的很多大人与孩子都在踊跃参加。邹邹决定也要买书，还要让爸爸妈妈从家里拿出一部分书加入义卖。正想着，爸爸妈妈也快步走来了。邹邹跟爸爸妈妈说了自己的打算，爸爸妈妈全力支持。爸爸回家去拿要义卖的书。邹邹和妈妈在这里买书，并帮忙做事。邹邹将自己手中省下的 30 元钱全都拿了出来，买了自己喜欢的书。虽然到了现在邹邹成了"最穷的 CEO"，但她心中却感到从来没有过的踏实。

当白天的喧嚣散去，邹邹的家显得安宁而温馨。在柔和的灯光下，邹邹看着手中的"家庭 CEO"评价单，心中有很多的小感受，她回味着这三天的经历，觉得有很多话要说，提笔写下了一首小诗：

等我长大了

等我长大了，
我就是一个妈妈。
会有一个可爱的女儿，
她就像我现在这么大。
我要跟她一起玩耍，
我要跟她一起学习。
我们会在学中玩，在玩中学。
我会让她觉得，
学习是一种乐趣，
做题就像玩游戏，
写作文就像看电影。
我要让她有一颗童心：
告诉她圣诞老人是存在的，
告诉她动物是会说话的，
告诉她地球是美丽的，
告诉她生活是有大学问的。
哎呀，我真想真想，
快点长高长大，
那以后，不骗你，
我一定做个不忘童心的妈妈。

是的，这次"家庭 CEO"的体验活动，许许多多的"邹邹"最想表达的是：我会带着首都师范大学附属小学赋予我的童心，去未来做不忘童心的爸爸/妈妈。

和文明有个约定

小君杨是二年级 1 班一个活泼可爱的女生，她曾经是一个特别爱玩水的孩子，每当打开水龙头，水哗哗地流在手上，凉凉的，润润的，每次玩起来都会浪费掉许多水，可是她却感觉到很舒服！

缤纷十月，梦想飞扬，校园里开展了童心大讲堂活动。在这次班会活动中，张老师特意选君杨做主持人。班会一开始，大屏幕上就播放了君杨在家玩水的照片，引起了坐在下面的同学们的共鸣：

"我在家也是！"

"水凉凉的可好玩了！"

……

在同学们兴奋的"共鸣"声中，君杨走上讲台，拿出一把水果刀和一个大苹果。同学们诧异地看着她把苹果大卸八块，水果刀一次又一次地切下。最后，君杨拿起一块小小的苹果，对同学们说："如果一个苹果代表地球上所有的水，那么，这块小小的苹果就代表地球上可用的淡水。"

"啊，地球上的淡水才这么一点儿啊！"同学们很吃惊。

君杨又用水果刀把那块小苹果切成三片，拿起一片说："除去小动物和植物们喝去的水，只剩下这一小块是我们人类的饮用水。"

同学们惊呆了："人类太可怜了！这么少的水将来万一枯竭了，人类不是要渴死吗？"

君杨又问大家："那大家用过的水去哪里了？"

"倒了呀！"同学们异口同声地回答。

这时，大屏幕播出了君杨在家用洗过衣服的水来冲卫生间、提醒妈妈用洗菜水浇花的照片……君杨趁机把节约用水的道理告诉同学们，并号召大家一起节约用水。活动激起了同学们的热情，人人心里都憋着一股劲，想成为一名成功的参与者，争先恐后地和君杨约定"文明契约"。

孩子们如此踊跃，令张老师感到十分欣慰。现在有很多孩子是家里的独苗苗，在父母心中如珠似宝，有时候不免溺爱代替了教育，使小朋友们养成了不良的行为习惯。从前酷爱玩水、不知节约的小君杨，从电视节目中了解到水资源的严峻现状后，不仅自身改变了不良习惯，还在想"作为优秀的少先队员，我们一定要在心中有一份属于自己的文明契约，用清亮的目光检视身边的点滴不足，做文明的好少年"。在今天的童心大讲堂上，君杨与她的同学们一起郑重地订下了"除陋习，讲文明"的约定。

童心大讲堂是首都师范大学附属小学心育课程的一大阵地。在这里，每天都发生着充满正能量的故事：在同学学习有困难时，孩子们自告奋勇来协助；在学校举行的各种文化、科技、体育比赛活动中，孩子们会充分发挥自己的优势，团结一致，为班级的荣誉去努力、去拼搏；在社会实践出游活动中，每位小同学都会随身带着一个垃圾袋，在感受大自然美好的同时，也时刻不忘保护自然，保护我们生存的环境；在家政服务活动中，孩子们去敬老院，去孤儿院，站在大街上，去帮助那些需要帮助的人，表达自己的一份关爱之情……

俱乐部里习国学

提到国学，大家首先就会想到《三字经》《弟子规》《千字文》，会想到孔孟。其实，国学涵盖的范围非常广泛，它包括经典史书、诸子百家、诗词歌赋、兵法、医术等。今天的"国学"是指以中国传统文化典籍为载体，表现中华民族传统社会价值观与道德伦理观的思想体系。

在首都师范大学附属小学二年级4班，为了提高同学们的综合素质，班主任杨敏老师把同学家长积极调动起来，成立了7个"七色花班"俱乐部，各俱乐部都由同学家长牵头并组织活动，国学俱乐部就是其中之一。在家长的组织带领下，国学俱乐部有了自己的口号：习国学精华，修自身品德。

为了给孩子们提供高水准的国学学习平台，国学俱乐部家长联合清华大学"清华园里读经典"活动，举办"大才读经班"，每周六带领6~13岁少年诵读国学经典。11月7日，冒着微微细雨，国学俱乐部全体成员齐聚清华大学东门的青花茶社，在老师的带领下，家长和同学们齐读《大学》，琅琅的读书声中，大家一起感受国学的魅力。

之后的每周六上午，俱乐部成员都会如约来到青花茶社，集体诵经。有时是由孩子们为家长和老师们领读《大学》，虽然有些繁体字他们还不认识，但孩子们的积极性都非常高，看似枯燥难懂的语句在一次次的熟读之后，也生出一些好听的韵律。

为了增强孩子们对国学的兴趣，国学俱乐部的家长们还购置了汉服。孩子们穿上汉服立刻穿越回古代，一个个举止有礼有节。读经之余，老师们还

会结合各种节气节日，向同学们传授中国传统文化知识。

在 11 月 21 日的读书会上，钰晗和雨璇两位同学过了一次非常有意义的生日。在读经的休息时间，两位同学向自己的父母表达了感恩之情。随后，老师向两位同学赠送了由清华大学 90 岁高龄的金德年教授（清华校训的书写者）特意为她们写的墨宝。"厚德载物，自强不息"也是大师对她们的期望，希望她们能传承国学精髓。

国学俱乐部每一次读书会都会有新的内容。12 月 12 日，读经班迎来了来自河南先锋学校的老师，由曹老师为大家领读《大学》，用唐调吟诵《孝经》。诵经之余，曹老师教大家习拜孔礼、拜师礼。孩子们听得津津有味，学得兴致盎然。

"大学之道，在明明德，在亲民，在止于至善……"国学俱乐部坚持让这样的读书声每周响起，当孩子们把国学经典熟读于心的时候，在自身品德和文化修养方面定有大收益！

童心好日子

"今天是谁的童心好日子？"

"陈昱的！"

"下面我们来听听陈昱妈妈写给陈昱的好日子贺信！"

"好……"热烈的掌声在教室中响起。

"可爱的陈昱，祝贺你通过自己的努力赢得了一个属于你的童心日子，爸爸妈妈为你由衷的自豪和骄傲。每个月的这个日子，我们一起欢呼庆贺……"

首都师范大学附属小学的杨敏老师，她开发了一门有意思的班本课程——童心好日子。

《辞海》对童心的解释是："小孩子天真纯朴的心；孩子气。"所谓"儿童心情"就是李贽在《童心说》中所讲的"绝假纯真，最初一念之本心"，是一种真诚之心。"孩子气"就是指天真、烂漫，童心应该具有蓬勃的生命能量和创造活力。

作为童心教师的杨敏老师就思考：如何让学生上学来的每一天都成为有创造性的童心好日子呢？她发现孩子们喜欢过生日，每年的这个日子对于孩子而言都激动兴奋。杨敏老师结合学生喜过生日的特点，结合孩子的成长特别需要别人欣赏的需求，她为孩子们"发明"了一个有意思的童心活动——创造属于孩子们自己的纪念日！

贺 信

仙仙恭喜你通过自己的努力，获得"张钰晗日"这一殊荣。爸爸、妈妈为你的成长而骄傲。你平时能够严格要求自己，自主完成作业，帮助家里做家务。希望你在今后认真完成学习任务，同学之间互相帮助，互相学习；作为小组长以身作则，严格要求自己，带领小组成员共同进步，赢得更多的荣誉！

爱你的爸爸、妈妈
2016年3月29日

拥有自己的纪念日对于孩子们来说是一种无上的骄傲与自豪，是无与伦比的。孩子们每天都会有属于自己的精彩，有时他们发言进步突出，超越了以往的自己，多么值得纪念！有时两个好朋友吵完架又主动和好了，这一天多么有意义！如果让孩子们把自己每月的一个日子定为以他（她）的名字命名的日子，每个月这一天孩子都可以庆祝，唤醒、闪耀属于自己的光彩和辉煌，这可比每年过一次自己的生日更有纪念意义。

杨敏老师带领的班级设立了"×××日"，满足孩子被关注的需要，激励下一阶段进一步提升的动力，同时营造班级团结、包容，共同进步的氛围。

班上的嘉润进步很大，超越了自己；佳曈学会了与同学们友好相处；丛睿越来越积极参与课堂讨论；思瑶不发脾气了。每个月的16日就是嘉润日，18日是佳曈日，19日是思瑶日，24日是丛睿日。属于自己的日子来临时，爸爸妈妈会给孩子写来贺信，同学们会送上祝福。每个"好日子"也是孩子们发现小伙伴闪光点的日子，心有榜样更好前行。

佳曈在入学百天庆典的感言中骄傲地说："经过百天的努力，我迎来了一个'我自己的日子'。我站在舞台上自豪地告诉大家：'因为我进步大，所以每个月的18日，都是我的佳曈日了'！"佳曈妈妈也给孩子写来了贺信："你会慢慢长大，将要面对更多挑战，努力加油向前！"佳曈体会到了被关注的快乐，这种快乐和对快乐的追求将化作不竭的动力，推动孩子们一直向前再向前。

杨老师和孩子们还会把大家共同努力的成绩固化为班级纪念日。例如，受到大队部的表扬、代表学校做课受到好评、班级收到表扬信的日子等，这些闪亮的日子连缀成一个个五彩的班级纪念日，使孩子们感受到"奇迹源自于努力！"

在杨敏老师不当班主任的班级的学生，她也会让孩子的上学日子充满期待。她会给一周表现突出的孩子周末打报喜电话。"美琦妈妈好，我是数学杨老师，我给您报喜啦！孩子这一周进步特别大，口算练习速度快了，敢于参与小组讨论了，发言特别自信，杨老师为她由衷地高兴。"美琪妈妈后来激动地给杨老师发短信："美琪一直盼着您打报喜电话，她问了我几次。杨老师我也发现孩子这学期有很大进步。美琪年龄小，没有上过学前班，底子薄，她能从班级的小尾巴变成老师表扬的对象，对我们家意义重大啊！"是啊，每个孩子都是家庭的重中之重，孩子们的表现牵动的是家庭的整体氛围。

日子每天都在平静地过着，但是童心教师们完全可以让孩子们过上童心好日子，因为每一天都可以成为孩子们创造的好日子！杨敏老师清晰地看到，家长已经感受到，孩子们已经盼望到，享受教育幸福的日子我们真的能行！

/二/ 打开思维的大门

童心课程体系是一个不断生长、发展的生态系统，而供给这个系统生长的养料，正是对童心创造性和求索性的敬畏和尊重。首都师范大学附属小学试图通过建立更加丰富多样的课程，培养学生的创新精神和实践能力。

启思，顾名思义，启迪孩子思考，启发孩子思维，帮助孩子打开思维的大门。首都师范大学附属小学建立的启思课程，尊重孩子的年龄特点、认知特点、个性需求；结合学校的地域特点、社会发展变革的趋势；着眼于孩子的终身成长和未来发展，形成了一套阶梯式、开放式、多元化的课程结构。

启思课程关注学科之间、年段之间、校内学习与校外实践之间的知识建构，全方位地满足孩子的学习需要。在不断地变化发展中，启思课程俨然形成了一个大家族：晨诵系列课程、儿童戏剧系列课程、儿童文学欣赏系列课程、"小小演说家"系列课程、妙趣数学系列课程、视听说系列课程、绘本阅读系列课程，还有结合信息技术发展应运而生的物联网课程、从香港引进的"小小紫禁城"课程、让学生了解世界的童心 APEC 课程……而在每一项系列课程中，又衍生出很多分支，如同一棵枝繁叶茂的大树。

晨诵开启黎明　晚读伴你入梦

冯玉兰老师班里的孩子用诗歌带给了她惊喜。

在首都师范大学附属小学，每一天的晨诵课程都是那么吸引人，内容丰富而有意义。短短的十分钟里，能看到每个孩子用挺拔的坐姿、明亮带有智慧的眼神去诵读，冯老师知道他们是有收获的。孩子在美美地诵读之后，往往会有自己的创作灵感，如果孩子们能够主动地去发现诗歌自身的魅力，并进行创作，那将又是不同的收获。

有一天，晨诵的小诗歌特别美，而且节奏清晰，冯老师就尝试性地说："孩子们，这首诗歌有没有带给你什么启发？你能不能仿照诗歌的形式也来当一次小诗人？"就这样一次试探性的问话，有些孩子当真了，课间、回到家都在思考着，最后在晚上给冯老师发来了自己创作诗歌的视频：

如果我是……

张涵予

如果我是鸟儿，我会展翅飞翔；
如果我是鱼儿，我会游向大海；
如果我是蝴蝶，我会在花丛中跳舞；
如果我是蜜蜂，我会辛勤地采蜜；
如果我是燕子，我会不休息地建巢。
啊！我们的祖国在一天里养育着这么多的生命，
我们应该像燕子一样勤劳，
像鱼儿一样勇敢，
像鸟儿一样长大后去游荡世界！

看到视频，听到孩子朗诵自己的创编诗歌后，冯老师就在想，每个孩子身上真的有无穷的潜力，教师的一句话、一个动作都可能会给孩子们带来不同的启发。也许刚开始，创编诗歌有点困难，但是只要班里有人在做，有小榜样，慢慢地，孩子们就会有创作的热情，那样孩子们就不仅仅是在诵读诗歌，而是尝试着当小诗人去理解诗歌了。在接下来新的一周晨诵后，冯老师又收到了新的诗歌：

假如我是……

霍启明

假如我是清洁工人，
我会把所有的垃圾分类整理。
假如我是绿化工人，
我会多多种植树木来阻止沙尘暴的侵袭。
假如我是汽车制造人，
我会使用环保材料减少对空气的污染。
假如我是环卫工人，
我会把这个城市变得更加干净美丽。
假如我是大自然保护人，
我会让人们呼吸到更多的新鲜空气。
我要做一名环保小卫士，
我要让所有的人跟我一起行动起来保护地球。

就这样，每一周的晨诵，冯老师都收获着惊喜。我们的晨诵是与黎明共舞，伴随黎明升起的不仅仅是孩子们美妙的读书声，更是一个个读中有思考的头脑，每一天于创作中找寻学习的快乐，找寻诗歌的趣味，发现自己的潜在能力。

在首都师范大学附属小学，晨诵课程还有"孪生"姐妹——晚读活动。

又到了周五晚上，二年级 7 班班级微信群里已经热闹起来了，群里热情高涨，时而轻松愉快，时而忧愁感伤，此起彼伏，气氛热烈。

这是在做什么？原来，学期初，学校大队部组织各中队自主设计开展中队活动，二年级7中队的孩子们尽管是学校少先队员里面年龄最小的，却人小志气大，经过讨论将中队命名为"书香中队"，因为，他们深深地记得，高尔基说过的那句名言——"书籍是人类进步的阶梯"。他们并没有停留在设计一个名称的层面上，经过全体队员们的激烈讨论，配套设计了践行落实"书香中队"的一系列独特性活动，其中最突出的是每周五进行的"晚间朗诵积累活动"。

晚读活动是这样进行的：每周日晚，由班主任老师给出散文诗、诗歌、小品等文章四篇，接下来是一周的练习和准备时间，或亲子练习诵读，或在课余时间生生互相交流，周五晚上同学们在微信群中进行朗读展示。

这不，本周五的晚读展示又开始了。薇薇是今晚晚读活动中重要的角色——领读，为了保证每次领读出色成功，每次练习，她都像正式展示时那样专注，面带笑容，每个字都诵读得字正腔圆，还特别注意抑扬顿挫。为了保证出色担任"领读"这个角色，她还邀请妈妈助力，在一旁做听众，郑重其事地一遍遍演练。妈妈也十分配合，一次次不厌其烦地指导。

第一次领读时的情景，薇薇还记忆犹新。领读前一天晚上，她的心情越来越紧张，生怕第二天出丑，于是就对着镜子看着自己的嘴形，反复地读、背、读、背。正式领读即将开始，她的心"怦怦"地跳个不停，万一在朗诵的时候一不小心读错了句子或没有情感，那就糟大了。妈妈不断地安抚和鼓励她："不用紧张，你把它当作平时的练习来完成就可以了。我相信你，加油！"听了妈妈的话，她对自己有了点信心。在朗诵第一首诗的时候，她脑子里一片空白，根本不知道是怎么诵读完的。到第二首诗的时候，她紧张的心情才慢慢地缓解了些。渐渐地，她进入了诗歌的意境，越读越有感情。刚刚诵读完毕，老师就传来了私信点评："你的领读给今晚带来了不一样的甜美，让大家心情一下子好了起来，感染了群里很多人，是大家学习的榜样！真不愧'领读人'的称呼！"看了点评，孩子心里像吃了蜜糖一样的甜。

在童心学校里，读书是备受重视的，读书是语文学习的根本，各个班级都是通过各种各样丰富多彩的活动形式，引领着孩子们徜徉在读书的美好时光里。二年级7班的"晚读活动"对应着学校的"晨诵活动"，给每个同学都提供了展示自己的机会，使大家都爱上了朗诵；二年级 1 班的"小蜜蜂亲子共读"活动，在读书的同时，拉近了亲子关系；二年级 2 班的读书思维图活动，帮助学生理清了阅读的思路；二年级 5 班的晨诵诗歌活动，为孩子们插上了想象的翅膀……相信，这些美好的记忆将永远珍藏在他们的脑海里。

我也出书了

轩轩是顽童，最大的爱好是玩儿。

在幼儿园里，轩轩不光在室内玩儿，还悄悄跑到院子里玩儿，老师找不到轩轩，听说可把老师急坏了。在家里，除了自己玩儿，就是逗妹妹玩儿，妈妈给轩轩买了许多书，他看两眼就溜走玩去了，姥姥、爸爸、妈妈经常对他说的话是：就知道玩儿！

轩轩上小学了，依旧贪玩。老师在前面上课，他在课桌里玩铅笔、橡皮、尺子，尤其是数学课，很多次用到小棒，老师让这样数、那样数，他一概不知道怎样数，却用小棒当积木。老师常常无可奈何，唉声叹气：看你怎么考试！

想不到，在三年级的时候，轩轩竟然也出书了。他把自己写的小说带回家让姥姥看，姥姥高兴得合不拢嘴，戴上老花镜，看了一次又一次。爸爸妈妈更是兴奋，说要给他一个大奖，满足他一个大愿望。轩轩自己也觉得像做梦一样：像我这样贪玩的孩子怎么能出书呢？可是，这就是真的。

这要从二年级的时候说起。郭老师是轩轩班的语文老师，从一年级开始一直教他们。在语文课上，她除了指导看图写话外，还启发他们创作小童话。轩轩最喜欢创作童话了，"胡思乱想"可是他的特长啊！他的童话经常被作为范文在班级讲读。到了三年级，轩轩创作童话的热情与日俱增。有一次创作中，他写了三页稿纸，一千多字，觉得还有话想说，打开第四页稿纸继续写。这时候，郭老师看见，随口说了句："瞧你，太能写了，快成小说了。""啊？小说？我还有许多想法没有写完呢，我想写小说。"轩轩抬头看着老师，大眼睛忽闪忽闪的，那表情好像写小说像小孩子搭积木那样简单呢！周围同学也纷纷响应。"老师，让我们试试吧！写小说多好玩啊！"郭老师笑了，心里想，真是"初生牛犊不怕虎"啊，不过，孩子们的热情和勇气让自己蛮开心的。她承诺，学完课本的知识就组织大家写小说。

时间过得很快，开学两个月之后，轩轩班就学完了课本的所有内容，已经进入预设好的"图书馆"周，这一周的语文课都"泡"在图书馆里，尽情看书，看《笨狼的故事》，看《青蛙和蟾蜍》，看《小巴掌童话》……看着，看着，有同学再次提议想创作小说，告诉郭老师可以一个故事接连一个故事写得很长。郭老师将计就计，上了两节共读课，重点分析以上几本书写了什么，为什么会吸引人，引导孩子们把自己喜欢的书中偶像找出来，分析书中人物的特点，琢磨作者用什么方法、通过什么内容来表现人物的特点；又举出了很多环境描写的句子，问孩子们删去这些句子好不好、为什么……就这样，郭老师对小说三要素只字未提，一起读童书、一起聊童书之后，"小说"创作就开始了。

这是轩轩班的第一次"小说"创作，发生在 2014 年 12 月初。那时窗外刮着风，偶尔也飘着雪花。窗外雪花纷纷扬扬飘落，室内的孩子们在尽情想象，用稚嫩的小手舞动着文字之花。轩轩写的是《糖果旅行记》，糖果从天空而来，神奇的糖果会说话；糖果拜访树爷爷；糖果遇见聪明石；糖果来到太平洋等。一章紧接一章，简直停不下来。郭老师也经常夸他，还说他有变身术，由顽童变成小作家了。同学们也都很棒，轩轩每天都期待老师读浚伊的《城市大作战——中国，一群老鼠的童话》，他的小说特点像他这个人一样幽默，从"第一章引子"就开始吸引轩轩：

在一个阳光直射的洞里，一个声音说道："那个城里的猫太讨厌了！"另一个声音说道："对啊！也许我们能为这事做点什么。""我们建一支老鼠军队好吗？"他的话音刚落，在那里的所有老鼠都为他鼓起掌来。"好！那我们就这样做吧。"说着，老鼠部队的竞选开始了。

经过一个小时的竞选，一只叫塞来德的老鼠被选为老鼠部队的队长，他一边呲嘴一边读着老鼠部队的花名单："点到的喊'到'！"

"几米！"

"到！"

"大舌头！"

"到，到，到！到到！到！"

"只说一次！"

"知知知道道了了。"

……

"好了!"塞来德说道,"向右转! 开始训练!"

光听王浚伊读一次,很不过瘾,下课后,轩轩经常再找他借来看。除找浚伊外,轩轩还喜欢景天同学的《金岛绿猪》,他的小说有饱含深情的人物描写,有充满童趣的动物王国,有热闹非凡的活动场面,有大胆憧憬的住在树上的猪世界……江浩同学的《太平洋之旅》也是轩轩追着阅读的小说。读他的小说,你可以徜徉太平洋之旅,跟随怀着美好愿望的小鱼,在奇形怪状的礁岛中经历挫折,在保卫太平洋的行动中历尽艰险。女同学的小说当然也很不错啦!嘉迅的《小母鸡的叫声》中,一个小鸭子米雷与坏狐狸机智周旋……还有《遇见你是我最大的幸福》《松鼠一家》《四叶草奇遇记》《竹林蜜事》《马赛马拉草原上的猎豹》……每一部小说中都有一段段有趣的故事,一个个美丽的梦想。

轩轩牢牢地记得,郭老师说他们的小说字里行间充满了真情实感,充满了丰富而有个性的想象,每一篇都像一颗颗珍珠,那么美,那么闪亮!郭老师读到他们的文字欣喜不已,发送给宋继东校长,校长阅读之后,传来了令郭老师和孩子们做梦也想不到的好消息:学校为孩子们出书,让每个孩子都有自己的小说集!这是多么鼓舞人心的好消息啊!同学之间写互评,父母和长辈写序言,一时间忙得不亦乐乎。春天来临之际,每个孩子都收到了来自学校的大奖——学校为每个同学的小说出书。就这样,轩轩也出书了。

有了这第一本书,轩轩他们的兴趣愈加浓厚,到了三年级下学期,开始创作第二本小说。和第一本相比,老师说想象更丰富,选材更广泛,语言表达更顺畅、清晰,人均达八千字。郭老师说他们的文章里"流淌着纯净的灵性,充满童趣的语言也饱含着自然的哲理。把无尽的想象,用文字真实地、细腻地勾勒出来,用单纯的语言塑造着一个个活泼可爱的人物,营造了一种种神秘离奇的悲喜氛围……"总之,老师经常用这样的好词好句夸奖他们,他们美得不得了,这一次创作刚结束,就已经在期待四年级学习课本之后再次创作小说的日子!

每一次同学们创作的小说出炉,宋继东校长都认真阅读。轩轩记得宋校长那一天遇见江浩同学,问:《超级特警》是你写的?"这一问,把江浩高兴坏了，告诉老师，告诉爸妈，告诉同学，想不到每天那么忙碌的校长竟然能记住他的书。

轩轩想："校长会不会记住我的书呢？我的《糖果旅行记》《我的奇妙之旅》，我创作的小说题目都带'旅'字，别忘了，我是顽童，我酷爱玩。一次次写小说就是在跟随着自己的想象玩儿。我喜欢学校，喜欢宋校长、郭老师，他们让我在这里玩得好开心呀！"

从"皇宫"里走出来的"小小紫禁城"

从欣赏中国古典建筑，领悟自然与人工之间的关系；从古代中国皇帝的权力，了解"自由"与"责任"的真正意味；从大自然的各种事物中，发现原来我们的身边充满祝福……用生动有趣的形式让学生了解传统中国文化保留在现代生活中的意义，这来自首都师范大学附属小学开设的"小小紫禁城"课程！

初次"谋面"

2014年夏天，"小小紫禁城"课程，戴着神秘的面纱走进了窦欢老师的视野。这个来自香港、由设计及文化研究工作室主办、何鸿毅家族基金赞助的"我的家在紫禁城"教育计划的教育项目课程到底是什么？为什么会受到校长如此的重视呢？带着这些疑问，窦老师放弃休假，义无反顾地投入到前期的筹备工作中。

满怀憧憬地与香港团队取得了联系，友好的交流让窦老师对课程的开展充满了信心。为了让授课教师了解课程，窦老师建立了微信群并转发了课程光盘。

本以为假期通过光盘学习就可以轻松掌握，可是粤语版的教师示范真得听不懂啊！窦老师积极与香港团队沟通，请老师们先通过教案、动画初步了解课程。

2014年8月25日，"小小紫禁城"教育计划在首都师范大学附属小学正式启动。主管领导莫亚群老师、香港团队以及来自三校区不同学科的12名教师出席，在香港团队细致地讲解、耐心地解答下，教师们了解了课程的

内涵：它是帮助学生了解中国传统文化的课程，以紫禁城为载体，学习关于紫禁城课程知识的同时，了解其在现代生活中的普遍意义。

这一天在愉快的学习、交流中度过，教师们不仅了解了课程，而且参观了有着五千年历史文化积淀的紫禁城。"小小紫禁城"课程就这样走进了首都师范大学附属小学，用它独特的魅力吸引了教师和孩子们。

别出心裁

为了使课程能更好地实施，在莫老师的指导下，极富责任心的窦老师在参与课程的同时，也承担了与课程相关的沟通、协调工作。

"小小紫禁城"最先吸引人的就是教具，有折叠的大自然展板，有拼摆的宫殿展板，还有皇帝、皇后、太监、宫女的人形展板。这些有趣的教具可是课堂的重头戏，为了找到制作精良的公司制作这些展板，窦老师可没少发愁。与教育计划团队一起甄选出制作公司后，窦老师实时跟进，在开课前顺利完成了教具的制作。

"小小紫禁城"课程与其他课程截然不同的一点就是两位教师授课。两位老师的相互配合是关键，因此，每一单元授课前都要经过两次说课，需要

组织三校区教师和邀请工作室教育团队听课。窦老师根据大家的时间合理地安排了说课、上课的日程表，课程顺利而有序地开展了起来。

由于教学科目不同，教师们的思考点也不尽相同，说课成了一次次的思维碰撞。"老师，城墙上为什么会有风筝呢？"一位扮作学生的教师用童稚的声音提问。怎么回答好呢？说课老师一愣，"风筝飞得高，正好说明城墙高禁止外人进入。""风筝哪来的？""是小皇子的！"教师们献计献策，给出了合理的答案。"朕45岁登基，立志要做一名好皇帝……朕就是这样的汉子！"一位女老师正用低沉的嗓音读雍正皇帝的自述，可是怎么读都不够气势，刻意的嗓音还引来一阵哄堂大笑。"自述用录音怎么样？""不错！""我

们组杨光老师嗓音好，读得也好。""那就找杨老师录吧！""好的，那这段就过了！"后来，这段霸气的录音让孩子们记住了雍正，还被香港团队教师拷走作为参考。一次次的说课，让教师们对课程认识更加深入，配合也更加默契，四课时教案顺利拆分成了六课时。教师们的思维碰撞给课程增加了很多亮点，从授课教师到学生扮演的不断切换让教师从学生的角度出发，让课程更具童心、童趣，教师们也乐在其中。

惊奇"亮相"

2014年12月8日，"小小紫禁城"课程正式开课。

20个孩子根据随机选取的胸章颜色分成5个小组，坐在心形木椅上，铃声一响上课了。

"紫禁城就在北京，它离我们多远呢？"教师提出了问题，孩子们利用课前准备好的iPad、手机等工具，以小组合作的方式寻求答案、分享成果。

"你知道'紫''禁''城'三个字是什么意思吗？"孩子们积极举手回答。这时一声"报！"传来，"皇上派人送来三封'廷寄'。"一位教师扮作使者把"廷寄"送上来，孩子们好奇地观看，从图案中寻求答案。

"紫禁城是谁建造的呢？通过小动画和蒯祥一起去大自然中找灵感吧！"有趣的动画一下子吸引了孩子们的目光。动画欣赏之后，教师出示了四张宫殿展板，孩子们积极参与拼摆，完成了一座宫殿，将好自然转化成好建筑。

"小小紫禁城"课程活泼的教材、精致的教具、生动的动画片、有趣的互动游戏，长达90分钟的课程，孩子们都一直兴致勃勃。

　　"小小紫禁城"课程在首都师范大学附属小学顺利开展，这样好的课程是值得分享的。在学校更名五周年的交流活动中，窦老师和柴老师一起为来校参观学习的友谊学校校长、教师展示了一节《最好的祝福》，两位教师身穿印有课程名称的T恤一上台，就听到悄悄询问的声音："是两个老师一起上课吗？"两位教师精神饱满地开始授课，"猜祝福"的游戏是学生根据小组抽到的祝福成语利用图片卡和身体语言表达，其他学生猜。当孩子在台上展示时，台下的教师们也看得目不转睛。一个孩子一会儿把脚伸出来，一会儿把脚退回去，大家没看明白，原来是"出入平安"。大家恍然大悟后被孩子天真可爱的模样逗笑了。课堂最后，孩子们绘制了充满祝福的明信片送给嘉宾，他们开心地与孩子们合影留念。"你们的课很不一样，上得真好！"听到这样的夸奖，两位教师心里特别美。下了课很久，还有教师围在她们身边询问课程，在细致解答的同时，她们送上学校早已准备好的手册供教师们参考。

　　"小小紫禁城"课程就这样在首都师范大学附属小学生根发芽，它独特的课堂模式让传统文化的学习不再传统，而是充满新意。在学习中，孩子们把知识迁移到生活中、迁移到自己的身上，懂得了很多道理，对这一座城的感情也越发厚重。为了支持课程的开展，学校为此特意设计了一面"小小紫禁城"文化墙供学生学习。这样美好的课程，虽然还在不断地摸索中，但是，请相信这不一样的课程，将会让学生思维的空间更广阔、更深厚！

科技风登陆童心校园

　　十一月初，一股强劲的科技风登陆童心校园，首都师范大学附属小学第五届科技嘉年华开幕了！

　　孩子们都怀着激动的心情来到学校，一走进校门，就被眼前的一幕惊呆了。一个将近两层楼高的机器人出现在眼前，它就像一个无敌卫士一样站在教学楼前迎接着每一位师生的到来。走进班级，同学们都在讨论科技节的见闻，每个人的脸上都洋溢着欢乐的笑容。梓蕊班上的机器人叫"和平守护者"，它是由废旧纸箱、纸筒等制成的，充分体现了绿色、环保的特性。小雨是机器人的主要制造者，为了让这个机器人能够走动起来，他可费了不少脑力。

据他介绍，第一次的成品缺点比较多，四肢不能活动自如是最大的缺点。小雨就和同学不断地查资料，还跟爱好手工制作的爸爸不断地探讨、改造，从一次次的失败中吸取教训，最终成功地做出了"和平守护者"。机器人圆圆的眼睛炯炯有神地盯着前方，仿佛要将全世界的战火平息，守护和平。同学们围着机器人转圈圈，有的摸摸它的头，有的摸摸它的身体，还有的牵着机器人的手臂来张合影。大家兴奋地讨论着机器人的外形和构造，教室里一片欢声笑语。

走进操场，一股"科技风"迎面吹来，好像机器人的王国要进行一场大检阅。各班制作的机器人真是让人大开眼界，它们形态迥异，或高大威猛，或小巧玲珑，或古灵精怪，或憨态可掬，造型逼真，创意非凡。这些各式各样的机器人都是用废旧物品制作的，它们的材质五花八门，废旧纸箱做的身体、抽烟管做的手臂和腿、光盘做的装饰……

当佳颖班的机器人奇奇从主席台走过时，全场惊讶声四起，拍手叫绝，大家被这个由"钢筋铁骨"组成的柔情汉吸引了。它长相可爱，手脚灵活，还能跟人对话，既能唱又能跳，简直就像一个活生生的娃娃。它还穿着佳颖最喜欢的校服，俨然就是班级中的一员。奇奇凝聚了佳颖班里宇轩同学全家的心血，从设计方案到购买零件再到复杂的2700多个零部件的拼装组合，完全是利用空闲时间自己加班加点赶出来的。

如果说这些机器人让孩子们大开眼界，那么科技游戏环节就是让孩子们动手动脑、开发智力，大长知识的福地。再严寒的冬天也阻挡不了他们对科技知识的渴望和兴趣。每个孩子都有一张体验卡，可以去体验各班的科技店铺，了解各班的机器人和科技作品，体验完成的同学可以得到一枚小印章。体验活动开始了，孩子们都飞一般地冲向自己最感兴趣的店铺，每个班级的科技店铺前面都挤满了人。立体打印机的科技店铺体验活动吸引了众多孩子的目光，大家跃跃欲试。在这些设备的运转下，孩子们手中的材料纷纷变成一件件创意作品。近距离观察了一个个小物件在3D打印机的运作下从无到有的过程，孩子们对3D打印机的原理十分感兴趣，有的说："一定是和普通打印机一样，通过喷墨来形成物体。"有的说："是用塑料等黏合而成。"还有的说："是用特殊材料做成的，我以后也要研究3D打印机的材料呢。"静电球体验店铺前也排着长长的队伍，当体验者站在台子上，双手触摸静电球的时候，头发会缓缓竖立起来，这种触电的感觉还真神奇啊！从店铺的志愿者同学那里，梓蕊知道了它的原理原来是电机使金属球带大量的正电，人为导体，站在绝缘的台子上，电流流过人体，人的头发因为带同种正电而相互排斥，所以就竖立起来了。各个店铺前，孩子们有的神情紧张，有的镇定自若，有的因为取得了好的成绩手舞足蹈，有的因为发挥失常露出闷闷不乐的表情，还有的对科技设备充满了好奇，三三两两讨论得火热！

看来，这股强劲的科技风刮进了孩子们的心田呢！

物联网大赛展风姿

这学期从信息课徐春燕老师那里，佳灏又了解到一门新的课程——物联网。这是一门什么课程呢？和互联网有什么关系？学习这门课程有什么用？带着许多的疑问，佳灏走进了让他特别好奇的物联网课堂。通过老师的讲解，他发现物联网和我们的日常生活有非常密切的关系，我们常用的 ETC、嘀嘀打车系统、智能取款机、公交卡等都属于物联网范畴，他还知道了智能校园、智能城市，知道了中国是从 2008 年就加入了智能国家建设行列的少数几个

国家之一。未来的时代将是物联网时代，佳灏对物联网产生了浓厚的兴趣。正值此时，海淀区开始了第一届物联网比赛，他毫不犹豫地就报名了。

这次比赛是以学校为单位，每个学校选派一支参赛队，以小组为单位举行。佳灏十分荣幸地作为柳明校区的参赛队一员，参加了海淀区第一届物联网大赛。在参加集训时，佳灏了解到物联网比赛分为团队 PPT 展示、模拟 ETC 智能小车操作和笔试三个环节。真让人兴奋，既可以学到一些关于物联网的知识，还可以练习电脑操控小车、真实感受物物交流的科学技术，又可以为学校争光，这真是一举多得的好事啊！

集训伊始，徐老师就对参加比赛的五名同学进行了分工。徐老师说："佳灏演讲方面比较擅长，你就代表大家进行发言吧！"要知道团队 PPT 展示占总分的百分之四十，涵盖了物联网知识介绍、小组学习创新、对物联网的思考、集训期间的感受等，这个任务真是很艰巨啊！况且，其他学校参赛队员都是六年级学生，只有柳明校区队员的最高年级是四年级，佳灏心里真的是压力山大呀！说心里话，自己最喜欢的是遥控小车，如果 PPT 展示发言不好，肯定会影响到整个学校的名次，佳灏开始有退缩的想法了。回家后，他对爸爸说了自己的想法，爸爸告诉他："我们不能选择自己的任务时，就只能坚持到底，付出最多的努力去完成它。退缩就是懦夫，坚持才能取得胜利。"对，我绝不做一个懦夫！佳灏下了决心。

从那天起，佳灏和伙伴们就开始按老师安排的任务进行准备。在徐老师的指导下，他和队友利用课间和放学时间一起研究 PPT 的内容以及制作，放弃了一切玩耍的时间。回到家后，他还主动请爸爸讲解物联网有关的知识，以便更好地"充电"。

比赛真是扣人心弦。在决定上场顺序的抽签中，佳灏团队被抽到第一个上场，佳灏将作为"首发"队员出场做 PPT 演讲展示。看着全海淀区所有的评委、参赛老师和同学都在关注自己，佳灏紧张得手心都开始出汗了。他想到了爸爸说的话："放轻松，该来的迟早要来的，最关键的是表现出最好的自己。"在深吸了一口气后，佳灏一气呵成地完成了"在追梦的路上幸福地行走"物联网竞赛的 PPT 演讲展示。集校区同学智慧共同设计的智能汽车得到了评委的认可，它可以升降，可以潜水，可以智能调节室温，可以净化空气，可以声呐控制。佳灏的四名队友动作娴熟地进行了实际操作，向观

众展示小车的各项性能。到了笔试时，佳灏认真作答，不断将储藏在记忆中的信息调取出来，答出来好多题。

比赛结果出来了，参赛年龄最小的首都师范大学附属小学柳明校区参赛队，获得了海淀区物联网大赛团体第三名的好成绩。虽然与第一名的大奖无缘，但佳灏相信，经过这次比赛，每位同学收获的不仅仅是知识和友谊，更是对科学技术的热爱和探索精神。现在，佳灏正在热切地期盼第二届的比赛，到时候，他们会表现得更加出色！

童心 APEC 放异彩

童心心理周是首都师范大学附属小学具有童心教育特色的心育活动。每个学期，学校都会开展不同主题的心理周活动。活动由学校品心组的教师们负责设计与组织实施。

2014 年 11 月，北京召开了以"相互尊重，合作共赢"为宗旨的 APEC 峰会，是全国乃至世界瞩目的大事。生活在北京的人们更是感受到了会议所带来的影响，引发了对会议的积极关注。这一阶段出现频率最高的"APEC"一词，被品心组的老师捕捉到，成为学校培养孩子的积极心理品质的又一次契机与创新点。品心组的教师们意识到借助"APEC"这一焦点事件，让孩子们充分体验与感受"合作"对于成功的意义应该成为本次活动的基点，因此，"积极合作，收获成功——童心共赢 APEC"成为这次童心心理周的主题。

在紧锣密鼓的筹备中，童心峰会组委会的工作有条不紊地开展起来。

低年段学生通过与伙伴合作、家人交流等方式，了解作为 APEC 会议承办城市的小主人，认识几个北京将要迎来的参会客人，与小组同伴交流，尝试在小组合作中为客人制作有中国特色的小礼物。

中年段学生在小组中通过分工合作，了解到北京参加 APEC 会议的相关国家和地区的礼仪习俗，并走到低年段班级中宣讲。

组委会拟定了"旅游、儿童权益、保护野生动物、保护水资源、绿色交通、食品安全、节俭话生活、生活中的创新、儿童与游戏、儿童与动漫、通信工具、网络安全、环境保护、雾霾的防治、运动与运动产品、海洋资源的开发与保护"等话题，供抽签决定所模拟的国家或地区的高年段班级选取和准备提案。高年段各班学生模拟 APEC 论坛形式，召开"童心'APEC'论坛"现场会议，向大会提交班级议案。

各班分论坛活动结束后，一批"最亮合作小组"及精彩提案脱颖而出，在"童心 APEC 峰会"上进行提案宣讲，表达意愿。学校童心电视台将会议现场向全校同学进行实况直播，隆重程度简直不亚于真正的 APEC 会议！

在峰会上大展风采的代表们至今记忆犹新，侃侃而"谈"——

六年级 1 班 夏依菲

各个班级所展示的内容都非常丰富，所呈现的主题也来自生活，如环保、中国传统文化、中国历史人物、传统服饰等。在活动进行中，一个团队的汇报引起了我浓厚的兴趣。一个女孩穿着汉服出场，艳红色的裙子一下子就抓住了我的眼球，其他三人都穿着不同朝代的服饰。四人一亮相，场上便一片沸腾。精美的着装再配上清晰流利的讲解，这个组合毫无疑问地赢得了大家的好评。

在得到主持人的赞扬后，一个男孩儿说，其实这几套衣服并不是外面买来的，而是由他们全班同学花费了很长时间利用家里闲置的布料做出来的。在班里，有同学为他们准备衣服，有同学负责查找相关资料，有同学制作PPT，他们四个人负责研究演讲稿。他们站在这里，向大家展示的不是小团队的才华，而是全班同学团结合作的结晶。这话一出，底下一片赞叹，紧接着，是热烈的掌声。

我由衷佩服他们的团队合作力，正如那个男孩所说的那样，一个人不可能把所有事情全部做好，正是精诚合作保证了这次汇报的完美，只有团队合作起来，才能获得高效率、高质量的结果。

五年级 6 班 杜昊昀

我们班抽到的国家是新加坡。在班里要选出一个优秀小组来参加学校的童心 APEC 论坛现场活动。我们组的小伙伴都憋了一股劲，一定要通过努力争取到参加论坛现场活动的资格！之后，我们小组的同学进入了紧张的备战状态。

记得那天班里的竞争十分激烈，每个小组都摩拳擦掌、蓄势待发，希望成为班里的优秀小组。究竟花落谁家，任何人都拿不准。轮到我们了，我们演讲的主题是：保护环境。深吸了一口气，我和伙伴们缓缓而坚定地走上了讲台，向老师和同学分享着我们的主题内容。中间由于紧张，我和伙伴们都有些磕巴、表达不够流畅。走下讲台，懊悔之情不禁涌上心头，我们还可以代表班级去参加学校的论坛活动吗？正当我们忐忑不安时惊喜来了，大家选举的班级代表竟然是我们小组。我和小伙伴们都惊呆了，脸上洋溢着说不出的惊讶和欢喜，同时也暗暗下决心，在学校的"童心 APEC 峰会"要展现最棒的自己。

"童心 APEC 峰会"在童心剧场召开。终于轮到我们"新加坡"队上场了，我虽然面带微笑看着大家，但眼睛瞪圆了，双手紧握同伴们的手，立在发言席上。前面三个"战友"都宣讲完了，该轮到我了，我的心提到了嗓子眼儿，好像堵了块儿大石头！我颤颤地接过了话筒，咽了口唾液，张开嘴巴，却说不出，我感觉我的腿在抖，心想："前面三位'战友'说得非常棒，他们的'一世英名'不能毁在我身上，我不能退缩！"想到这里，我便大声地说出了第一句话，最终，我在会场上克服了困难，充满自信地宣讲着班级提案。小伙伴向我投来了赞许的目光，我也为自己的表现喝彩。

六年级 4 班 黄一格

接到论坛任务要求，每个代表团队无不紧锣密鼓紧张地准备着。我们班也随即定下了提案主题：环保。可这过程却不太顺利！第一个大问题就是想法不统一。有的同学认为我们应该注重于污染的根源，多写原因；可有的同学却认为应该注重写解决污染的方法。为此，我们班级的小团体可谓是开展了一场"世界大战"，可以说，每个同学都是舌剑唇枪！

"我觉得就应该注重于污染的根源，你想啊，同学们连为什么会出现污染这样的问题都理解不清楚，怎么可能会有愿意继续探索下去的决心呢？"

"可我就认为应该注重写如何解决污染的问题。如果我们不去想一些解决环境问题的办法，环境怎么能得到改变呢？"

……

"好了，大家都发表了自己的看法，咱们也不要再争执不休了。论坛准备的时间并不多，我们是否可以把大家的意见综合一下，在咱们班的提案中不仅要关注造成环境污染的根源，也要提出解决问题的方法，特别提出一些我们自己可以为保护环境做到的建议，号召大家一起行动，这样可以使我们的提案更全面，兼顾各方的意见。大家同意吗？"中队长的建议得到了大家的赞同。

就这样，我们一致决定了班级提案的内容，总算是把提案主题这个难题给解决了。接着，大家又商量了如何在峰会规定的 5 分钟展示汇报时间里用具有班级独特表示力的方式来展现团队观点，赢得同学们的认可。为了更好地完成提案拟定与展示汇报，大家进行了分工，分头寻找相关的资料，共同斟酌提案文字，思考着所要采取的汇报形式。

转眼间，我们的"童心 APEC 峰会"开始啦！每一个代表团队依次走向前来，向大会展示各自精心准备的提案内容。论坛现场秩序井然，气氛热烈。终于轮到我们班了。我们班的提案一共有两个部分，首先介绍了污染问题的根源，其次介绍了如何解决这个问题，并向参与论坛的所有成员"国"和"地区"发起了"从我做起，爱护我们的大地妈妈"的倡议，全场都在为我们热烈鼓掌，一切的努力获得了丰厚的回报，每一位参加这次活动的同学都露出了开心的笑容。

我想，这次活动最重要的不在于我们的宣讲能不能取得第一名，也不在于我们的提案议题最终能不能够变为现实，而在于我们从这次论坛活动中感受了团结的力量，懂得了包容的内涵、合作的意义。

这个论坛，我们太喜欢了！

/三/ 小创客的艺术世界

苏霍姆林斯基曾说过："我们很重要的一项任务就是教会孩子能看到和感受到美，而待他有了这项能力之后，则要教会他终生保持他心灵的赞美之情和善良之意。"而艺术，因其对人们精神的满足，对人们思想情感的表达，对人们创造力、想象力的开拓，对人们心灵深处的真善美的挖掘，而在人的全面发展过程中具有重大的教育意义。

"以美育德、以美启真、以美储善、以美求索"是首都师范大学附属小学的教育理想，也是首都师范大学附属小学的艺术教育特色。近年来，首都师范大学附属小学在音乐和美术领域开发了管乐、管弦乐、口琴、陶笛、合唱、舞蹈、陶艺、水墨画、油画、书法、十字绣、摄影、FLASH 动画等多种艺术课程，通过丰富的艺术课教学和艺术活动，引领孩子们求真、向善、爱美，寻找自我、发现美丽、体验创造，在潜移默化中陶冶积极品格、完美人性。

和舒京爷爷一起创作校歌

童心是一粒种子，

泥土之中孕育希望。

关爱是成长的泉水，

童心沐浴温暖的阳光。

童心是一粒种子，

风雨之中勇敢坚强。

率真是生命的绽放，

童心吐露美丽的芬芳。

童心是一粒小小的种子，

在首师大附小茁壮成长，快乐歌唱。

求索是童心成长的力量，

向着明天，展翅飞翔，

向着未来，展翅飞翔。[①]

　　每天清晨，这个旋律都会伴随着首都师范大学附属小学的孩子们走进校门的脚步，回响在满是生机的校园之中。孩子们驻足肃立，凝视校旗，高声歌唱。谁能想到，这首歌竟然是五年级孩子自发创编的发自内心之作！

娃娃们自己写词

　　首都师范大学初等教育学院与首都师范大学附属小学合作共同体，建立了学科联盟，大牵小的指导学习模式由此正式开启。2010 年年初，首都师范大学附属小学提出"率真、关爱、求索"的童心教育理念,教师们纷纷献计献策，孩子们也都为此而激动起来。

　　在一次音乐课后，五年级 1 班的一个小组探讨出了《童心之歌》歌词的雏形，为了便于传唱，孩子们给《童心之歌》加上了经典儿童歌曲《让我们

　　注①：校歌由首都师范大学初等教育学院音乐教研室舒京老师谱曲。

荡起双桨》的曲调，在班级中唱响。一次，在音乐创作的研究课中，孩子们演唱了他们自己改编的歌曲，让听课的老师们耳目一新。为了将这首歌曲传唱，同时更具专业性，于是，在宋继东校长的提议下，学校语文组老师对歌词进行了修改和再创作。有了歌词，还需要有优美的旋律，于是，宋继东又找到首都师范大学初等教育学院的王智秋院长。王院长向宋继东推荐了舒京老师。

舒京爷爷精心配曲

舒京老师，是首都师范大学初等教育学院音乐教研组负责人。初次与舒老师见面，杨颂老师就被他的热情和激情深深吸引。舒京老师创作了很多适应时代的儿童歌曲，作品深受学生、音乐老师的喜爱。

舒老师在拿到歌词后非常感慨，对宋继东提出的办学理念大加赞赏。不到两周，舒老师创作成稿，他拿给音乐组老师一起唱，还谦虚地说，看还有没有需要修改的地方。当拿到歌谱，几个音乐老师一起合唱，欢快活泼又不失奋进的音乐旋律使几位老师一下子就喜欢上了这首作品。为了让学生尽快演唱《童心之歌》，舒老师还协助音乐组联系了 MIDI 制作。不到一周，作品就成型投入使用了。一时间，全校上下共同歌唱这首属于首都师范大学附属小学的《童心之歌》。

孩子们自己的童心之歌

"老师，《童心之歌》真好听！我特别喜欢唱！我还唱给爸爸妈妈听呢。"

"老师，老师，我也喜欢唱，我准备参加海淀区独唱比赛时就选这首歌。"

是的，的确有很多孩子喜欢这首歌词优美、旋律动听的歌曲。孩子们对歌曲异乎寻常的热爱超出了预期的设想，音乐组便向学校提出申请，带孩子们去录音棚录制。于是，每天清晨，由孩子们演唱的美妙歌声都会伴随着孩子们走进校门的脚步，回响在满是生机的校园之中。

这首歌得到了外界的关注，首都师范大学附属小学童心合唱团在八一剧场参加了"地球转动需要爱"的公益演出，孩子们在舞台上唱着自己的歌，显得格外自豪。《童心之歌》在一场场演出中，在孩子们的歌唱中流传……

童心是一粒种子

童想软陶，美在指尖绽放

"林老师，咱们的童想软陶社团还招收同学吗？我们班小雨也想参加！"

"好的。"看着躲在乐乐后面的小雨，虽然和他们一同学习美术已经有两周的时间了，但是林毅老师对于小雨并没有特别深的印象。小雨总是给人一种安静的感觉，平时在课堂上也是静静地参与课堂。

一周、两周、三周、四周，几周的活动后，林老师发现不太爱说话的小雨其实是个很爱思考的小姑娘，只是不太自信，总是会问："这样行吗？""这样好吗？"但是当得到肯定的答案后，她总会微微一笑，就像太阳下的花朵一样！渐渐地，她的细致、认真和创意，让她的作品越来越有自己的风格。

在一次主题为《北京兔爷》的活动中，林老师发现个别同学做着做着就停了下来，纷纷围在小雨身边。林老师走了过去，只见小雨手中立着一个笑眯眯的兔爷。卷卷的绒毛，弯弯的耳朵，让这个兔爷显出了一种特别温暖的感觉；两只袖子贴在胸前，巧妙地形成了一个"作揖"的动作，好像在向人行礼，让人爱不释手！有同学很喜欢兔爷衣服的花纹，问小雨怎么能做得那么丰富。小雨先是微笑，然后拿起软陶开始做起来。越来越多的同学开始喜欢和她一起交流软陶制作。

一所香港学校要来首都师范大学附属小学交流、参观，随行的有近五十名香港小学生，他们不仅要参观学校，还要在这里上一节软陶课，尝试制作软陶青花作品。了解到这些学生没有相关的学习经历，为了让他们在课堂上更好地学习，林老师请了社团的两位同学小雨和乐乐成为"课堂小助教"。两位小助教热心地帮助香港小朋友答疑解难。乐乐遇到不知道如何帮助他人的时候，就悄悄走过去找小雨。小雨总是微笑着告诉她如何解决问题。两位小助教认真细致的帮助，让他们很快与来参观的学生成了好朋友。分别时，还一起照相，留下了"友谊的见证"。

时间总是伴随着成长。几个月后，软陶社团接到通知，要参加海淀区阳光少年嘉年华社团展示活动。时间紧，不仅要准备作品，还要准备制作用具，在现场进行制作。让林老师意想不到的是，现场有如此多学生和老师。每个社团占据一个摊位，可以展示，也可以现场交流，每个同学都很兴奋。有的

学生向林老师出主意，趁着刚开始，人还不是特别多，大家可以轮流出去转转，好"知己知彼"，其他同学留下照顾展台。林老师也得到"机会"，被学生安排出去"考察"。林老师这一圈转得既兴奋，又有点担心，兴奋在于有很多社团的布置很精彩，作品丰富有创意；担心在于现在已经有部分学生和家长开始参观，每个展台前都有或看或交流的人，留守的几个小豆豆能撑起展台吗？林老师怀着这样的矛盾心情边走边看，不知不觉中加快了脚步。眼看快要回到展台了，只见一个展台前围了很多人，再定睛一看，这不就是童想软陶的展台吗？"坏了，不会出什么事吧？"一个念头出现在林老师脑海中。可万万没想到的是，林老师走近展台，发现小雨拿着作品正在给人讲解制作过程，旁边的同学也在交流着。观众中甚至有不少人想要出钱购买作品，当然这不符合规定，于是，小老师们开始带着他们在现场体验制作了！

在社团的带动下，童想软陶课程渐渐地走入了首都师范大学附属小学每个学生的学习生活中，更多的孩子开始学习、了解、感受、制作具有个性的作品。小雨也毕业升入中学了。

这一年的教师节，林老师迎来了带着"特殊礼物"来看她的孩子。小雨即将在她入学的初中主持开设软陶社团，来向林老师取经。她还是一副微笑的表情，静静地说明来意。这让林老师感到无比欣慰与幸福！童想软陶课程不仅让艺术走进了孩子的生活，让美在指尖绽放，而且让他们更自信、敢于担当，为将来的成长带来更多的可能！

畅想油画，放飞童真

"廖老师，这学期还有油画社团吗？我还想报，我们班还有几个同学也想参加，能报名吗？"突然，有几个孩子从廖琪莉老师身后蹿了出来。"哎呀，这不是小田同学嘛。"廖老师亲切地说，但视线中出现了几个不认识的孩子，刚想问一问，小田已在介绍："老师，我们都是一个班的，她们也想参加，行吗？""我画过。""我没画过，但是我特想学。""那行，等要报名的时候我去你们班。""好，那就这么定了，老师再见。"廖老师看着孩子越跑越远，脸上露出一抹微笑。

在畅想油画社团里，如果你是刚刚入门的初学者，重要的就是在这里先

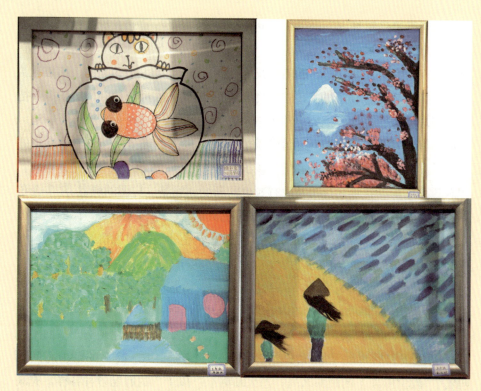

　　找到"感觉"。油画是一门学问，但它并不是高不可攀的。初学者们会在前几次活动中了解油画的基本知识、基本技法，之后就可以进行大胆的尝试和实践了。

　　太阳总是在下午临近放学时分变换出最美妙的色彩，晚霞映衬着忙碌了一天的同学们的身姿，进入求索楼二层美术教室。在宽敞的画室里，光穿过树叶透过窗户自由地倾洒进来，同学们的心仿佛在大自然中翱翔。"馨遥，你把颜料拿出来，我铺报纸。""可心，你的松节油都干了。""我的多，我倒给你一点儿。"孩子们有条不紊地准备着各自的用具。每周三下午，一群热爱艺术、渴望创造美的孩子，挥去一天的劳顿，支起各自的画板，投入到油画的创作中。

　　"老师，我画这张行吗？是我自己找的图片，我喜欢这样的风景。""老师，我能画动漫人物吗？"孩子们对于自己的选题总是很不自信，廖老师总是不厌其烦地一次次鼓励他们："画面的内容和主体自己选，什么题材都可以。只是每个人的风格不同，各有千秋。你完全可以根据自己的兴趣，大胆畅想。"

孩子选择得总是很仔细，画得很认真，画面充满想象。"您看我这里，总画得不好，您教我改改吧。""老师，为什么我画不出来点彩的感觉？我的颜色感觉都是在平涂。""来，把你的笔给我。"老师接过孩子手中的画笔，细心地给孩子讲解："首先，是颜色，你的颜色已经不纯了，大部分很脏，所以需要把颜色整理干净。其次，点彩画很麻烦的一点是需要我们蘸一笔颜料画一笔，我们要保证每一笔颜色都很干净漂亮。你看，把颜色区分开，就能出点彩的效果了。""嗯，我明白了。"课上，孩子们是忙碌的，有收获的，也是开心的。"老师，您看看我画的行吗？我有颜色的渐变，我是这样调的颜色。"一个孩子把自己的调色板拿起来给老师看。"颜色真的很漂亮，你看看，你的调色板其实就已经是一幅画了。"此时，大家交流新的艺术感受，切磋绘画技艺，在共同的爱好中，享受绘画的过程。

每节课，廖老师总会留出二十分钟时间，给孩子们讲讲西方美术史，讲讲大师们的经历和他们生活的时代背景。孩子们听得津津有味，还会经常提出一些他们不懂的问题："凡·高为什么喜欢用这么纯的颜色画啊？我们不是要把颜色调和后再动笔画，才更好看吗？""老师，凡·高真的精神有问题吗？""教堂屋顶上的画那么高，怎么画啊？"孩子们的问题各种各样，充满好奇。这就是首都师范大学附属小学油画课程最平凡的常态课，也是畅想油画社团孩子们高兴的一天。

时间总是在不知不觉中悄悄溜走，转眼又到了艺术节比赛的时间，孩子们踊跃报名。新年个人画展，在办公楼一层展出，十多幅油画作品，出自油画社团，每一幅作品都是一个故事，画面主题不同，内容丰富，异彩纷呈。孩子们用手中的画笔和最本真的灵魂，画出了自己最纯真的美好童年。

心灵十字绣，别样的快乐

这学期，四年级的品德与社会课推出了校本课程《心智培养与十字绣》。刚开始，四年级3班的同学既期盼又有些迷茫，期盼的是特别想了解十字绣，得到十字绣；迷茫的是十字绣与我们的品德课程有什么关系、它好玩吗……一个个问题排满了孩子们的脑海。等到第一节校本课程开始了，看着景老师精心制作的幻灯片，孩子们才知道，原来十字绣是传统的民间艺术，是人们家居装饰的工艺品。要想绣好十字绣必须细心、耐心才能绣好，原来学绣十字绣对我们的意志培养还有如此大的帮助！

终于有材料了，可以学习了。孩子们拿到十字绣套包，都迫不及待地开始了刺绣。佳泽心想，老师已经给我们讲过了十字绣的针法与识图，没什么难的，我们肯定会。但实际操作起来却没那么简单，有的同学都急出了汗。景老师手把手教孩子们怎么劈线，将六股线顺利地分成三股；教他们如何起针、如何绣。佳泽看到晨晨还不会绣，他请教了学得快的小璇，小璇一点一点地教他，帮他用水溶笔点点，还教他怎么看坐标图数格子……晨晨学得很认真。

竞泽绣得最快，他左手拿布，右手捏针，在绣一只顽皮的猴子，你们看他绣得多仔细呀！短短的几天工夫，他的作品都要绣完了。佳泽看他绣得这么好，自己的兴趣也异常高涨，下决心一定要超过他。突然，涛涛叫了起来："我的针丢了！"小伙伴们一起帮他找，找针好难啊！在找针的过程中，景老师鼓励大家要有"不放弃，耐心做，不怕困难"的勇气。针最终没有找到，景老师问："谁有多余的针？"小茹快言快语地说："我也怕丢针，就从家里多带了一根，涛涛，给你用吧！"当小茹帮助涛涛解决了"针"的问题后，景老师告诉大家："你们一起找针，小茹借针，这就是助人为乐啊！"

佳泽觉得，这门课程太有趣了，让同学们学会助人为乐，学会虚心求教，学会不甘示弱认真学习，还真是令人快乐的心灵十字绣呢！

童眼看世界

阳春三月，暖风习习，大地万物复苏，首都师范大学附属小学的校园被五颜六色的花装扮得更加美丽迷人。此时正是最美的季节，整个校园春意盎然。

你看，有一群学生或三两个一起或独自一人，有的拿着手机，有的拿着iPad，有的拿着卡片机，更有几个孩子拿着专业的单反相机对着校园美丽的景色这拍拍、那拍拍。他们在干什么呢？原来是杜海波老师带孩子们正在上童心拓展课程摄影课。

突然，人群中传出两个孩子争吵的声音："我拍得好！""还是我拍得好！""你看你拍的这朵花，花挺漂亮，就是构图不怎么样。""你拍的花都拍虚了，构图好有什么用。"这时，一个男孩子走过去说道："你俩别吵了，赶快拍吧，一会儿就该回教室评片了。""哎，西道，你拍这朵花了吗？让我们看看你怎么拍的吧？"一位同学对这个男孩子说。

　　西道是班里摄影技术最好的同学。他和童心拓展课程摄影课有着不解之缘。刚一开始，他就对摄影产生了极大的兴趣，起初他还用卡片机拍，随着摄影课程的开展，卡片机已经满足不了他的需求了，家长给他买了一台单反相机。西道在摄影方面很有天分。在摄影课上学习正确曝光时，什么光圈、快门、ISO 感光度、曝光补偿等知识，很多孩子都难以理解，可西道却学得津津有味，很快就掌握了。他不光在课堂上积极讨论发言，而且能够以自己的理解和语言给其他同学讲解。

　　看，他又给同学们讲上了："你这样拍不对，咱们摄影课不是讲过了吗，构图分好几种，拍花朵不要把主体放在正中间，拍有中国特有的建筑才这样拍。你看，把主体放在九宫格的十字点上，这样构图是不是更好些？再看你的，卡片相机不好控制对焦点，你可以先半按快门对焦，对焦后再进行二次构图，最后按下快门完成拍摄。这样要拍摄的主题就不会虚了。"西道就是这样一点一点地把在课上学到的知识教给同学的。

为了让更多的同学能够更快地掌握摄影技巧，杜老师将一些使用同类型相机的同学组成一个小组。西道毛遂自荐担当尼康单反组组长。在他的帮助下，他们组的同学很快掌握了相机的使用方法，了解了在不同情况下应该使用什么模式拍摄。有了西道的协助，杜老师就有了更多时间针对其他机型的同学进行辅导。

由于现代技术的飞速发展，童心拓展课程更得是一个与时俱进的课程。摄影课是结合信息技术的发展和学生生活中的实际需求而制定的教学内容，只会拍好照片还不够，还要学会对有问题的照片进行颜色、亮度的调节，并能够利用工具对照片裁切进行二次构图创作，将自己的作品展示给大家，让大家共同欣赏享受技术与艺术的结晶。

为了培养学生自主学习和实践应用的能力，鼓励学生利用网络平台展示和交流学习成果，学校结合网站开展了"我爱我校"摄影大赛。孩子们用手中的相机拍下他们眼中的"童心校园"，并将照片传到论坛中进行展示。孩子们在论坛上相互欣赏、学习、交流、评价，通过网络投票评出优秀作品进入决赛。杜老师聘请了几位有经验的学生来担任论坛版主，管理孩子们的帖子，含希就是其中之一。

含希是一个文静的小女孩，对网络应用非常熟练，还在百度贴吧担任"吧主"。她对吧主工作认真负责，对摄影作品评价更有自己独到的见解：

"这张照片有纪念意义、主体很好。"

"下面拍点花会更好。"

"很好，不过有点歪。"

"这张注意构图，加油！"

"这张照片这样裁一下是不是更好些？"

……

含希一有时间就上论坛看看有没有新作品上传，针对作品进行"专业化"的评论，如果遇到好作品马上"推荐、置顶、加精"，同时对论坛里的灌水帖、不文明帖进行删除警告，为这次摄影大赛评选做出了很大的贡献。

孩子们关注摄影大赛的热情席卷了全校，有些班级的学生参与率约达到了90%。最终，通过网络和评委评选，评出一等奖7名、二等奖15名、三等奖16名，还有十几名学生的作品在海淀区中小学摄影大赛中获奖。杜老师将学生拍摄的校园美照在学校信息发布大屏循环展出，孩子们可自豪了！

小闪客养成记

"亲爱的杨老师，您在闪客帝国发布的动画，我认真地学习了，虽然已经上升到第二名，但是说实话我觉得真心一般，内容平淡只是有些煽情，画面效果实在是退步了！我给您发了一个近期制作的动画贺卡，祝圣诞节快乐。"

这是 QQ 署名为 cp 的小博在圣诞节前给杨光老师发过来的一段文字。

"臭小子，说话还是那么不招人喜欢！"点开电子贺卡，一个熟悉的身影出现了，这是杨老师的漫画像，当初还是杨老师教他们画的呢！之后，一个笑眯眯的财神在天空中撒金元宝，杨老师在下面抱着个筐接这些金元宝，接到了，就笑眯眯的；被砸到了，表情就变得滑稽可笑。滚动字幕播出"祝杨老师，新年快乐，发大财"。一个原件嵌套的循环式播放动画，把杨老师的思绪带到了五年前的一天。

绘画高手加盟动画社团

那是一节五年级的美术创作课，杨老师刚教这个年级不久，对孩子们的水平还不是很了解，所以创设了一个题目让学生自由绘画——《假如我长出了翅膀》。就在孩子们画画的过程中，一张画风华丽的作品深深地吸引了杨老师。那是一个赤裸着上身长出一对翅膀的男性漫画形象，人物造型准确，而且很酷，他身处峡谷中，造型各异的妖怪正往天上放箭。

准确的透视加上奇妙的故事性，使杨老师关注到作品的作者——小博。小博画得非常快，而且很细腻，不过他只用了红色和黑色勾线笔完成着色部分，最终效果有点血腥。画面效果有点类似日本漫画家武论尊的风格。于是，杨老师拿着他的画说："你看过北斗神拳？"他瞄了杨老师一眼："哟！那您知道武论尊吗？""呵呵，同是漫画迷！"下课后，杨老师就邀请他加入动画社团。这小子也不客气，说："这是我强项，没问题。"

小博并不知道这是个什么社团，只是觉得名字比较对自己路子，所以毫不犹豫地加入了。上课的时候，小博才知道原来是应用电脑进行动画制作，他一下子就蒙了。

在聊天中杨老师才知道，小博家里不富裕，没有电脑，除了在学校进行过简单的学习，就没有机会再进行深入的操作了。这对于一个用鼠标绘画的软件来说无疑是非常麻烦的，当时学校还没有配备电子笔。

刚开始的几次课，小博都快要崩溃了，虽然嘴上不说，但是每次在操作过程中鼻子上和手心里都会冒汗，杨老师每次接过他的鼠标都会感觉湿湿的。可是，小博又很倔强，嘴里从来不服气："这有什么难的，我早晚会画得比他们都好。"有些同学表示不屑的时候，他居然会和别人动手打起来，因此，他在社团里也没有什么朋友。

怪才创造了奇迹

经过一段时间的相处，杨老师才知道小博是一个平时寡言少语、我行我素的孩子，学习成绩总是以倒数排名，却总有一种让人不可理喻的嚣张态度。

"杨老师，计算机教室中午能开门吗？我想加加班儿，我就不信整不好它！"小博说道。杨老师说："没问题，反正中午我在哪休息都一样，看着你们做动画更好！"就这样，一个星期两次的动画社团课程，在小博的要求下，变成了一周七次，中午上课的时间能达到一个多小时，社团成员谁有时间谁来，小博几乎全勤。他对鼠标的掌握有了质的飞跃，画出来的形象也和在纸上的效果差不多了。

小博真的不属于聪明型，确实是后知后觉，社团里的同学早已经对FLASH动画软件中的补间动画运用自如了，可他就是不理解"动画补间"和"形状补间"到底怎么应用，做错了之后嘴里还嘟嘟囔囔地较劲。

看着他的难受劲儿，杨老师突然想到，何必非要纠结于制作动画所采取的手段呢，只要能达到理想的结果不就行了！于是，杨老师开始进行逐帧动画的教学。逐帧动画有点像早期的二维动画影片，利用一个镜头一动的方式使动画形象产生运动的效果。

杨老师原本认为逐帧动画相对于补间动画来说比较麻烦，不容易快速形成连贯的动画效果。可奇迹就这样发生了，刚刚教完，小博就用了一个中午的时间制作了一个小孩踢球的逐帧动画。只见一个足球小将，从舞台左边一蹦一跳地带着球向画面右上方跑过去，越跑越远，直到消失！在场的同学都惊呆了，觉得不可思议。在同学们的赞叹声中，他摆出了一副骄傲的表情，说：

"老师您早教这个呀，不就是画一张，改一张吗，这多简单！看我画的足球小将怎么样？"

对呀，小博因为绘画水平高，对人物的动态相当熟悉，所以很容易利用逐帧动画的形式完成动画效果，反观其他同学的动画作品倒显得幼稚多了。真的是因人而异呀，在别人看来复杂的知识，他认为简单；别人认为简单的技巧，他认为困难，杨老师深刻地理解到因材施教是多么重要！

从这以后，小博更来劲了，中午吃完饭就在信息技术教室外面等着，期盼着一天里最幸福的时刻。看着他一天天埋头苦干用动画书写着一个个奇妙的故事，杨老师确实为他感到开心。社团里的同学们也经常围在他的周围等着看新作品。他也渐渐愿意跟大家沟通了，不过字里行间依然带着那种高傲劲儿，别提多牛了。

付出终有回报

一年的时间转瞬即逝，小博依然用最传统的方式制作动画，就像一个老工匠一样，一笔一笔修改，一点一点调整，做出的动画效果确实非常棒，但是，很费时间。

小博依然没有掌握补间动画，他自己也意识到，有些动画效果如果用补间的形式会简化很多，会节省很多时间，于是开始向老师求教，向同学求教。

记得还是社团里的一位聪明漂亮的女生小圆帮他解决的这个问题。经过小圆一个中午的讲解，还有老师时不时补充解释，小博理解了一部分，但是脸上还是浮现着那种似懂非懂的表情。就在下课前，最让人意想不到的事情发生了——

小圆居然给小博出了一道题，要求制作一个月亮围绕着地球转动的动画。这个题目曾经是杨老师给小圆出的，她第二天就把做好的动画带来了。而这次，却是小圆把题目甩给了小博，并说把这个动画效果做出来，你就理解了。当时谁也没想到有这么一个戏剧化的时刻出现，尤其是小博张口结舌的表情特别有意思。

第二天，大家照常在信息技术教室相聚，让人兴奋的时刻来到了。只见小博拿出优盘，把文件熟练地拷入计算机，打开原始文件，手敲键盘说："各位，看看哈，这有何难！真材实料，自己做的！"这个时候小博家已经有了一台计算机。后来的家长会上，听小博妈妈说那一晚他在电脑前奋战到深夜。大家一起围上去，月亮确实围着地球转起来了，有人还打趣说："不是找救兵做的吧？"这话可刺激了小博，他当时什么也没说，直接新建文件，快速完成了这个动画的制作，大家终于心服口服了。

在全国中小学科技大赛中，小博和小圆都获得了第三名。就在毕业前，很多同学为杨老师准备了感谢的礼物。小博也准备了，这小子有点不好意思地提着一个袋子来到杨老师面前，说："家里没什么好东西，这是我在山上摘的野酸枣，挺好吃的，您尝尝吧！"就这一句话，杨老师差点掉下泪来，当面就吃了一个，说："嗯，好吃！"

看着眼前的美好祝福，品味着记忆中的点滴幸福，杨老师心中流淌着暖暖的欣慰。一门门小小的课程，把一粒粒种子埋在学生心中，在收获的时刻，璀璨绽放。

/四/ 生活如此多姿

多姿多彩的活动课程是首都师范大学附属小学学科拓展特有的表现形式，它分为课内实践课程和课后实践课程两大板块，以"儿童的全面发展"为本，在活动中强化品质与素养的同步成长，焕发童心活力。

课内活动课程聚焦学生品格素养的培育，包括社会实践、群育活动、家校共育活动、年段特色活动。课程表现为以集中活动的形式，在正课学时内进行，纳入综合实践活动学时，计入学生总学分。

分类	课程目标	活动课程名称
群育活动课程	在"群"的组织形式中获得丰富的活动体验	少先队活动课、节庆日体验活动、四人朋友圈挑战活动、法制、安全、男生女生主题教育活动
社会实践课程	在社会环境中锻炼学习能力	抗战馆、观升旗、社团艺术鉴赏

家校共育课程	在家庭的协同教育下凝练品格	家长进课堂 童心家庭课程
年段特色活动	根据年段身心特点发展个性	紫禁城课程 一年级百天习惯养成课程 毕业课程

课后活动课程聚焦学生个性才艺的发展，有课后一小时课程、社团课程、高参小课程等，每项课程又针对不同年龄阶段的孩子进行分层开设，以满足孩子不同程度的需求。

分类	活动课程名称
课后一小时课程	百科知识讲堂、动漫大课堂、奇妙的科学公开课、小富翁儿童理财课堂、年级特色美育课、作业写漂亮
年级特色课程	儿童画、陶笛、益智棋和游戏、魔方、艺术DIY、创意设计、儿童舞、儿童戏剧、搭搭乐乐、曲艺快板、巧手绘画、童心科技、科学拓展、科学实验
高参小课程（社团）	表演、打击乐、艺术鉴赏、书法、管乐社团、管弦乐社团、合唱社团、舞蹈社团、书法社团、美术社团、无线电社团、DI社团、物联网社团、摄影社团、信息技术社团、足球社团、篮球社团、轮滑社团、健美操社团

每学期开学，当老师手里拿着《社团录取通知书》逐一分发时，是首都师范大学附属小学的孩子们最开心的时刻。

课间操也活力四射

在首都师范大学附属小学柳明校区的领操台上，有一块展板，上面密密麻麻写着许多套课间操的名称。除了统一的部颁操"雏鹰起飞""七彩阳光"之外，还有很多稀奇古怪的名称，如"小鸡舞""燃烧吧蔬菜""小苹果""健康歌""打气歌""洗刷刷""今夜舞起来""青春纪念手册""金羊舞""大王叫我来巡山""江南"……再看看台下的孩子们和老师们，做得那叫一个起劲！

为什么会有这么多自编操？为什么孩子和教师这么投入？这还得从头讲起。柳明校区刚刚成立的时候，宋继东校长曾把马捷等几个老师作为"先

"头部队"组织在一起，提出了两个问题：一个小型校区，在众多大校名校的夹缝中生存，我们应该做什么？怎么做？这两个问题让他们陷入了深深的思考。作为一个新建校区，怎么才能够在众多强手之中脱颖而出，确实是一个难题。

"先头部队"不断地从童心教育理念中进行挖掘、思考。玩是孩子的天性，换位思考，如果我是孩子的话，那么我一定处在一个酷爱玩的年纪。于是，在宋继东校长的掌舵下，柳明校区的基础理念被定格在了"活力童心"。怎么才能让校园中充满活力呢？又一个大问题摆在了大家的面前。几名体育教师首先想到的就是开展丰富多彩的体育活动。广播操又恰恰是一个学校的"门面"项目，一个学生必要的运动项目。于是，一个针对课间操的全新课程设计就这样开始了。现阶段的广播操，仅限于国颁、部颁的 4 套广播操，天长日久，不免枯燥乏味。虽然学生每天在教师的督促下，尽量做到标准，但是我们都知道，要让一个人完成一件事情，重要的不是外部作用力，而是在于我们的内驱力。所以，柳明校区首先要做到的一点就是开创新的形式，根据学生的特点、场地的要求、运动的形式、社会的流行元素等，不断推出新的韵律操、器械操。学生也在新事物的介入下，逐渐对广播操越来越关注，做操的内驱力也逐渐增强。

当大家感觉"饵"已经投放到位的时候，就面向学生提出了一个新的理念：如果你真的喜欢课间操，那么拿出你的热情，去创编属于你的操吧！就这样，第一个学生带着她录制的视频，找到了马老师。虽然动作并不是很成熟，但能够看得出，这套操倾注了孩子的心血。柳明校区第一套自主创编操推出后，星星之火以燎原的形式在校区蔓延开来。各个班级出现了无数的合作小组，他们热情高涨，精心地挑选音乐，努力地编排动作。有一次，已经过了放学时间，马老师习惯性地巡视楼道，却惊奇地发现，走廊尽头的一个班级，还传出了激烈的争论声。他走过去，从门外看到教室内的桌椅被移到了一边，6个孩子站在中间，正在激烈地争论，但是声音很杂乱，听不出是什么。马老师推开门，发现原来孩子们正在为班级新创的自编操中一个队形变换问题而争执。当马老师问到他们为什么这么晚了还不回家，这个问题可以明天再解决时，孩子的回答让他有点汗颜。孩子说："我们已经和其他班级有差距了，其他班级已经推出了他们的创编操，就像老师说的，如果我们永远把事情的希望寄托在明天，那我们永远也不能成功，所以今天的事情，我们一定要今天解决！"是啊，孩子们说的不正是我们经常教导他们的话吗？真没想到，一个新课程的开发，却激发了孩子们无限的热情和潜能！

柳明校区的师生在相互的鼓舞中，越来越珍惜和热爱广播操时间，孩子们已经从原来不得不为之的无奈情绪中走出，取而代之的是期盼和兴奋。他们沟通着，合作着，创造着，锻炼着，让柳明校区的课间操变得活力四射！

挑战十小时，成就大家

在人生漫长的征途中，挑战是一个永远的话题。首都师范大学附属小学有一项每年必定举办的大型特色活动——"挑战10小时"。在这一天，孩子们要挑战的对手不是人，不是物，而是时间，更是自我。

2011年9月26日，首都师范大学附属小学举行了"挑战10小时"活动。挑战赛当天，早晨5点，懿川同学就从床上一骨碌地爬起来，平时爸爸妈妈想6点钟把他叫起来都简直像痴人说梦。这天，懿川感觉自己做事效率简直就是平时的100倍，不，是1000倍！他急急忙忙吃了早餐，就催促爸爸赶紧开车送他去学校。不到 5 点半，懿川就激动万分地冲进了校门。东方几颗晨星还在快乐地眨着眼睛，校园里已充满了令人兴奋激动的气氛。

懿川连跑带跳地来到指定位置集合，带队老师早已站在那里等待着他们。按照事先的安排，大家开始排队。一共有六支队伍，分别是率真一组、率真二组、关爱一组、关爱二组、求索一组、求索二组。懿川所在的队伍是率真一组。带队的杨老师把印着"率真一"字样的浅蓝色的 T 恤发给一队，大家纷纷开始换装，内心既激动又紧张。六个大家庭的核心组成员，包括队长、副队长、辅助教师、家长和学生领袖，领取了当天 10 小时挑战赛的任务：百人多米诺。大家开始了紧张的活动策划和练习。

杨老师详细地给大家讲解了挑战赛的规则和要求。多米诺骨牌大家都玩过吧？只要其中一个骨牌没有按规定的角度或顺序倒下，全盘皆输。这项比赛非常考验大家的团队协调能力，个人主义一点都要不得。

下午 3 点半，"挑战 10 小时"的成果展示在学校操场举行。在激昂的旋律声中，六支身着蓝、橙、紫色上衣的队伍，在规定的地方按每个大家庭的创意图形坐好，随着宋继东校长宣布"比赛开始"的一声令下，大家立刻双手抱在脑后，按着顺序依次向后面的同学身上倒过去，形成了类似多米诺骨牌效应的视觉效果，一个又一个美妙漂亮的视觉图案呈现出来。懿川所在的率真一队的图案是"I ♥ do"，懿川就是那颗心中的一分子。其他家庭的图案有的是同心结，有的是机器人，有的是树，图形丰富多变令人应接不暇。庞大、有序、多变的阵容令会场气氛一次次达到高潮。时间一分一秒地过去了，热辣辣的太阳晒得人简直要出油了。懿川特别渴，真想去喝口水呀，可是不行，他一天都没敢喝水，生怕正式比赛时上厕所影响大家。当坐在身前的小胖子航航压在身上时，懿川感觉自己都快喘不过气来了，使劲地咬着牙告诉自己：再坚持一会儿，坚持一会儿，镇静，再镇静。我不能乱，我乱了整个队伍就乱

了。我一定能战胜自己！

　　和懿川一样克服了种种困难、战胜自我、成就大家的孩子，在每年的挑战赛上层出不穷。在以建校五周年为主题的挑战赛上，挑战的道具是一个个再普通不过的纸杯，挑战的内容是以这些纸杯为道具编一段舞蹈。刚刚接到这个挑战任务时，孩子们感觉有些摸不着头脑，无从下手。小菲所在家庭的带队老师略加思索后，拿起一个纸杯，打开音乐，在乐曲声中翩翩起舞。看到老师的演示，孩子们都兴奋不已，跃跃欲试，领到杯子后就迫不及待地开始了练习。

　　没想到难度远远超乎想象，这不是一个人的独舞，而是需要上百人共同完成的一段流畅的舞蹈，考验的是大家的密切配合。孩子们需要做出一连串的舞蹈动作，将杯子传给左边的同学，再接过右边

同学传过来的杯子，还要用双手敲击出各种节奏。若是有人稍微一走神比别人慢上半拍，整个舞蹈看上去就不够协调和顺畅了。每次音乐声响起来，小菲都明显感觉到两只手不太够用，恨不得自己摇身变为那三头六臂的哪吒，才不会如此手忙脚乱。

　　在炎炎烈日下，孩子们很快就开始汗流浃背了。每一遍练习时都有人跟不上节奏，只好一遍又一遍重来。一股莫名的怒火在小菲的心中升腾，她的情绪变得越来越急躁。在又一次重来时，左边的同学动作又慢了，小菲按捺不住心中的怒火，冲她吼道："你能不能快点，会不会传啊？"

　　那位同学愣了几秒钟后，缓缓说出一句话："这个挑战项目考验的就是我们的团结和配合，以你的态度，比赛还没开始，就已经输了。"她的声音不大，但却像一把刀，一字一句刻在了小菲的心上。

　　在接下来的排练中，小菲始终默不作声，但每一次的传递，她都投入了百分之二百的精力。是啊，就像那位同学所说的，这是一个挑战，挑战的是大家齐心协力的配合，即使头顶的烈阳再热，即使一次次的排练已经让人胳膊酸痛、手指麻木，也不能懈怠、放弃。只有每一个人都尽到自己最大的努力，挑战才能成功。

　　小菲的家庭队伍排出的舞蹈，最后造型是一个"星"形，"星"形的中间是一个阿拉伯数字"5"，代表着首都师范大学附属小学建设五周年。

　　看到屏幕上播放出这段行云流水般的舞蹈时，小菲便觉得，所有的付出都是值得的。整段舞蹈中，看不出哪一个人比其他人重要，每一个人就像一整盘精彩棋局中的一颗棋子，都是最重要的，任何一颗棋子稍有差错，都会导致全盘皆输。

"狂欢夜"，话"感恩"

万圣节"狂欢夜"

　　孩子们最喜欢节日了！儿童节、科技节、体育节……每一个节日都是孩子们最开心的日子！在柳明校区，有一个节日是所有孩子们都喜欢的，那就是万圣节！它是真正在夜晚举办的节日。

万圣节是西方比较经典的一个节日之一。每一年的万圣节，教师们都想尽办法，为孩子们提供各种资源，唱歌啊，画画啊，组织"trick or treat"活动等，但是，总感觉效果一般。毕竟，在西方，这个活动主要是在晚上进行的。"要是我们也在晚上举办活动呢？""不行吧？学校肯定不允许，安全问题谁敢保证？""晚上光线太暗了，孩子们会不会被吓坏？楼道里装饰得那么恐怖，孩子有阴影了怎么办？"大家七嘴八舌，没说几句，提议就夭折了。唉！马老师不甘心地说："咱们就搞一次夜晚活动怎么了？针对安全问题，我们把活动流程、活动要求都做好详案，并且跟家长和孩子们都交代清楚，应该不是问题！""那恐怖元素怎么处理呢？中低年级孩子那么多，吓坏了孩子我们可担当不起！"

过了几天，老师们又开始聊起"夜晚活动"。"有的孩子们已经听说夜晚活动的事儿了，激动得不行啦！""真有害怕夜晚的呢！""要是把万圣节和校园活动结合起来呢？活动任务设置成战胜黑暗、战胜恐惧怎么样？""这个好！这个好！这样孩子们就不会单单看着那些装饰害怕了！""说干就干吧！"听！孩子们在课堂上唱得多好听！瞧！老师们正仔细地把彩灯装饰在跑道上！距离"狂欢夜"只有一天了！跑道上的彩灯已经闪烁起来，好像孩子们兴奋的眼神！

随着最后一道余晖落下，夜幕也慢慢降临。"柳明校区万圣节狂欢夜"正式开始！首先是万圣节大游行。好多的小天使！还有各种小精灵！没错，这些都是可爱的孩子们扮演的。咦，怎么还有这么多大精灵，大妖怪？哈哈，这是家长游行队伍走来啦！"哎！快看！这戴着巨大白翅膀的大天使是谁啊？"随着一声声惊呼，大家的眼神都聚焦到"大天使"身上！你猜怎么着？原来是孟副校长来啦！主持人马老师一声招呼，所有人又都发现台上有一个带着流星锤的武士。"他是谁？"孩子们纷纷猜测起来。只听"武士"大声跟同学们问候："同学们万圣节快乐！""宋校长大哥哥！""啊！是宋哥哥！"现场马上沸腾起来！同学们都兴奋地高喊着："万圣节快乐！Happy Halloween！""Knock，knock，trick or treat，who are you？"随着音乐响起，一身女巫装扮的赵老师带领全校的孩子们跳起了万圣节舞蹈。在夜晚星

空下，操场变成了欢乐的海洋。

接着，主持人马老师带着神秘的语气说："可爱的精灵们，欢迎大家参加万圣节狂欢夜！今晚注定是勇者的乐园。我们的楼道此时已经变成了一个个关卡，有迷宫，有'血池'，有'天堂'，你们敢去闯一闯吗？""敢！"孩子们全都激动地高喊。"OK！下面大家就跟我们的大精灵们一起去勇敢地闯关吧！祝你们成功！"刚才还在游行队伍中的大精灵们，此时已经分别带领好自己的小精灵们开始了刺激的闯关之旅。

先走进迷宫去看一看吧！"好黑啊！""音乐好恐怖！""啊！Ghost！""别害怕，我们手拉手一起走！"一个小组的精灵们一路手拉手，小心翼翼地走过七扭八歪布满"witch 女巫、bat 蝙蝠、vampire 吸血鬼"的"路"。忽然一声"耶！祝贺你们成功！"小精灵们发现，他们已经成功走出迷宫。一位大精灵站在出口处，给每人发了一盏小南瓜灯，祝贺他们闯关成功！"呼！"终于闯过一关！

接下来他们手拉手又分别闯过了几个关卡，来到了"血池"。"啊！怎么这么多红气球啊！"平时上舞蹈课的教室此时已经被红色的气球充满了，周围是厚厚的海绵垫子围墙。想从前门通过教室走到后门，真的很不容易啊！一开始，小精灵们以为走"血池"会很简单，原来拉着的手早就松开了，还有的玩儿起了气球。谁知道，没走几步，道路就被气球填满了，这些气球真淘气！几个人很难一起走出去！小精灵们脑筋一转，小手又拉了起来，"one，two！one，two！"喊着整齐的口号，不一会儿，他们就走到了出口。

"噢耶！我们又成功啦！"这几个小精灵高兴地冲向了"天堂"。刚走到门口，他们看到了两个高大威武的"黑武士"！仔细一看，哈哈，原来是教体育的马老师和李老师！"天堂"里满地白色的气球，天花板上也飘着白色的气球。扮成女仆的包老师微笑着站在台阶旁，漂亮的"白天使"坐在高高的台阶上。"欢迎勇敢的精灵们！你们已经闯过了所有的关卡，只要答对我的提问，就可以得到万圣节的礼物！""白天使"温柔地说。"女仆"让小精灵们抽了题，"请用英文说出四种跟万圣节有关的东西"。"OK！Candy，ghost，witch，jack-0-lantern！"精灵们大声地说出答案。"Yes！You're right！""女仆"高兴地对精灵们说。"去吧，智慧的孩子们，到出口处大精灵那儿去领你们的奖品吧！你们真是勇敢智慧的精灵！你们可以去外面的帐篷营玩儿'trick or treat'啦！"

孩子们战胜了恐惧，更加勇敢！万圣节不再是课堂里的节日，也不再单单是英语课的节日，它就这样成了柳明校区最受孩子们喜爱的经典节日。

Thanks giving，giving your thanks

十一月的北京，已是一片萧瑟寒冷。然而，11 月 27 日这一天，如果你在首都师范大学附属小学，一定能够被一股超乎寻常的暖意包围。在操场的主席台上，你能看到校园内各个岗位的人站在那里，孩子们将亲手制作的卡片和小礼物送给他们。不仅这样，你还能听到震耳欲聋的一声"Thank you"。这是什么情况？请听英语老师肖琳珊细细道来。

首都师范大学附属小学每年都会举行丰富多样的英语实践活动，感恩节活动是每年必举办的全校性活动之一。感恩节为每年十一月第四个星期四，本是古时庆祝丰收而设立的节日，延续到现代则有了更加广泛的意义。在西方，一家人会围坐在餐桌前，吃着火鸡，互相举杯对自己的亲朋好友表达自己的感恩之情。这一场景，相信许多人都从各个美剧中看到过。可是，在学校里烤火鸡貌似不太现实，那么我们就做一些力所能及的事吧。

我们先聊聊关于感恩的对象。当我们说起"感恩"时，你会想起谁？我们的父母？这是一定的，他们给予了我们生命。还有谁？我们的伙伴？是的，他们陪伴我们成长，和我们一起嬉戏。还有谁？

在进行感恩节活动的前期准备时，每位英语老师都带领学生思考了以上的问题。当最后的这个问题抛给学生的时候，他们一时卡了壳。还有谁呢？哦，对了，还有亲爱的老师，因为他们教给了我们知识！那么，还有谁呢？孩子们面面相觑，有的孩子挠着头看着自己的同伴。还能有谁呢？

OK，既然这样，那就一起进行 brain storm 吧！

"孩子们，当我们走在干净的校园中，你有没有想过是谁在维护我们的校园环境？"

"嗯……是打扫卫生的阿姨？"

"对，就是打扫卫生的阿姨！阿姨们每天清扫许多遍，才能让我们的校园这么干净美丽。要是没有这些阿姨，我们的学校会变成什么样子呀？"

孩子们撇了撇嘴："一定会变得很脏……"

好的，现在引出重点了！

"没错！如果没有清扫卫生的阿姨每天为我们的校园打扫卫生，我们可能就要生活在一个很脏乱的环境中了。你们愿意在那样的环境中生活吗？"光是想象，都会觉得那样的环境不适合生活学习！

果然，孩子们也都摇着头，喃喃自语："不能……我不能生存在那样的环境中。"

继续追问！

"那么，清洁阿姨给了我们这么舒适的环境学习生活，我们应该对她们说声什么？"老师一边说，一边用充满期盼的眼神看着孩子们。

"Thank you！"这一次不再是喃喃自语，孩子们几乎是喊叫着说出了这句话。

"对的！孩子们，马上就要到感恩节了，这是一个传达自己感谢的节日。你愿不愿意对清洁阿姨传达你的感谢？"

"愿意！"这次的声音，简直穿透了屋顶！

很好，除了清洁阿姨，我们还应该感谢谁呢？

正所谓"给我一个支点，我可以撬动整个地球"，给学生一个 example，他们就可以举一反三，受到启发的孩子们纷纷表达自己的想法。

"老师，我觉得我们还应该感谢食堂的叔叔阿姨们。没有他们，我们就没有饭吃。"

"我觉得应该感谢园丁爷爷。因为没有园丁爷爷，我们学校里的花花草草可能就要死了。"

"还应该感谢保安叔叔。因为有保安叔叔保护我们，我们才能安全地在校园里学习。"

"还有后勤的叔叔们。上次我们班的灯管坏了，就是后勤叔叔帮我们修好的！"

"我们还要感谢老师们。老师们很关心我们，也教会我们很多知识。"

一时间，教室里热闹非凡。孩子们提到了他们身边所有的人：父母、校长、老师、同学、保安叔叔、食堂工作人员、园丁爷爷、后勤叔叔、警察叔叔、公交司机……

已经确定了要感谢的人，接下来就要讨论活动形式。送卡片？买礼物？还是口头感谢？都可以！学生可以任意选择表达感谢的方式！内容大于形式，关键在于把这份感谢认真地传达出去！老师们在课上利用几分钟的时间教孩子们学习表达谢意的单词和句子，有人拿笔记下来留着写卡片的时候用；有人在嘴里一直碎碎念，生怕忘记；有的孩子用自己的压岁钱准备了很简单的小礼物准备送给爸爸妈妈；有的孩子用纸折了一架小飞机、一只小猫咪准备送给老师……简直五花八门，让人不得不佩服孩子的想象力！

11月27日当天，文章开头的场景就出现了。那一天，风特别大，头发被吹得很凌乱。你问我冷不冷？说真的，挺冷的，但是心里暖暖的。你问我台上接受孩子们感谢的员工们的感受？我猜，他们心里也一定暖暖的！

在孩子心里播下一颗懂得感恩的种子，我们一定能收获满满的温情。

财商智慧初体验

智商、情商、财商是实现成功人生的关键因素，其形成的最佳阶段是青少年时期。现代社会，经济及金钱现象无处不在，人们对金钱的态度、获取和管理的能力，对于人们生活的富足、幸福影响越来越大。为此，首都师范大学附属小学在今年的"六一"儿童节，打造了"财商体验营"，以真实的购物营销及体验，在玩的基础上，对学生进行财商教育和培养其驾驭金钱的智慧。

2015年6月1日上午8时许，首都师范大学附属小学"发现童心梦想、储蓄财商智慧"财商体验营正式开营！六月的少年儿童，迈着喜悦的步伐，走进自己的节日，梦想此刻启航！

童心书社载梦想

一年级7班的老师、同学和爸爸妈妈们，显得格外忙碌，童心书社正式挂牌营业啦！

看！班主任吴月芳老师正带领着第一小分队的同学们摆放桌椅；正正妈妈带领第二小分队的同学，把图书和货物分类摆放；小静爸爸带领第三小分队的同学，给各种货物粘贴价目卡；亮亮妈妈带领着第四小分队的同学在打气球、拉拉花装点门面……真是各司其职、忙而有序！

走近一看，书籍、本子、笔套等商品琳琅满目，孩子们爱看的经典绘本、童话名著、《十万个为什么》丛书、校园故事等，应有尽有，价格实惠！

咦，怎么还有古装照相呀？噢，原来，这是童心书社的买书赠送活动：凡是在童心书社购物满 20 元就能穿上清宫阿哥或格格的古装，由专业摄影师——轩轩同学的爸爸给免费拍照留念呢！彩色相纸、打印机一应俱全，照片立等可取！

你瞧！豆豆、牛牛等几位小"模特"，穿上古装，俨然一群美丽可爱的小阿哥、小格格。他们抬头挺胸、面带微笑、自信满满地举着班牌，在校园里一路走、一路打广告："一年级 7 班童心书社欢迎您！购物满 20 元，免费赠送古装照相。快来看，快来淘啊！先到先得！"再来看这边，隔壁班的张老师着实被童心书社的古装照相吸引，穿着特色服装，头戴桂冠，手举香扇，穿梭于人群之中，口里还念念不忘地给童心书社打着广告："故宫服装进校园啦！赶快去体验吧！"转眼间，你再看，已经有长龙一样的队伍，耐心地等待着购书送照相。

童心书社顾客瞬间"爆满"！面对拥挤的购物人群，童心书社的大小"当家"们，立即商量出了对策！看，彤彤妈妈带领几位同学，加入到古装摄影小分队，组织顾客有序排队等候，并帮助顾客们挑选、试穿服装。图书选购区，明明爸爸带领同学们把翻乱的书及时归置回原位，方便新来的顾客继续挑选；结账区，杉杉妈妈带领的财会小分队正紧张而细心地给顾客们结算货款，来不得半点马虎；后勤小分队的同学们也不甘示弱，及时将地面掉落的垃圾清理干净。

上午十点半左右，童心书社的商品被抢购一空，换来的是大把大把的各式钱票，足足装了满满一盒子。

"超能"的童心书社在此次"财商体验营"大获全胜，赚得盆满钵满。孩子们在班主任吴老师和爱心家长的带领下，不但体会到金钱来之不易，还体验到劳动带来的快乐，锻炼了他们的人际交往能力和独立自主能力！真是精彩、难忘而又收获满满的一天！

下午，孩子们自己选取的几位小代表，跟着班级家委会家长们一起来到银行，手提着辛苦赚来的沉甸甸的全部现金，大模大样地存进银行，笑容溢满脸庞，别提多兴奋了。孩子们提笔在红艳艳的存折上，郑重其事地写下了"班级基金"四个大字，这是一年级7班下学期的活动资金。

财商亲体验，六一不一般。基金为来年，想必更非凡！

小小推销员

财商体验营中，二年级4班的同学们在校园里摆起了摊位卖各种食品，还赚了个盆满钵满呢！

在儿童节前，班主任杨敏老师告诉同学们在"六一"当天学校要举办"财商体验营"活动，她把大家分成水果组、蔬菜组、糕点组、糖果组、冷饮组等七个小组，要求每个同学都变成小小售货员，卖出"爱心妈妈"们精心准备的物品。大家纷纷行动起来，在教室里为装饰摊位做准备，有的穿彩链，有的吹气球，有的系彩带，有的装饰糖果树……大家在欢声笑语中愉快地忙活着。

在急切的盼望中，"六一"终于到来了。同学们在教室里收拾好以后，排着队来到了校园里的班级摊位，和"爱心妈妈"们把摊位装饰得七彩纷呈，物品也被摆放得整齐有序。大家可兴奋了！同学们还欣喜地发现，周围的人真的很多，除了各班的老师和同学，还有学校领导和许多热心家长，各个班级的摊位前都是人头攒动，整座校园里熙熙攘攘，校园真的变成了一个大市场啦！

二年级4班的同学们在明确了各自的分工后，迅速地开始售卖自己小组的物品。水果组同学手举着水果串大声叫卖；糕点组同学手捧着糕点盒积极推销；糖果组同学手指着糖果树热情招揽；蔬菜组同学手拎着蔬菜袋卖力兜售。

　　小澜被分在了糕点组，组长妈妈早就去市场买了做蛋糕的材料，买了新鲜的水果，还给每个人定制了汗衫、头巾和围裙，要开个卖蛋糕和鲜果汁的小店。小组几个同学都是服务员，一起推销自己的产品。小澜和"同事"换好了衣服，大家互相看看，真的都像是销售员了，大家说笑着就热闹地忙乎起来了。

　　要出售的蛋糕和鲜果汁都是组长妈妈早晨加工好的，有烤得很漂亮的小蛋糕、香喷喷的热狗，还有装好杯的新鲜苹果汁、草莓汁，品种不多，但也摆了满满一桌子。班上其他组的展桌上也摆满了各种好吃的、好玩的，看着真让人流口水啊……

　　"财商体验营"正式开始，现场马上热闹起来，有问价的，有叫卖的，特别是高年级那边很红火。糕点店这边也有老师和同学过来看，大家询问的多，但是买东西的却很少，这可怎么办呀？老师过来出主意，让大家一边叫卖一边到别处去推销，于是，组里六个人就分成两组，一组在小店叫卖，另一组拿着托盘到外面推销。

　　小澜和两名同学一起拿着托盘去推销，大声吆喝着："新鲜的果汁，好喝又便宜，大家快来买啊！"转了两圈，终于卖出了一份，这是小澜卖出的真正的"自家"产品，太有成就感了！经过一个多小时，店内的食品大概卖出了一半，再有不到一小时的时间，财商体验营就要结束了，要是东西都剩下就不好了。组长妈妈提议降价促销收回成本，于是，蛋糕和果汁都降了一半价钱卖，小澜几个也起劲地喊，终于在体验营结束前把店里的东西全卖光了，真是好开心啊！

　　小澜觉得，要去主动推销、主动叫卖，食品饮料才能卖出去，也能从中体会成功销售的快乐。看来，做什么事情都要主动一些，不能被动等着，否则什么也办不成。

小晗卖菜记

　　蔬菜组卖的是同学们自家菜地里栽种的绿色有机蔬菜,有黄瓜、番茄、花菜、青笋等。允康妈妈还给本组同学带来了红格子头巾和围裙,戴上头巾、系上围裙,同学们觉得自己真的就是商场里的售货员了。

　　蔬菜体积大,不像水果、糖果那样容易携带,怎样才能把蔬菜卖得快、卖得好呢? 大家开始商讨起来,最后决定不能等在摊位前,而是要走进人群主动推销。他们把蔬菜分装在塑料小袋里,有的提着黄瓜袋,有的提着番茄袋,有的提着花菜袋,有的提着青笋袋,大家纷纷离开摊位各自叫卖。有的同学高喊:"自家种的蔬菜,3元一袋,欢迎购买! "有的同学吆喝:"绿色有机蔬菜,健康蔬菜,大家快来购买! "

　　小晗被分在了蔬菜组,手里提着塑料小袋,里面装着两根黄瓜、两个番茄。一开始,他有点害羞紧张,只是提着袋子站在那里,站了好大一会儿,也没人来买。小晗有些着急,扭头向妈妈求助。妈妈走过来对他说:"小晗,你要勇敢一点,走到人群里去卖,要向别的同学学习,一边走一边叫卖,吸引顾客。"小晗鼓起勇气,边走边喊:"绿色有机蔬菜,新鲜有营养,3元一袋! "

虽然声音小点，但是小晗终于喊了出来。他走进人群里，有个阿姨在看着他。他马上主动走上前去，向她介绍手里的菜。阿姨听后，微笑着递给小晗3元钱。小晗卖出了第一袋蔬菜。

小晗变得越来越勇敢，卖出去好几袋。他最自豪的是还卖了一袋给宋校长呢！

小晗看到挤在人群里的宋校长时，就赶忙挤过去向宋校长推销。

宋校长亲切地问他："小同学，一袋蔬菜多少钱？"

小晗仰起脸认真地回答："有机蔬菜，新鲜有营养，3元一袋。"

宋校长听后高兴地掏出钱买了一袋蔬菜，还问道："卖菜辛苦吗？你喜欢这样的活动吗？"

"我不辛苦，种菜的人才辛苦呢！我好喜欢卖菜活动。"

把蔬菜卖给了宋校长，小晗高兴极了！他转身看着妈妈，使劲地挥舞着手中的钱，妈妈朝他竖起了两个大拇指！后来，蔬菜组的子博也把他手里拎着的一袋花菜卖给了宋校长，可把蔬菜组的同学和家长高兴坏了！

今年的"六一"儿童节，真是不同寻常！卖菜让小晗在快乐中对钱有了初步的认识，明白了要想卖出东西，就要动脑筋想办法。他体会到了大人挣钱的辛苦，在心里告诉自己以后可不能乱花钱了，要学会心疼爸爸妈妈。

我忙，我秀，我享受！

今年秋天，默默升入了二年级。当别人问他："小朋友，你在玩什么呀？"默默回答说："这学期我很忙。"他们总是用怀疑的眼神看着他说："小学二年级的小豆包有啥忙的，除了那点儿作业不就是玩吗？"

可是默默真的很忙，准确地说是很享受地忙。

金秋十月，默默参加了学校的体育节，有很多很多有趣的比赛和游戏哦，拉轮胎比赛、跳绳比赛、拍篮球比赛、投毽子……既锻炼了身体，又赢得了夸奖，真是倍儿爽！

紧接着是参加学校的科技节。这届科技节的主题是机器人大游行，但老师说了，机器人不能是买来的，一定得是自己做的。默默提前半个月就开始准备了。他设计的机器人名字叫XY神奇光盘侠，是和爸爸妈妈一起构思并合作组装的。他们用纸箱做机器人的身体，用中间挖洞的纸片做成机器人的头和眼睛，用饮料瓶做成了机器人的双腿，用纸筒做成它的武器胳膊，用光盘做成它的中央信息处理器。默默设想：我的 XY 神奇光盘侠有很多神奇本领，他可以带我上学，保护我，给爸爸妈妈发信息，还可以和地球外面的世界联系，告诉我宇宙的消息。默默带着他的光盘侠参加了机器人大游行，还见到了很多其他同学和家长合作的奇思妙想的机器人：既有冰激凌售卖机机器人，也有卫生清洁员机器人；既有大力金刚侠机器人，也有外星使者机器人；还有同学们喜爱的爱心捐款机器人、芭比机器人、超人战队机器人等，它们形态各异，功能更是千奇百怪，真是太有趣了！

默默喜欢阅读，也喜欢朗读好的文章和诗句。十一月，他报名参加了北京市中文之星朗读比赛。他认真地写了一篇《三毛流浪记》的读后感，并请爸爸妈妈修改。他把客厅当作舞台，爸爸妈妈就是观众，每天晚上坚持练习十多次。从如何上台、如何自我介绍开始，到文章中的每句话、每个字发音该轻还是重，以及配合的手势动作，每个细节都反复推敲、反复练习。一分努力，一分收获，默默通过了学校选拔赛，继而通过了海淀区初赛，进入了复赛。通关时那种兴奋的感觉真好！

每天放学，默默还要和爸爸进行自行车骑行比赛，他的骑车技术越来越棒，这也是锻炼身体的方式。

默默是真的很忙吧？但他很快乐地享受着这些忙碌而美好的经历！学校里很多同学也和默默一样，每天都在快乐地忙碌着，快乐地成长着！

默默告诉他的朋友：我忙！我秀！我享受！

/五/ 你的成长，"我"负责！

评价是什么？对于学校来说，评价是学校发展的指挥棒和灯塔；对于教师来说，评价是教学的方向与尺度；对于学生来说，评价是学习的目标和检验标准。从总体上来说，评价在潜移默化、有形无形地定下了学校、老师、学生的基调：我们要培养什么样的学生、我们如何去培养学生、我们如何做一个"好"学生等。

首都师范大学附属小学秉承"率真、关爱、求索"的童心教育理念，将评价作为实施素质教育的关键，让童心评价机制真正地服务于学生的成长和发展。试图建立以"学习者、生活者、游戏者"为标志，以培养学生的"率真性情、关爱德行、求索能力"为重点，以完善学习方式为特征，坚持以评促教、促学，促进学生全面、自主、有个性地发展。评价内容主要根据各个学科、不同课程性质的实际情况，从不同角度进行核心素养与关键能力、学习习惯等方面分区块、分维度的质量分析。

"童心课程评价"的自述

我的出生：大团体与小团体的头脑风暴

我的出生是一个很艰难、很艰难的过程，它更像是一个蜕变，在等待、用力、改变中，获得新的生命。

最初，宋继东在教师大会上的一句话开启了我的孕育之路："我看到每个老师都在改变，都在着力于培养全面发展的人，都在着力于培养具备童心素养的学生，都在着力于把我们的理念变为现实。我也看到了每个孩子的改变。但是，我们的评价还是单一，没能体现出我们引导学生发展的趋势。"随后，一次一次的意见征集，一个一个的会议，一次一次的头脑风暴如火如荼地开展起来。

还记得在向老师们征集评价该如何实施的时候，每个老师都通过不同的平台表达了自己对真实评价孩子发展、鼓励孩子成长方向的想法，似乎连平时最讷于言的老师都抑制不住自己的表达欲望：碰见教学干部时候的建议、在办公室的讨论与分享、给校长递自己的小纸条……在一次意见征集中，宋继东收到这样的一张纸条："宋校长，您好！听说您要进行评价改革，我感觉很兴奋，也有很多话要说。班里有个这样的孩子，他的试卷表现并不是很好，但他是个积极参与课堂、又受同伴喜欢的好孩子，他有很多很多优点，偏偏在试卷上表现得很慢，成绩并不高，这带给他很大的打击。我很害怕看到他拿到试卷后失落的脸，觉得这不是他应该得到的一切评价。我想尽我所能，也希望学校的评价能够更多地反映真实的他们，也鼓励他们每个人成为全面发展的人。"这张纸条，带给了评价改革无限的动力。

还记得一次次不同层级、不同团队的教师们进行头脑风暴的情境。在一次教学干部的会议上，各个教学干部要汇总各学科老师对于评价的好建议、好想法。大家为这些想法激动着，一部分教师负责讨论它们的优点和创意，一部分教师则负责讨论它们的不足和可行性。一切仿佛都有了新鲜的样子。休息时，一位老师说："我们真是给自己找麻烦，弄这么多样子……"其他老师听完，纷纷正色安慰她说："只有我们的评价合理了、多样了，才能真正培养出我们想要的孩子。咱们别怕麻烦，孩子们一定都会开心的！老师们也一定会理解的！""对呀，对呀，如果我们的评价不变，孩子们可怎么办？""别怕麻烦，咱们做的是对学生很重要的事情呢！"就在这样的彼此加油、打气中，老师们更加坚定、更有方向、更有动力地为我的出生而奋斗着！

2013 年，一套系统、连贯的评价学生综合发展和教育生活的方案在反复地雕琢中应运而生。

我的组成：灵活、合理、丰富、多样

我是一个很复杂的综合体，在不同的角度、不同的侧面，我都有不同的设计。

在评价的小小主人翁上，不仅仅老师能评价孩子的成长、同伴能评价彼此的表现，学生自己也能做出自我评价呢！我听一个老师说起过这样一个故事。在一次自我填写"成长评价单"的过程中，四年级的一个孩子填到一半的时候就过来问老师："老师，您看我这样写，可以吗？"老师温和地说："这是你自己评价自己，你根据自己的表现，客观、真实地填写就可以啦！""可是，可是，我觉得自己表现得很一般，都没有达到自己的要求……"这个孩子，可是班里的学习委员，孩子们心中的"学霸"，也是一个对自己要求很高很高的完美主义者。可见，每个评价主体的要求和期待可能是不同的，从不同的角度，你可以看到孩子成长过程中的很多很多……

在评价内容上，就更加全面、有趣了！评价内容主要围绕各个学科的核心素养展开考察，对于孩子们来说，不再是呆板的知识记忆和背诵，而是只要在知识、能力、素养方面有进步，就能得到测评、认可，让孩子们从教育

生活中得到激励和发展。有个孩子让我印象很深刻，他是个热爱科学、热爱探索世界的人，在传统的评价中，对孩子们的科学方面的评价更多的是对一些基础科学知识的掌握，但他并不突出，甚至慢慢地对科学课堂的热情都降低了。而某一天，他惊喜地发现，似乎他的所学、所长能够被发现了，评价的不再仅仅是科学知识了，一些真正爱科学懂科学的喜欢电路的小小科学家、喜欢实验的小小发明家、喜欢自然的小小自然学者……纷纷被鼓励、被认可。

评价方式如何呈现才能真正落实教育的目的？这是在评价改革中至关重要的一步。各个学科的教师夜以继日地寻找资料、口干舌燥地争论探讨、不辞辛苦地了解孩子们的想法，让每个学科的评价方式有趣而有意义。"一卷、一考定优劣"被改变了，更多接近本质的、被学生喜爱的评价方式就这样出台了。见到学生充满自信与兴奋地期待着评价，我感到由衷的高兴。对于学生来说，这不再是一个个被动的标准，而是孩子们愿意主动去参加、主动去挑战的东西。就像英语评价，不仅仅是一张试卷，更是每个孩子在英语语言活动中的参与意愿与能力。有个孩子是个内向的孩子，她的期末英语成绩很好，但在英语课堂上总是一言不发。老师们也为她感到很困惑，从期末成绩来看，她是一个优秀的语言掌握者；但是从平时表现来看，她又不是一个优秀的英语学习者。自将英语语言活动评价引入到英语评价中后，万圣节活动这项有趣的集教育和评价于一体的活动迅速地俘获了她，她开始爱上说英语、爱上参与英语活动。这项评价方式改变了她。

首都师范大学附属小学为我而做的这种颠覆性的创新变革，改变了许多学生的学习生活，也改变了他们的评价生活。我很开心，因为——评价让学生的教育生活更有意义。

小泰的"快乐加油站"

2014年入学的一年级10班的每个孩子都有一本小小的"班级护照"。这其实是一本保持家校持续互动的评价手册，因为人手一册、周周记录，所以被孩子们戏称"班级护照"。根据班规和班级目标，"班级护照"制作了一个涵盖孩子纪律、学习、友爱、礼仪、卫生五方面表现的量表，每方面设计了"优""良""加油"三个层级的表现评价。每周，班主任崔玲老师都会用小印章在相应的位置来评价孩子本周各方面的表现。家长则以文字寄语的形式来反馈信息。这本小小的"护照"成为蒙古族孩子小泰的"快乐加油站"。

开学后不久的一天，孩子们领到了崭新的"班级护照"。老师了解到小泰成长背后的故事。小泰出生在呼和浩特，父亲常年在外做生意，母亲是工薪族，幼儿期的小泰和姥姥、姥爷一起生活，与父母的接触并不多。小泰3岁的时候，父母带他定居北京，然而，与父母的相处时间却并没有因此增加。父母的工作依然忙碌，小泰被送进一所寄宿制幼儿园。经验告诉老师，父母的关注对于孩子的成长所起到的作用是难以估量的，老师猜想正是长期与父母的疏离，使得小泰积攒了大量带着焦虑性质的能量，他需要通过不断制造事端来吸引大家的注意和关怀。现在，小泰上了小学，尽管父亲依然在外地工作，但是孩子终于可以每天回家，看到家人、得到家人的关爱了，这是最好的教育机会。老师与小泰的母亲约定，"班级护照"一定要每周按时反馈，对孩子以鼓励为主，要让孩子知道自己哪些方面有进步，还要在哪些方面有所改进。

生活中，了解到他之前的成长，崔老师就尝试走近孩子，让孩子感受到他最渴望得到的来自他人的关爱。崔老师叫他小泰，昵称让孩子感到与老师很亲密；崔老师让他天天在教室前面领早读，他的大嗓门很快变成了琅琅的读书声；崔老师让他做语文学习组长，他不再打同桌小朋友了，反而还会给同桌讲题。就这样，小泰能量释放的方式逐渐发生改变。老师在"班级护照"上给他印上了满满的五星全优，并且告诉他，这是他努力的成果。有一次，小泰在一张小报上写"老师就像妈妈"，这句话恐怕是每一位教师都能够收到的最多的礼物，但是对于小泰来说，这句话是他对于自己所感受到的爱的回馈，孩子感受到了爱，也就感受到了快乐。

小泰的母亲加入了班级家委会。每次家委会会议她都会尽量赶来参加，在诚心为班里每一个孩子服务的同时，她也在其他家长身上汲取关于陪伴孩子的经验。小泰的父亲也开始活跃在网络上的班级交流群里，不时参与讨论家长和老师们拿出的一个个发生在身边的鲜活案例，参与集体"支着"。小泰的母亲按之前与老师的约定，坚持对"班级护照"做出积极反馈。每周一，小泰都捧着"班级护照"笑嘻嘻地走到老师面前，很自豪地把"班级护照"递给崔老师。在小泰心里，"班级护照"里装的是老师、父母对他的关注与爱护，这是他成长的动力和快乐的加油站。

现在的小泰，依然是那个活泼好动的大眼睛小男孩，他的能量依然无穷无尽，可是，崔老师已经很难接到同学和其他老师对他的投诉了，因为行为独立、勇敢的小泰已经变成了同学们眼中学习的小主人和生活的小能手。小泰每天都带着爱与希望，心满意足地上学、放学，他和他的名字一样快乐，散发着草原的香气与阳光的温暖！

神奇的童话奖状

在亮亮的书桌上方正中位置，端端正正地贴着一张奖状，上面写着：

小兔子考试不及格，它不敢回家，害怕暴脾气爸爸用鞋底子打屁股，就悄悄躲在一只箩筐里默默流眼泪。胖胖鳄鱼知道了，去给兔爸爸讲了一箩筐大道理，兔爸爸终于原谅并理解了兔儿子，把它抱回家。亮亮同学在日常生活中最会关心人，最能理解宽容人，亮亮同学荣获

"胖胖鳄鱼" 奖

向日葵班

2013 年 7 月

"啊？竟然有这样的奖状？"看到的人都不约而同地睁大了好奇的眼睛，亮亮却微微一笑，自豪地告诉他们，班里同学每个人都有这样的奖状，而且每个人都拥有不一样的奖状称号："最可爱的土拨鼠""最美狮王""美丽的小银鱼"等多着呢！听亮亮一解释，亲戚朋友更加好奇，到底是怎么回事儿呢？

原来，在首都师范大学附属小学有个向日葵班，班主任郭丽萍老师是一位语文老师，并且是一位酷爱阅读童书的语文老师。在向日葵班，每学期都开展共读活动。这学期，阅读了《笨狼的故事》《青蛙和蟾蜍》《稻草人》《彩乌鸦》系列。每月共读一本书，郭老师并不满足于孩子们只了解故事内容，而是通过集中的共读研讨课，让他们真正走近文中的主人公，把童话中的人物形象和身边伙伴们的突出优点联系起来，搭建起童话中的形象和教室里孩子之间的心桥。这样的桥越多，越美好，孩子们阅读的效果就越好。"胖胖鳄鱼"

等奖项就是这么产生的。

阅读中，每次出现胖胖鳄鱼，就让向日葵班的师生情不自禁地想到亮亮。亮亮也是胖胖的，特别爱帮助人，而且在助人方面很有办法。豆豆是个比较特别的孩子，有时候会控制不住自己的行为，十分淘气。有一次，豆豆不写作业，手里不停地玩铅笔啦，橡皮啦，尺子啦，都玩够了，把这些东西往桌上一放，开始撕纸，一会儿工夫，教室里纸片漫天飞舞，很多废纸片落在她后桌亮亮的头上、桌子上。看到亮亮满头是纸的滑稽样子，豆豆特别开心，冲他做鬼脸儿。亮亮很生气，气得满脸通红，可仍然压住火气继续写作业。豆豆呢，"变本加厉"，竟然拿起水杯把一杯水泼到亮亮桌子上，水花溅得亮亮满脸满身，一杯水顺着桌子流到亮亮腿上。亮亮气得直跺脚，豆豆却不以为然。郭老师被同学们叫来了，她把豆豆揽在怀里，安慰亮亮别生气，要相信豆豆，随着年龄的增长她会好起来的。

亮亮冲老师点点头，表示理解。放学的时候，亮亮悄悄地对郭老师说："您不用告诉她爸爸，我知道她的情况，能原谅她，我会和同学们一起帮助她的。"声音虽小，却让郭老师内心震动了，她冲着湿裤子的亮亮坚定地点点头。亮亮嘴边绽开了笑容。在以后的阅读中，有一天读到了"胖胖鳄鱼"这一章时，郭老师一下就想到了亮亮。对，就是亮亮，宽容大度、乐于助人的亮亮！学期末，在同学们的一致推举下，亮亮荣获"胖胖鳄鱼"奖。

亮亮得到这个奖状非常开心，有同学直接叫他"胖胖""鳄鱼"或"胖鳄鱼"时，他都是乐呵呵的。他知道，那是大家对他的爱称。同学们都很喜欢这样别具一格的奖状。一张张奖状变得神奇起来，大家争先恐后地改进自己、展示自己。最爱出手的雨晨不再欺负小同学了，获得"最美狮王"奖；获得"最可爱的土拨鼠"奖的小泽不仅懂得保护教室环境，还成为班级劳动小模范；获得"美丽的小银鱼"小晔书写特别认真，老师还夸她的字写得像印刷的呢……

向日葵班期末庆典发奖的时候，孩子们捧着专属于自己的奖状，兴奋不已，一张张灿烂的笑脸犹如一朵朵美丽的向日葵。

这不是普通的奖状，而是将阅读切切实实地、活泼泼地延伸到孩子们的生命成长过程中，结合每个孩子的生命特质，精心地为每个鲜活、独特的生命颁发的神奇童话奖状。

数学挑战赛，我来了！

数学是什么？在许多孩子眼里，数学是简单的、呆板的———对对数字、一个个图形，这似乎就是数学的全部，似乎数学就是一个保守又很难翻新的学科。在这里，你体会更多的是它的严谨与细致。数学的评价就更简单了，试卷，一成不变的、始终如一的试卷。

这学期的数学似乎有点不一样了。如何激发孩子们的数学兴趣，让数学评价"活"起来成了焦点。孩子们的口中，有了更多的数学话题，这些都来源于一系列的数学挑战赛。

"你听说了吗？咱们最近有很多数学挑战赛。你可以挑选你最在行的参加！"两人行中，一个孩子向另一个孩子说道。"知道啊，我准备去参加数独挑战，我最近特别喜欢，一直在做题呢！""我准备参加魔方挑战，最近一直

在练习，可是听说 4 班有个特别厉害的，真是强中更有强中手呢！"校园里的数学氛围改变了，孩子们都在发挥着自己的数学特长，希望在挑战赛中展现自己。

在一个阳光明媚的日子里，速算总动员的挑战赛开始了。各个班级的种子选手齐聚在童心剧场，屏声静气，气氛紧张而热烈。参赛学生分年级上台就座，在统一的指令下，静默而快速地做着口算题目。这场静默的挑战赛却让所有的观众捏了把汗。一年级、二年级……当每个年级比拼完后，小获奖者们都抑制不住内心的激动，默默地用手势为自己的胜利鼓舞着。"知道吗？7 班那个孩子太厉害了，只用了一分多钟，就 100% 地解决了 30 道口算题目！"老师们也成为啦啦队中的一员，为每一个选手鼓励，为每一份精彩加油。

这只是一个缩影。魔方挑战赛、数独挑战赛等也在各个年级展开，评价着孩子们的数学学习，也鼓舞着他们成为一个更有兴趣的数学学习者。"挑战赛"成为孩子们口中的热点词语，数学终于生动地充满了每个孩子的教育生活。

请为我的作品点赞

2015 年 11 月的某一天，首都师范大学附属小学的微信群嘀嘀声不停地响了起来。孙锡霞老师打开来，看到这样一条消息："这是我们学校的学生自己通过信息课上学到的电脑动画技术，配合美术课部分成果，自己制作的小动画，凝聚了个人和团队的心血。希望喜欢的老师们为他们点赞并扩散，让更多的人看到我们首都师范大学附属小学孩子们的创造力与新技术能力！受人喜欢的、被点赞多的，将成为这次的小冠军！"随着这条信息而来的，是三十多个小链接，每一个小链接都是孩子们精心制作的作品，有关于小游戏的、有关于环保的、有关于动漫的……都在静静地等待大家点评。

带着疑问和好奇，孙老师打开了其中一条链接，一看，已经有 89 个赞了！这个小视频只有短短的一分多钟，是关于最近学生生活中充斥着的雾霾主题，展示了雾霾的危害和对人们生活的影响。动画中，一座绿油油的、充满生机的城市出现了，生活中处处拥有笑脸，但随着汽车尾气和工厂烟囱排放出来的黑乎乎的烟越来越多，城市被黑色的烟雾笼罩了，人们呼吸越来越困难。这并不是一份精细高端的动画作品，却带着满满的诚意和敬畏。从中，你能看到一个孩子对雾霾的关注和担忧。

在学校中，你总能听到孩子这样的招呼声："张老师，你看到我的作品了吗？要给我点赞啊！""你看见了吗，小魏的那个视频做得真的很棒！比我的强多了！""是啊，真不知道他怎么做的，放学了我们一起去向他请教吧！"信息课程的评价，不再是简简单单的动作指令的操作，而是综合了学生所有的信息技术能力，并结合自己的审美与创造力，将自己的作品放到公共平台上，让大家一起来鉴赏、评价，实现共同的交流与进步。

半个月过去了，主题动画的小小冠军产生了。他得到了最多的认可与点赞，成为校园里信息技术的小小明星。以后，信息技术的作业与评价继续会放到网络平台上，更多的孩子将在这个大舞台上学会技术、运用技术、培养技术素养，在这里，让自己大放异彩。

笑脸变变变

刚刚入学的一年级学生，从无忧无虑的学龄前生活，步入严谨规律的小学生生活，需要经历一个适应的过程。这对于 6 岁的孩子来说，无疑是一个巨大的挑战。如何让孩子爱上学习、不畏惧写课堂作业，张苹老师有她的秘密武器。

作业本上的笑脸

对于一年级的孩子来说，作业本上的"优、良"只是个抽象的符号，从认识、到熟悉、再到理解真的需要一段时间，而这两个字在孩子心中的分量远远低于在家长心中的分量。于是，张老师用"小笑脸"来代替每一次成绩。

菲菲作业本上的字迹虽然不够标准，但能看得出非常认真，每一笔都是那么用力。张老师在她的作业下面画了一个小笑脸。菲菲高兴得乐开了花。小帅的作业就不那么理想了，本子脏不说，字像喝醉了酒一样东倒西歪。张老师正犹豫怎么给成绩的时候，孩子指着其中一个字说："老师，您看看这个字漂亮吗？我写了好几遍！"看着孩子渴望得到肯定的眼神，张老师在这个字旁边画了一个小笑脸，告诉他这就是努力的方向。孩子蹦蹦跳跳地走了。宁宁的作业一直是又干净又规范，本上篇篇都是小笑脸，可是这次的作业里竟然出现了错字。张老师对他说：“如果你能自己发现错误并改正，你仍然是全对。”十分钟后，宁宁的作业本上真的又多了一个笑脸。

长大的笑脸

一周时间、两周时间，孩子们对小笑脸还会有这么浓厚的兴趣吗？张老师悄悄告诉孩子们，你们一天天长大进步，笑脸也会和你们一起长大的。菲菲的字迹已经不像原来那么稚拙，笔画日渐流畅，间架结构美观，还经常在全班展览，她的作业本上大笑脸的数量已经超过了小笑脸。小帅的进步也让人刮目相看，作业本干净了，字迹也能写得方方正正。第一次得大笑脸的时候，小帅欣喜若狂，放学时，一路举着作业本跑出校门。宁宁的进步就更令人欣慰，他不仅学会了自己检查，还能主动帮助其他同学，俨然成了同学们信服的大姐姐。现在，张老师最喜欢做的事，就是静静地看着孩子们在下课的时候比谁作业本上的笑脸更大！

变化的笑脸

孩子在进步，笑脸也在进步。一个月以后，张老师给笑脸加上了领结。“领结”的含义就是会自觉学习、能进行自我管理。当第一个获得“领结笑脸”的孩子向全班展示时，孩子们的眼神告诉张老师，这个方法又灵验了。全班孩子都努力把字写得更工整、努力让作业本更干净、努力让作业一次全对，以此获得“领结笑脸”，证明自己的进步。

两个月以后，张老师为笑脸加上了博士帽，奖励自主学习、热爱读书的孩子；为笑脸加上皇冠，奖励进步巨大、严于律己的孩子；有时候，也会把笑脸变成爱心、变成花朵、变成蛋糕，奖励有不同进步的孩子。张老师不用再催作业、催改错，孩子们的进步超出想象。孩子的进步影响着每一个家庭，家长们经常把自己孩子的“笑脸”作业发到微信朋友圈里展示。张老师也默默地分享着来自每个家庭的快乐。

笑脸只是一种评价的手段，透过笑脸，传递的是老师对学生的热爱、肯定、赞赏和期待；转化到孩子身上的，是满满的信心和强大的内驱力。张老师知道，任何方法都不可能永远奏效，她也会和小笑脸一起，不断成长变化，探索更加适合孩子的评价方法，成就每一个孩子。

第四章

童心团队，幸福筑梦

团队建设背后的理想追求

首都师范大学附属小学十分注重深化内部建设，坚持在童心教育体系的深度和广度上做文章、在科研引领教研的深化上做文章、在童心教育团队的建设上做文章，力求使童心教育的发展同学校自身的发展保持高度的一致，并相互作用成为不可分割的有机体。

近年来，首都师范大学附属小学进行了《学校章程》的起草和研究，从治理结构、管理机制、课程与教育教学管理、师生的责任义务、学校与家庭社会关系、学校文化标识等方面进行了阐述，从制度层面保证童心教育的可持续性发展；进行了《学校制度》的建立和完善，围绕童心教育"率真、关爱、求索"的核心价值观对教师的成长和发展给予了最佳的指导，力求实现从以制度约束人到以制度激励人、以制度发展人的根本转变；进行了《学校管理流程》的设计，对于学校日常涉及的工作关系和工作流程进行梳理，尽可能规范管理细节、明确管理环节、降低管理运营成本，实现童心管理、童心治校、童心立校的理想境界。

首都师范大学附属小学还坚持"科研引领教研"，让科研引领学校全面发展。几年来，参与了全国、市、区各级科研项目，拥有数十个区级以上重点课题和一般性课题。课题围绕童心教育理念，以优化课程建设为核心，以打造具有核心竞争力的课程体系为目标，分别从理论层面和实践层面进行深入探索，收到了显著成效。2015 年，学校获得了"北京市课程建设先进学校"的荣誉。

首都师范大学附属小学更加注重教师队伍的建设，常年坚持开展教师校本培训，如师带徒"一起成长"项目、校内"名师成长"项目、"100 小时专业培训"项目、校区"小伙伴分享、共同成长"项目、"专家半日工作制"跟进项目、"青年项目创建"培训等。培训使教师们获得了三种力量：思维的力量，即研究与解决教育教学问题的能力；求索的力量，即与时俱进保持领先，引领改革的能力；人才的力量，即合作沟通共促团队成长的能力。通过不懈的努力，学校形成了一支集理论研究、实践能力和教学改革综合素质于一身的教师团队，同时出现了以杨敏、郭丽萍为代表的典型教师，他们不仅成为校内教师的导师，更成了国内具有影响力的"生本教育"和"新教育"的榜样教师，为童心教育的优质发展奠定了坚实的基础。校长宋继东被评为"中国好校长"，获得"人生科学贡献奖"。宋继东带领教师撰写的《必须保卫童年：童心教育的理论与实践》一书获得北京市第四届教学成果一等奖，北京市政府颁发的政府奖。此外，《名校新校本·传统文化启蒙阅读》《为童年设计：完善童心教育课程体系》《童心课程》系列丛书、《童心教育之我见》《想读的童心》《母亲养德》《父亲育体》系列丛书等，也陆续出版发行。

在童心教育团队中，还有一大批了解童心教育、支持童心教育、全身心投入童心教育的家长志愿者。家长志愿者为学校引进教育资源，成为推动童心教育向纵深发展的重要力量。家长的介入，为学生带来了全新的课程、优质的资源。家长参与童心课程的建设，开设了家长进课堂、家长大讲堂、节假日家长课程、母亲养德课程、父亲育体课程、《弟子规》课程、家政课程等，让多元的课程丰富孩子知识、开阔孩子眼界；家长参与了学校的管理，如家长委员座谈会、家长志愿者交流会、家长教师联席会、家长智库交流会、家长沙龙等，为学校的发展献计献策。与此同时，学校还致力于家长科学育子水平的提高，从孩子一年级入学的新生家长培训开始，每位家长都会陆续参加各年级主题培训、专家主题培训、亲子培训、爸爸（妈妈）重点培训等活动，提升家庭教育的质量。

在2015年12月18日学校举行的"童心同乐 幸福成长"亲子培训活动中，七年级李稼辉同学的家长龚劲红不无感慨地说："没有一所学校能像附小这样对孩子这么用心、这么投入；没有一所学校能像附小这样舍得花如此大的精力对家长进行培训。孩子在这里，放心！幸福！"

孩子幸福了，学校飞速发展了，面向社会的校长培训基地、童心教育基地随之建立起来了。童心教育不仅在首都师范大学附属小学枝繁叶茂，深深地扎下了根，还在童心教育团队的智慧耕耘下，把种子播撒向四方。"践行教育服务社会的理念，辐射优质教育资源，回馈社会的支持，让童心教育为我国基础教育事业的发展贡献力量，这是我们义不容辞的责任。"宋继东坚定地说。

/一/ 童心校长，魅力无限

2014年11月10日，我校成功与首都师范大学附属小学签约，结为友好合作学校。宋校长亲自来到我校，并且做了《童心教育的思考与实践》的专题报告，作为一名听众，在感悟"童心教育"的同时，也对宋校长充满了敬仰之情。了不起的教育家是宋校长留在我心中的最初印象。遗憾的是只能远远地看着，当时就想要是能和宋校长照一张合影将是一件多么美好的事情。

时间不长，学校就安排了第一批教师到首都师范大学附属小学学习，我刚好是其中之一。2014年12月22日上午，当我们一行6人第一次走进向往已久的首都师范大学附属小学，首先进行的就是简单的座谈，想不到的是宋校长已经在会议室等我们很久了。简单的交流、拉家常的谈话，一下子缩短了我们之间的心理距离，使我们对首都师范大学附属小学亲切起来。平易近人、随和、幽默风趣，这才是教育家的风采。

在接下来的升旗仪式中，有一个发奖的环节。只见宋校长佩戴着红领巾，昂首阔步走上主席台，一个一个地给学生发奖、和学生握手，此时的宋校长又是那么和蔼、可爱，从孩子们灿烂的笑容和眼神中，我看到了宋校长用自己的一颗童心演绎着他的童心教育。

七天的学习和交流，我们从学校领导和老师的口中，充分感受到了宋校长教育家的魅力和智慧：充分把握北京周边开发给学校带来的发展机遇，准确给学校定位，抓住每一次发展机会让学校发展壮大。对内精心组织、科学规划，所有计划的实施、活动的开展（学校、处室、教研组、年级段），假期中全体人员参与完成，开学只需要按计划有序进行。对童心教师的培养别出心裁、不遗余力，给老师提供更多的发展机会和成长空间，搭建更多的展示平台，成就了教师的优秀与卓越。

有缘总会再见，2015年11月2日到西安高新国际学校参加一个会议，惊喜地看到会议安排的第一个发言人就是宋校长。简短的几句问候，令人吃惊的是宋校长竟然还记得我。上午报告一结束，宋校长便匆匆离开。原来做一名教育家竟是如此忙碌与辛苦。

有魅力的智慧者，随和的教育家，这便是我眼中的宋继东校长。

——河南省洛阳市伊川县实验小学 万大帅《宋继东校长印象》

原来宋校长和我一样是个孩子！

老师，您知道吗？

在学校里，不同时候、不同场合，经常有孩子们跑过来告诉张倩宁老师："老师，老师，您知道吗？"这一定是孩子很想跟老师分享的，令他激动、开心的事情吧。在听完这些小小的心里话之后，这些故事，都与一个人紧紧地联系在一起，他就是童心校长宋继东，孩子们心中的大哥哥。

一脸兴奋的孩子们，跑过来说："老师，老师，您知道吗？""什么事儿呀？获得什么奖励了？"张老师猜想着。"不是不是，我们刚看到宋校长了！在食堂里，和我们一起吃饭！还问我们今天的饭菜怎么样！"孩子们一言不差地重复了宋继东校长的每句话、每个动作。一个孩子跳起来说道："校长像大哥哥一样，笑眯眯的，摸了摸我的头，问我最喜欢吃的菜了呢！我想起来嘴角还有着饭粒，特别不好意思……""那你喜欢宋校长和你一起吃饭、和你说话吗？"张老师问道。"喜欢！喜欢！""我想跟他聊天！""我想跟他介绍咱们班！"孩子们七嘴八舌地说着自己与校长的相遇，脸上洋溢着兴奋。

这就是孩子们眼中的宋哥哥——愿意跟孩子们聊聊学校中的事情，愿意了解孩子们的想法，愿意去倾听孩子们的话。

一脸激动的孩子，跑过来说："老师，老师，您知道吗？"运动会过后的他们，小脸上满是汗水。"有什么想和我分享的？"张老师想着，运动会一定带给孩子们很多新鲜事儿吧。"刚才咱们班走方队的时候，校长一直跟我们招手、微笑，还给我们竖起大拇指呢！""宋哥哥说我们走得特别整齐又有活力，觉得咱们班特别阳光！"孩子们回忆道，感觉受到了莫大的认可。"对对，老师，宋校长像个大哥哥一样，还夸了别班的队形有创意呢！""对对对，老师，上次科技节的时候，校长哥哥还问我，咱们这个机器人是怎么做出来的，说我们以后要做一个小小的发明家！"孩子们一个接一个的，似乎要还原这位大哥哥像个孩子一样的举动。这个有着童心的校长，给了孩子们一份属于他们的童年。

这就是孩子们眼中的宋哥哥——愿意认可每一位孩子的进步，愿意给每一个孩子梦想，愿意鼓励每一个孩子的优点。

一脸高兴的孩子，跑过来说："老师，老师，您知道吗？"刚下课的他们，一定又是课上发生什么有趣的事情了吧。"刚才宋校长来听我们班的课了！还和我共看一本课本！问了我一些有趣的知识……他懂得真多！知识也很有趣！""老师，宋哥哥刚才还问我有没有听懂，看了我的作业本，还告诉我们很多他小时候上课的有趣的小故事！""对对，老师，宋哥哥还告诉我们他小时候的老师了呢！""没想到校长哥哥上小学的时候也跟我们一样！"校长来到自己的教室里，和自己一起学习、聊天，让孩子们十分开心，似乎校长在陪自己一起长大。

这就是孩子们眼中的宋哥哥——愿意参与每一个孩子的成长，愿意与孩子分享自己的经历，想要给每一个孩子快乐的教育。

有那么多个"老师，老师，您知道吗？"组成了一幅幅宋继东与孩子们或温馨或惊喜的小画面。每个孩子的眼中，都有一个生动的童心校长大哥哥，这枚童心，陪伴孩子们的童年一起成长。

原来宋校长和我一样是个孩子

"童心是一粒种子，泥土之中孕育希望。关爱是成长的泉水，童心沐浴温暖的阳光……"这首《童心之歌》，青田时常哼起。

三年的时光，青田的身上早已刻下"率真、关爱、求索"的印记！妈妈常说："你都三年级了，怎么总像

一个长不大的孩子呀！"每当这时，青田心里都会想：长不大有什么不好呢？永远童心，童真多棒！你们大人不也有时像长不大的孩子吗？哈哈，我知道宋校长就是其中一个，他和我一样……

这个秘密还要从一次"六一"活动说起。"六一"可是儿童自己的节日，小朋友们都喜欢过。这天早上，青田和同学们早早地到了操场，等待活动开始。就在这时，一个带着金色头套、白色胡子，穿着黑色风衣的大人出现在他们面前。他是谁啊？青田好奇地看着这位神奇人物。"我是时空老人，来祝小朋友们节日快乐！"他粗声粗气地说着，声音真像一个老人。场下顿时就沸腾了，同学们都欢呼着向时空老人问好。这时，只见他从台上走下来，来到同学们的身边。同学们见了都非常激动，一下子就围了上去。"时空老人"和蔼地笑着，跟同学们一起说说笑笑。看到这一幕，青田真是对这个"时空老人"充满了好奇。迫不及待地把手伸了过去，拽了拽时空老人的衣袖。"哈哈哈……"爽朗的笑声回荡在青田耳边。青田抬头一看，只见同学们把时空老人"包围"了！不是拽拽他的黑色大风衣，就是摸摸他的胡子。"时空老人"也毫不介意，还不时地挠挠同学们的痒痒。

扮演时空老人的会是谁呢？体育老师？保安叔叔？青田的脑海中有无数个猜测。活动开始后，所有小朋友都投入到开心的庆"六一"活动中了。正巧，参与活动时，青田看到了宋校长。他对青田说："小豆，又长个了！嘿，还是二道杠，真不错！"青田不好意思地笑了笑。这时，青田看到校长满头大汗，就好奇地问他："您怎么那么热啊？"宋校长摸着青田的头，亲切地说："当时空老人不容易啊！'六一'我也喜欢。""原来是您，宋哥哥，哈哈！"青田惊奇地喊道。

来不及多说，宋哥哥又被同学们"包围"了。青田也被各式各样的游戏项目给吸引住了：先参加"跳跳虎"活动，轻松通关，又一下子窜到了"我是C罗"的项目区域……"鲤鱼跳龙门"把他给累得气喘吁吁；义卖商铺里面的东西琳琅满目……玩得不亦乐乎，青田抬头一看，只见宋哥哥正在"目不转睛"活动区跟一位同学比赛颠乒乓球呢！那神情，好像一个充满童心的孩子！

原来宋校长和我一样就是个孩子呀，哈哈！

模拟招聘引"玉兰"

夏日的炎热渐渐退去，秋季的凉风习习吹来，在这样一个本应漫步校园的午后，首都师范大学的校园里却人头攒动，"毕业季"的大学生眉目间显露出一丝焦灼与迷茫，三五成群的大学生小声地聊着，向报告厅走去。

来到报告厅门口，平日里宽敞的报告厅已经座无虚席，空气里弥漫着一种难以说出的情愫。冯玉兰与好友几经找寻，终于发现了边角处空余的两个座位，赶快坐下。定睛整理手中个人简历之时，只听见周围同学间的交流声渐渐退去。冯玉兰抬头一望，大屏幕已经播放出本次讲座的标题"知名校长进校园——模拟招聘"。主持人也迈着轻轻的步子走上主席台："各位同学好，很高兴看到大家如此热情地相聚在报告厅。大四是一个毕业季，是一个收获的季节，也更是一个忙碌的阶段，考研、工作，我们该做出选择，或许大多数同学会走上工作岗位，投身于教育一线，面对未知的社会，找工作、应聘、参加面试……我们心里往往会有不安与踌躇。今天，我们有幸请到了知名校长宋继东老师来到这里，为我们举行一次特殊的招聘会。"

主持人的一席话说进了每个人心里，热烈的掌声渐渐平息，一双双渴望的眼睛望着台前。只见一位中年男子，匀称的身材，一双深邃的眼睛里，透露着丰富的思想，黑色边框的眼镜更是平添一丝光彩。他迈着有力的步伐登上主席台。

"各位同学，你们好！"醇厚而有磁性的声音刚刚传来，立刻吸引了无数人的目光，掌声也随之而起。"多少年前的今天，我也如同你们一样，为找工作而焦虑，那时候也没有这么丰富的资源，不知所措，而今天，我不是要给你们讲任何大道理，我只是希望以我过来人的身份，和你们聊聊关于找工作的那些事儿，希望能给你们一些思考与启发。先请大家看一段我们学校的小短片。"

这样的话语不经意间叩击了冯玉兰的心灵，无形之中似乎有一种力量在牵引着她。小短片中，她看到了一所与众不同的学校，呵护童心、敬畏童心、保卫童心，真想投身其中去看看。

"看完这个短片，我只是想告诉大家，每个学校都有自己与众不同的地方，你要用心去感受一切。"宋继东语重心长地告诉大家。是啊！如果自己想要去一所学校求职，应该先去了解这所学校的理念和文化，思考自己怎样融入其中，那样的自己是快乐的，工作中也透露着幸福。

"那么面对找工作，招聘面试，我们该怎样准备呢？我想请几位同学和我一起来进行模拟招聘，大家也不要有压力。"

最先上场的是一个男生。只见这位男生穿着整洁，衣着朴素地来到招聘教室的门前，叩门进入。交谈之余，宋继东浏览了男生的简历，跟他说："你神清气爽的样子，给人的直觉很好，但是希望你在制作简历时能够更精细一些。"言谈中透露着长者对学子的期许。

第二位上场的是一位文静的女生，长发中透露着优雅的气质。"请你用一段话介绍一下你自己。"冯玉兰一边听着女孩的介绍，一边观察宋继东的举动。女孩羞涩的面庞始终半低下，言语中有些断断续续。宋继东一直用眼睛看着这个女孩，不时地做一些记录，还不时地耐心和她沟通。听完女孩的介绍，宋继东亲切地说："能看出你的专业知识很扎实，希望下次再见时，你能够更自信地站在我面前。"

第三位上场的女生，步伐坚定，眼神中带着光彩，从她的身姿中透露着一种自信。她和宋继东交谈了几个话题，宋继东不时点点头，在她的简历上做着标记，脸上露出笑容。

美好的时光总是那么快就过去了，但留给冯玉兰的是深刻而清晰的记忆，一次特殊的"模拟招聘"牵引着她来到了这所童心学校，书写着作为童心教师的故事。

直呼其名有秘密

伴随着欢快的乐曲，首都师范大学附属小学的学术报告厅里座无虚席，喜气洋洋。又是一年开学季，按照惯例，在9月1号学生开学的前三天，召开别开生面的教师开学典礼。典礼上还有个隆重的环节，那就是介绍新老师。

今年新加入的教师可真多！有大学毕业生，也有参加工作多年有经验的；有本区内调动的，也有外区调入的；大多是正式调入的，也有临时代课的；大多数是女老师，还有三个男老师；有教语文、数学、英语的，还有教音乐、美术、体育、品德的；有进通汇校区的，也有进柳明校区的，还有进玉泉校区的。好家伙，站了前后两大排，一共二十人！

学校为新教师准备了一束束鲜花，宋继东致欢迎辞。新老师们也做了简单的自我介绍。史淑英书记上台和宋继东逐一为新教师献上一束鲜花，并和新老师们拥抱。新老师们的笑脸像怀里的鲜花一样灿烂。此时的学术报告厅里溢满花香，掌声连连，台上台下其乐融融、欢欣鼓舞。说实话，新教师们的自我介绍，简单的一两句话而已，一圈下来，刘金杰老师还是一个也没有记住，顶多就是脸熟，有的脸熟也算不上，走在校园里保准认不出。

开学典礼之后就进行了紧张的培训学习，新老师被分散到各组老师们中间。全校老师一百六七十人，围坐在一个大厅，好不热闹！刚开学，大家见面格外有得聊，有的三两成群凑近了小声交谈，有的叽叽喳喳高谈阔论，笑声此起彼伏，为大厅增添了热闹的气氛。刘老师所在的第三小组来了两位新老师。组长武老师热情地招待，邀请他们再来一遍自我介绍。这下大家才记住了这两位老师姓甚名谁，教什么学科。大家逐渐熟悉了起来。

远远地，刘老师看见宋继东带着领导班子朝他们这边走来，赶紧招呼大家各回各位。宋继东说："一个假期没见，大家都挺好的吧？今天看到大伙儿，我心里真是高兴！咱们的队伍又壮大了，欢迎大家，感谢大家！小武，你是老大姐，把大伙儿特别是新来的华老师和崔老师照顾好啊！""华老师，您来之后数学组的力量又壮大了，欢迎啊！崔老师，六年级班主任兼两个班的语文教学工作可不是谁都干得了的，有你来，我就踏实了！"交谈之中完全像是老熟人。

刘老师有些不解，把脑袋凑过去，调皮地说："崔老师，您和宋校长原来就认识啊？"

"不认识啊，我也很惊讶！"

"是呀！是呀！今天第一次见到宋校长，这么多新来的人，他竟然能记住我！"旁边的华老师也十分惊诧。

刘老师下学期要新接手一个班级，这几天正为记学生的名字发愁，常打开电脑对着班级网络平台中的电子照片发呆，一遍又一遍地默记学生姓名，但总会有几个分不清，或记不起来，有时还会张冠李戴。刘老师总会使劲地一拍脑门，唉声叹气一番，恨自己记性太差。今天见识到校长能将新老师的名字脱口而出，刘老师觉得简直不可思议，心想：二十位！新老师！大校长！

那么忙！我就不相信他都能区分过来！于是，当宋继东去前后左右各组打招呼时，刘老师有意地过去凑一凑，踮起脚尖伸长脖子，一探究竟：

"小王，欢迎你啊，大学毕业选择了我们学校。年轻人好好干吧，首都师范大学附属小学为你们搭台！"

"王老师，下学期得辛苦你两个校区跑了。"

……

看着宋继东穿梭于各组之间，和老师们亲切交谈，刘老师不免心生敬佩，没想到校长还有这一手啊！

这靠的是什么呢？

"超人"印象

时光荏苒，岁月如梭，九年的工作时间就这样匆匆过去了，李娜老师回首曾经的每一年，很多美好的回忆依旧记忆犹新，仿佛有些往事的片段，依旧还停留在昨天，再回忆起时依旧是满心感动与无尽的感恩……

初见印象

时光退回到 2006 年，记得那是一个夏天，刚刚大学毕业的李娜，执着地想成为一名教师，因为她喜欢这份工作，喜欢这如"纯白色"一样的工作。

第一次来学校试讲，走进校长办公室，说实话，李娜那时刻的心脏"怦怦"地跳得厉害。她想，一个学校的校长肯定特别严厉，越想心里就越紧张。当时知道校长在开会，李娜想，就站着等一等吧，一来很紧张，二来站一站能稍微让自己缓解一下紧张情绪。不一会儿，只见进来了一位男老师，穿了一件很白很白的衬衫，温和地笑着说："你好，等久了吧，坐下来休息会儿。"李娜礼貌地回应："老师，谢谢。"看到对方那样温和而平易近人的面容，她想，他肯定不是校长，或许是校长的助理吧。正想着，眼前的这位男老师又匆匆忙忙地离开了办公室，奔向了会议室。李娜继续等待……

第一次到学校的感觉就是感到老师们好忙碌，上班的节奏好快，特别是眼前的这位男老师，在忙碌中带着一种熟悉的认真感觉。正想着，男老师又走了进来，李娜忐忑地问："老师，请问宋校长还在开会吗？"对面的"老师"

笑了：“我就是。”李娜不由得也笑了……这就是宋继东给李娜的第一印象，很温和很温和的人，同时也是很忙碌很忙碌的人。

晨间印象

丰收的秋季，李娜正式上班了。愿望成真，成了一名教师，每天和可爱的孩子们在一起，简单、快乐而神圣，李娜老师特别激动。那时候，因为家远，自己还不会开车，所以需要每天5点10分起床，5点半坐上公共汽车。虽然辛苦，但李老师心里莫名地感到幸福，总是有着充足的力量和无限的动力。

那时，李老师任教6个住宿班的英语课，特别想把孩子的英语教好。虽然每天公交往返，常常遇到晚高峰，因没有座位必须长时间站在拥挤的车厢里，但她依旧坚持每天背着教材和一堆教参回家，并仔细思考备课。她想，付出总会有收获，不付出就永远没有收获。

深秋的一天，早上天气很凉，又下起了秋雨，“一场秋雨一场寒”，温度下降得很快。因为担心雨天堵车，李老师早早出了门，比平时的到校时间还早了40分钟，低头看看表，早上6点40分。撑开伞，李老师小跑着来到学校，正跑着，突然看到远处一个身影。这么早，会是谁啊？李老师的心里特别疑惑。只见那个身影越来越近，啊？竟然是宋校长！宋继东并没有打伞，只是在细雨中更加步履匆匆。后来，李老师才知道，那时的住宿部，孩子们平日是不能回家的，生活和学习都在学校，每个班都有生活老师。宋继东每天都会早早地来到学校，看看每一个有孩子的楼道和教室，他的牵挂和爱总是这样默默的……

即将迎来的又一个九月，也是李老师上班的第十个年头。无论多早来到学校，李老师都会看到宋继东的车已经稳稳地停在了那个九年未变过的“老地方”，仿佛永远没有疲惫。

磨课印象

迎接督导的日子令李老师印象特别深刻。那时候日子总是过得飞快，老师们都像一只只忙碌的小蜜蜂，常常加班，有时甚至是加到晚上10点。而每一晚这样的加班，都有宋继东的身影，时而穿梭在语文组，时而穿梭在数学组，时而……宋继东十分关心教师们的备课和试讲情况，他总是不辞辛苦地帮他们请专家，一遍一遍地磨课，一日一日地陪伴。

那时候，李老师因刚上班不久，压力特别大，怕表现不好，给学校拖后腿，试讲不少于7次了，可心里还是没有自信。缺乏工作经验的她，忙得更像一只"慌乱"的蜜蜂。一个加班的晚上，她正趴在地上修改课上要用的大挂图，门开了，宋继东走了进来，依旧是那温和的笑容，只是语速变快了："准备得怎么样了？"李老师忐忑地回答："宋校长，我特别怕……讲不好。"说着，她不由得低下了头，可是那一日校长说的话至今让她记忆犹新，他耐心而诚恳地说："只要努力，没有做不好的事情。加油！需要什么帮助，尽管说。"

一天，李老师即将试讲。上课铃响起前，宋继东轻轻地走进教室，坐在孩子们旁边。看到如此认真的校长，李老师在内心不断地对自己说："李娜，一定要加油！"李老师讲到每一个环节，宋继东都做着记录，并在听课记录本中圈圈画画，不时地悄悄问着孩子们一些问题……很快，40分钟过去了。下课后，宋继东和其他英语老师一起进行评课。当他把听课记录本放在桌上的时候，李老师愣住了……学中文出身的宋继东，特别认真地用文字记录下她在课堂中需要调整的一些细节，更记录下了他在课堂中与孩子们交流时，孩子们的疑惑反馈。常听老师们说宋继东对课堂教学是如何如何重视、对教学细节又是怎样怎样关注，这一刻，李老师真的亲身体验了一把，内心十分感动。

来到首都师范大学附属小学的九年，李老师切身体会到了宋继东对孩子们的牵挂关爱，对老师们的细致引领，对工作的兢兢业业，就像一个"超人"一样，每天超负荷工作，让学校优雅别致，成为老师和孩子们工作和学习的乐园。

因为有你

与李娜老师一样，刘金杰老师来学校工作快十年时间了，一路见证学校的发展，自己也经历着成长蜕变，背后一直有个默默的守望者。宋继东对于她而言，时而是令人仰慕的大师，时而是谆谆教诲的长者，时而是严肃的领导，时而又是亲切的朋友。

2011年春天，刘老师代表学校参加在沈阳举办的全国"生本教育"课堂教学大赛。第一次参加全国规模的教学大赛，刘老师内心忐忑不安。由李晓晖副校长带队，刘老师和一同参加比赛的海老师、隗老师先到一步进行准备。李副校长告诉她们几个："学校事情很多，宋校长可能不能亲自过来为你们加油了，但他让我转告你们，他在'家'里为你们加油。轻装上阵，别有负担。"

比赛前一天的夜里，时针快指向十二点了，刘老师和隗老师在为赛课做着最后的准备，桌子上、床上、地板上铺天盖地的A4纸，留下了密密麻麻、红红蓝蓝的字迹。她们俩或默不作声，或小声念叨着自己的教案。这时，有人敲门了。"谁呀？"刘老师凑到门前问了一句。"看你们房间的灯亮着，还没睡吧？"刘老师听出了李副校长的声音，打开门。"你们看，谁来了？"只见宋继东像往常一样拎着电脑包，西装革履，脸上挂着灿烂的笑容。刘老师简直不敢相信自己的眼睛。"宋校长刚下飞机赶到宾馆，还没有回自己的房间。"李副校长笑呵呵地说。"哦……哦……"刘老师和隗老师一时激动得不知该说些什么，连忙收拾收拾，招呼两位校长坐下。宋继东随手捡起脚下的一张纸，不住地点头："年轻人肯吃苦，有前途！"紧接着，就帮她们一起收拾起来，临走叮嘱她们早点休息，不要有压力。

赛课开始了，全国各地的选手分不同年级、不同学科进入到不同的教室上课，教师和评委进入到教室进行听课。教室后面坐满了来自全国各地的听课教师，一个个照相机、摄像机正蓄势待发，评委老师们挂着的胸牌也显得格外刺眼。刘老师站在教室前面，紧张得一动不动。宋继东走到她身边，轻轻地拍了拍她的肩膀说："小刘，放开了上，没问题！"如同吃了颗定心丸，刘老师按照之前设计好的热身话题与学生亲切交谈，很快进入了状态，按照计划一步步实施教学预案，还灵活抓住现场生成资源进行点评、调整。学生也渐渐活跃起来，深情的朗读、精彩的点评、热情的掌声在课堂呈现。不经意间望向教室后面，刘老师看到宋继东点头微笑，眼神里流露出热切的期待和真诚的赞许。一下课，宋继东就走过来对她说："小刘，不错！比试讲有更大的进步！"简简单单的几个字，亲切，温暖，中肯。一时间，所有的感激、感动、激动难以平息，刘老师喜极而泣。

人的一生，很多事情可遇不可求，如果能够在一个神一样的团队，遇到一个贵人般的领导，从事自己梦想中的事业，乃是最大的幸运之一。刘老师觉得自己就是如此幸运！

充满魅力的声音

"多么熟悉的声音，陪我多少年风和雨，从来不需要想起，永远也不会忘记……"苏芮这深入人心的歌声，表达了对父母的感恩，但是这首歌也唱出了史春义老师对宋继东的感谢。

温暖的声音，融化冬天

"史春义，我看着她成长的。来吧，到四季青小学（首都师范大学附属小学前身）工作吧！"这句话飘荡在凛凛的寒风中，却让史老师听得倍加清晰。2005年，在一所小学工作的史老师，由于年轻气盛，与学生发生矛盾，得另找单位。零下十几度的冬天，外加这令人烦恼的消息，让史老师的心更加冰冷。宋继东知道了史老师的事情，让她来到四季青小学工作。寒冷的冬日里，宋继东这简单的话语让史老师顿觉心里暖融融的：以后我哪儿也不去了，就踏踏实实地跟着宋校长干事，本本分分地给教育做贡献。史老师的冬天已经过去，宋继东温暖的声音唤醒了她教育的春天。

中肯的声音，指引方向

"小史，你这课还是老路子啊，还是展现老师啊，我们的课堂是为了学生的发展！"这是十年前宋继东听完史老师的课，对她说的几句话。时至今日，史老师还记得当时上的课是《美丽的小兴安岭》，记得说话的地点就在学术报告厅前，记得宋继东急切的声音。自以为过渡语设计的精彩，自以为范读充满激情，自以为校长会肯定她的教学……太多的"自以为"却和宋继东的评课形成了强烈的反差，落差让史老师记忆深刻。因为批得狠，所以她深思；因为摔得疼，所以她自省。史老师参加了自主学习研究课题，让科研引领自己进行课堂改革。从此，她的课堂开始有所改变，逐渐转变成以学生为主体的课堂，走近学生，亲近学生，融洽的氛围成为她的课堂特点。宋继东忠肯的评价让史老师找到了教学的方向，至今她还在教学中不断地研究，不断地进步，最终让自己的课堂成为学生发展的课堂，成为学生展现的天地。

亲切的问候，温暖远方的心

"小史，在和田还好吗？家里有什么事，直接说，我来帮你解决，在新疆一个人要照顾好自己！"这是宋继东用手机传过来的亲切问候。史老师的眼泪唰地流了下来。2013 年 9 月，史老师来到新疆和田支教。尽管她已经做好了吃苦的准备，做好了耐住寂寞的准备，但是亲身来到和田 224 兵团，亲眼看到这里的校舍和学生，还是被现实打败了。从没有出过远门的史老师，内心无比凄凉，这样的日子要度过一年啊！当远望昆仑山脉，想起香山时，想家的情绪立即充盈全身；当月圆之时，遥望夜空，眼泪就不自觉地往下流。想爸爸妈妈，想哥哥姐姐，想领导同事，想北京的炸酱面、饺子……想北京的一切一切。这种思乡的感情只有身处异地才会有，只有离开家越长才会越强烈。宋继东和同事们的问候从来没有间断过，这可是校长、同事的问候，来自学校、来自家乡北京的问候。这些问候温暖着远方的心，鼓励着史老师出色地完成支教任务。

有人说声音是无形的，会随风而逝，而史老师说，声音是有形的，它可以幻化为火焰，点燃希望之火；它可以变化成灯塔，指明前进的方向；它可以融化为一股暖流，流淌在人的心田。宋继东充满魅力的声音，陪伴史老师走过在首都师范大学附属小学的十年精彩时光！

校长家的书柜

宋继东 26 岁就当上了校长，是海淀区校长队伍中最年轻的一位；29 岁就当上了学区校长，仍然是学区校长中最年轻的一位；在北京、海淀、全国各种经验介绍、论坛交流中总有他的身影，是一位非常有思想的校长。为了破解宋继东的成功密码，找到他成功的黑匣子，首都师范大学附属小学一些老师进行了探访。探访首发点就是校长家的书柜。

当他们走进校长家时，映入眼帘的是摆满整个大客厅的书柜。哎呀！四面墙都是书柜，天文历史、政治哲学、诸子百家、名人传记、教育书籍……应有尽有，简直就是一个小型图书馆嘛！老师们惊叹不已。正当大家看得起劲时，宋继东校长打开书柜，老师们惊奇地发现他的书柜竟然是内外双层的，可以抽拉。他说，上万册的书摆放在家里，四面墙不够用，这是特意找工匠定制的，"书柜比衣柜高贵，书籍比时装时尚。每天做一件有意义的事情——读书，一生做一件有价值的事情——育人"。

"在这个知识经济的年代，人们对知识越来越重视了，作为一名校长要十分努力地增长自己的知识、开阔眼界。教会学生就要比学生更用功，抓紧一切时间读书，不仅要涉猎广泛，还要读出自己的见解。"宋继东说，"回忆自己的成长过程，从当学生、当教师到现在当校长，书和我有着密切的关系。可以说我的每一次进步、每一次超越都和读书有着非同一般的关系。在读书中我悟出了很多，在工作中也少走了很多弯路。"

多年来，无论怎样繁忙，无论怎样辛苦，宋继东总是抽时间读书，尤其是晚上，或躺沙发，或坐床头，在宁静中阅读别人的思想，自得其乐。说起读书的感悟时，宋继东语重心长地告诫老师们："水色本清白，积深自成绿。读书是知识积累的过程，是循序渐进的过程。读书不一定非要获得人生教益，这是一种明显带有功利目的的阅读。读书应该像吃饭、睡觉一样轻松随意，应该是日常生活中的一部分。不要只读几本书，总是浮在面上，必须专心致志地研读几部大家的著作。追随他们的人生足迹，才能真正领会他们的心路历程，领会他们生命的光辉，使自己真正增长见识，增添智慧，提高思想认识，不断完善人格。"

在宋继东的书柜前，大家都舍不得离开。宋继东说："我的工资基本上要花掉一半用来购买书籍，其他的花销很少。"大家的敬佩之情油然而生。一个这么爱读书、爱思考的人，怎么会不带出一所好学校、成为一名好校长呢！也就是从那时候开始，老师们读书的热情被点燃了。在校长家的书香味浸染下，老师们也开始在自己家设立了专门的书房、书柜，读书已成为他们每天必需的大餐。他们坚信，跟随这么一个爱读书的校长，工作生活都会香气十足、气象万千。

做一条教育海域中不知疲倦的"鱼"

宋继东的办公室非常简单，没有华丽的装饰，除了满柜子书籍之外，还有一个非常显眼、非常简单、非常重要的鱼缸。说它显眼是因为每一个走进校长办公室的人都会被它吸引，鱼缸虽然简单，但是在鱼缸中一天到晚游泳的小鱼为这个房间带来了生机和活力；说它重要，是因为宋继东会时刻用"鱼的精神"激励自己。宋继东最喜欢的动物就是鱼，因为它是最不知道疲倦的动物，它生活在水中，未曾合过眼。所以佛家以其警醒为鉴，制作了木鱼常敲。在茫茫的大海里，小鱼只有知道自己拥有不断遨游的力量，才可以勇敢地在大海里前行。宋继东的志向就是做一条在教育海域中一天到晚不停游泳的小鱼，把他对教育的梦想全部实现。

当了校长这么多年，宋继东从未离开过课堂，只有真正给孩子们上课才会保持对教学的感觉。他对老师们的课堂教学要求非常严格，对自己的要求就更是严格。学校安排青年教师做一节展示课，但是，面对要上出一节优质课的高要求，学校的骨干们也是个个面露难色。"这节课我来上吧。"面对这种局面，作为校长，宋继东认为应该给大家做出好的榜样、好的担当。他主动向教学干部提出了这一要求，话音刚落，周围就响起一阵掌声。掌声中流露出卸掉压力的轻松，但更多的是对校长的钦佩和对校长课堂教学的期待。上好一节语文阅读展示课非常不容易，尤其是这样的一节课，具有一定的引领作用，一定要上出语文的味道来。于是，宋继东从教材中挖掘，在课外阅读材料中补充被遗忘的语文知识。备课、研究学生、预设可能发生的课堂行为……他主动找学科组长请教，和同年级的语文教师进行研究。学生在的时候肯定是没有空闲，他们只有利用下班之后的时间。于是，每天晚饭的时候，大家就端着饭盆到宋继东的办公室听他说课，共同研究。大家畅所欲言，情绪激动的时候，经常是将自己口中的饭"喷薄而出"，引来阵阵笑声。当然，在产生疑问、遇到困难的时候，忘记吃饭也是常有的事。讨论的次数多了，大家都养成了习惯，一到晚饭的时候就会到校长办公室集中。有时，宋继东外出办事忘记告诉大家，让他们吃一个闭门羹，第二天肯定会遭到他们严肃的批评。

到了上展示课的前一天，宋继东拿着和老师们共同讨论的教案进行最后的研究。他从来不主张利用学生进行试讲，认为那样是对学生不负责任。这就要求自己必须以非常严格的态度来对待备课。孩子们的晚自习已经下了，他还在办公室里冥思苦想，一个教学问题缠绕了将近两个小时，但还是想不出好的解决方式。楼道内已经很安静了，但是办公室鱼缸氧气机的响声还是打扰得他不能静心思考。一阵烦躁，他上前将电源拔掉了。这一夜，宋继东住在了办公室，为了明天的课。第二天的课上得非常成功，这是他和老师们共同努力的结果。晚饭时分，大家再次聚集到宋继东的办公室，分享着成功的喜悦。大家纷纷要求，下一次有这样的锻炼机会他们一定不会放过，机会不会再给校长了。想到当初他们的相互推托到现在的跃跃欲试，宋继东真的是从心里感到高兴，立刻发问："下周有全国部分省市的校长到我校参观考察，你们谁有勇气报名做一节展示课？""我来……我来！"大家凑热闹似地报着名，还有的教师大声表明自己的决心："向校长学习，勇于挑战，超越自己。"正在大家兴奋交谈的时候，一件令人伤心的事情却冲散了他们的笑容。昨晚被宋继东拔掉氧气的一缸小鱼由于缺氧已经死亡一半。看到它们漂浮在水面的尸体，他深深自责，由于自己的疏忽，由于他满脑子的学生、满脑子的语文课而忘记将拔掉的电源接好。宋继东深深地抱歉之后，几位青年教师帮助小鱼安排了隆重的"葬礼"，它们也应该算是为了今天的课而捐躯的"烈士"。

宋继东不知疲倦地工作绝不是为了保住校长的职位，不是为了提升自己争得个人的荣誉，而是将其视为一种完善的德行。校长不甘落后，教师才会不甘落后，学校才会瞄准更高的目标奋发进取。

宋继东愿带着所有的老师一起，做一条在教育海域中，不知疲倦游泳的鱼——

为教育努力，这就是责任，

做青年榜样，随时代成长！

/ 二 / 团队列车，动力十足

童心文化，首先必须在团队中形成，因为，只有团队才可以激发学校的活力。如果把学校比作一列火车，学校的管理就是车头，多年以来，传统的火车只有车头有动力，而要想火车跑得快，必须像新时代的"动车"那样把动力装置分散安装在每节车厢上，不仅车头有牵引动力，每节车厢自身也要有动力。首都师范大学附属小学在原来的团队建设基础上继续打造和完善"童心团队"：教师、家长、学生，党员、干部、群众，学科、社团、工作室，一个个童心团队的建设为教师的专业成长和思想创新拓宽了讲台，走向了成功的"奖台"，从而为学生的全面成长和个性发展夯实了后盾。

缘，妙不可言

70后的刘璇老师觉得时间过得真是飞快，转眼就工作20余年了。这20余年里有许多故事发生，现在回想起来，仍历历在目。

1996年，刘老师工作的第三个年头，宋继东来到了北辛庄小学当校长。那时，宋继东26岁，他22岁。刘老师记得当时还发生了一件尴尬的事：宋继东来办公室巡视，他把脚放在桌上，嘴里还说着："谁爱来谁来，我就这样。"现在想起来，刘老师觉得当时自己也真是够狂的。北辛庄小学在当时条件很差，操场边上堆满了大石头，教室门前的空地上裸露着大大小小的石头，一不小心就被这些裸露的石头绊倒，轻则摔破点皮，重则磕得头破血流。宋继东到学校后干的第一件事就是要把这些危险清除。在学校的例会上，他提出了改造学校环境方案，大家一致同意，都想要一个好的工作环境。就这样，他们利用课间休息、晚上下班后的时间，一起整理校园。一时间，学校上下齐动员，整个学校就是一个工地，男老师刨地里的石头，女老师捡石头装车。用了一周的时间，终于把这些石头清理干净了，随之问题也来了，刨完后地面坑坑洼洼，凸凹不平。宋继东找到刘老师，问能不能找点好土把地面垫一垫。刘老师找了自己的父亲，利用开槽的机会拉来了七八车好土，把地面填平了。学校环境好了，大家工作时也舒心了。

几年后。"刘璇，你这课不成啊，还是你讲学生听啊。"这是宋继东听了刘老师的课后说的几句话。当时刘老师还有点不服气，历史课不就是这么上吗？就是跟讲故事似的，把事情说清楚不就行了吗？宋继东看出了他的小心思，当时也没有说什么。刘老师想，这事儿应该就这样完了吧！没过几天，教学主任找到刘老师，说："小刘，教研室的周老师要开历史学科的区级研究课，你去听听吧。"这次听课，让刘老师以前太多的"自以为是"荡然无存。

他知道了宋继东的良苦用心，也了解了当前教育形式下课怎样上才更高效。后来，学校安排他参加区里的学习，他接触到了新的教学理念和教学方式，并将学习到的新知识和新理念应用到了自己的课堂。他的课堂有了改变，逐渐转变成以学生为主体的课堂，根据教学内容采用不同的上课形式。讲《秦始皇》时，刘老师采用了课本剧的形式，充分发动学生去收集各种相关资料，整理资料，课堂上以表演的形式进行授课，这种授课形式很受学生欢迎。逐渐地，刘老师的课堂欢快起来了，灵动起来了。宋继东这种工作方式既让刘老师找到了自己的教学问题，也让他明白了不管是什么工作，都不是"自古华山一条路"，而是"条条大路通罗马"。

吉丽老师则是个80后，大学毕业那年正赶上"非典"，还来不及好好实习，就匆匆回家避难了。六月临近，大学系主任给她打电话说："你和哪个学校签约了，半个月后，回大学办理毕业手续。"小吉当时愣住了："什么？大学不包分配吗？"系主任笑嘻嘻地说："什么年代了，都是自己去找，七月份再没有接收单位，就把档案放人才中心了。"她急了眼，"非典"时期，哪找去？正在情绪极度低落时，她发现家里桌上有几张材料，是她在招聘会做志愿者时留下的小学招聘教师宣传单。经过对比，她选择了一个操场最大、楼房最多的学校，这就是首都师范大学附属小学的前身——当年的海淀区四季青中心小学。

宣传单左上角是一位年轻男校长的照片，名字叫宋继东，下面有个手机号码。当时，吉丽脑子一热，不假思索直接拨打过去。"嘟嘟嘟……"响了七八声，没有人接呀。正要挂断时，传来一个很有磁性的男中音："您好！"她赶紧又拿起电话说："您是宋校长吗？我叫吉丽，是首都体育学院的毕业生，请问，贵校需要体育教师吗？"一个非常痛快的回答传来："需要，你来面试吧！"哈哈哈，就这么简单，第一次打电话，就有面试了。

吉丽喜出望外，简单收拾一下，直奔四季青中心小学。由于宋继东当时出国培训，接待她的是人事老师马燕。递交简历后，马老师把她领到主管体育的负责人张子良老师的办公室。经过简单的交流，张老师带她参观了校园，介绍了体育组的老师们。这个初来乍到的小姑娘感到这是一所非常友好的学校。试讲后，她很快就收到了四季青中心小学的录用通知书。从此，她就和学校、校长、同事、孩子们，结下了不解之缘。

　　为了更快地转变角色，小吉老师在七月就来到了四季青中心小学，提前适应新的工作环境。当时，体育组和音乐组在一个办公室，男老师们都很热情，女老师们都很友善，吉老师一点都没有感觉到作为职场新人的彷徨和小心翼翼。她参加了七月中旬的教师总结大会，看见每位教师都落落大方地上台总结自己一个学年的工作。就在这次大会上，她第一次见到了宋继东本人。宋继东看上去比照片上还要年轻，戴副眼镜斯斯文文的，上台讲话很有爆发力，说话声音很大，底气很足，是个震得住场面的人物！宋继东说："学校新址建立后，我们要提神、提速、提质，跨越式发展学校。"初次见面，吉老师就对这位年轻有为的校长油然而生敬畏之心。

　　几年来，宋继东和学校同事们那种勇往直前、不断创新、大胆实践的精神，也深深感染了吉老师。他们给她输入了很多很多正能量，也让她变得更爱学习，不怕困难。2009年，吉老师考上了首都体育学院硕士研究生。毕业答辩时，她谈到了首都师范大学附属小学，谈到了一直引领她进步的宋校长。毕业后，研究生部主任曾找到吉老师，问她有没有兴趣回大学当辅导员。当时，她真的心动了，能从一名小学老师摇身一变成为一名大学老师，是多么让人向往的事情啊！就在这时，吉老师的母亲不幸得了癌症。宋继东知道后，不仅带着学校团队上门慰问，还送来了慰问金。组里的同事也不断地给她打气、排忧解难，让她非常感动。吉老师顿时下定决心，要踏踏实实在首都师范大学附属小学干下去，怀着感恩之情，为学校贡献智慧和力量。

　　2014年，教育部提出，中小学要大力开展"一校、一球、一操"活动。吉老师向学校建议成立健美操社团，得到了学校的大力支持。社团学生经过一年认真刻苦的训练，于2014年12月，代表北京市参加了全国冠军赛，最终凭借最小年龄、最高难度夺得冠军。当首都师范大学附属小学的校旗冉冉升起时，吉老师和健美操社团的孩子们流下了激动的热泪。

　　她想，这种不怕困难、勇攀高峰的精神，就是一种首都师范大学附属小学的精神，而这种精神内在的动力，离不开宋继东的个人魅力，离不开老师们的精诚合作。

　　如今，这位80后的吉老师已经工作十三年了。从最早的"提神、提速、提质"到"率真、关爱、求索"，从最早的四季青中心小学到更名为首都师范大学附属小学，从一校三址到现在发展成拥有一所九年制高水平的学校，吉老师一路走来，见证了学校的变迁，更敬佩宋继东的能力和魄力，敬佩老师们的心气和精神。

"吉老师"和"刘老师"们都十分珍惜与宋继东难得的缘分，珍惜在首都师范大学附属小学点滴的生活。他们有着共同的基因，那就是首都师范大学附属小学的关爱与求索精神；他们有着共同的追求，那就是首都师范大学附属小学的童心教育目标；他们有着共同的名字，那就是首都师范大学附属小学。

"群"，纵横交错

什么是最优秀的学生？首都师范大学附属小学的答案是：率真、关爱、求索的学生。"率真、关爱、求索"是童心教育提出的价值观。首都师范大学附属小学把学生当"童子"看，为其提供与之身心发展相适应的生活，用"童子"的方式来评价他们的成长。优秀的品质是学校送给学生一辈子最好的礼物，人格的养成比知识、成绩还要重要。率真的性情、关爱的德行、求索的能力是童心的永恒追求。

品质是内在的东西，需要一种外在的表现形式去达成学生内化的素养，活动的渗透是形成良好品质的最佳途径。首都师范大学附属小学在努力探索德育途径，试图把德育活动全过程还给学生，因此提出，要帮助孩子的头脑转起来。首都师范大学附属小学寻找到的最佳途径就是——群体活动。

首都师范大学附属小学有各种纵横交错的"群"组织。

教师群——学校教育的主要实施者、策划者、执行者。这是一个具有包容、耐心和爱心特质的教育团队。他们正确引导，做学生知识学习的引导者；行为示范，做学生行为学习的示范者；不断求索，做学生成长过程中的同行者。

年段群——是同一年龄段学生以及教授这一年段教师的群组织。学校实行扁平化管理，由校长直接领导年段，年段由段长领导，遵循学生的生长及成长规律，共同开展学生常规教育和家校互动活动。随着学校规模的不断扩大，一校三址变成两校三址，三个年段也扩大为四个年段，其中初中段的加入为学校的发展注入了不竭的动力。

小伙伴互助组——是在各校区之间形成的教师自由结成的小组，有共同追求、爱好、兴趣、价值观的老师自发地走到一起，共同研究感兴趣的问题，共同解决工作生活中遇到的困难，把解决问题变成有趣的研究和成功的体验，其乐融融。

家长客座教师群——学校教育的有力补充，承担每班每学期两课时的家长课堂任务。利用班会时间，走上各班的讲台，为学生们带来耳目一新的特色课程。这些课程内容丰富，大到国防、航空、核工业、食品安全，小到做蛋糕、十字绣、爱护牙齿、种植樱花。涉及天文、地理、经济、自然等多个领域，横跨古今中外。哪怕是专职妈妈，也会有与众不同的家庭生活强项，可以给学生带来多种生活课程。家长所教授的课程是学校教育无法给予学生的，却也正是学生们渴望获取的。

家长委员会——他们来自各行各业，各有各的擅长。但当他们加入到教育活动中，他们就和学校里的行政部门一样，参与谋划发展、监督管理等全过程，对这所学校有强烈的归属感，同时，对学校的发展也负有不可推卸的责任。

家长志愿者群——是一个具有服务、志愿职能的教育共同体，参与学校各种活动，服务活动，服务学生。

各级少先队组织——分大队、中队、小队三级组织，由队员自发组织不同形式、不同规模的活动。满足"长"的需要，鼓励队员做生活着的生活者；保留"玩"的兴趣，做游戏着的游戏者；发展"学"的动机，做学习着的学习者。

班级群——最直接按照学生需求组织活动的"群"。班级活动围绕社会现实、焦点问题、热点问题、发展关键点等开展班级活动。

学生领袖群——是学生活动主要的策划者、执行者、组织者。这是一群有智慧、有能力的学生。依靠儿童群体组织，通过儿童间的互动，提升儿童群性，建设儿童群体的群众性自我教育。

……

最有趣的一个群组织是童心家庭——这个群组织是学校大中型活动的主要组织形式：全校共有6个家庭，每个家庭均有1~6年级学生，有6名家长、3名老师和6名学生领袖。各家庭有自己的吉祥颜色、家庭服装、活动资金及口号。童心家庭最少的有230名成员，最多的有270名成员。各个家庭的家长是由学校家长委员会委员担任；家庭中的教师由各具所长的学科教师承担；学生领袖由童心家庭推选出的富有创造力的学生担任。各家庭内异质、家庭间同质，不同性格、不同特长的学生相互合作、相互启发、相互帮助，既形成家庭的共性，又保留鲜明的个性。以家庭形式参与活动，引导每个个体在群体中，做力所能及的事。教师、家长、学生各种教育源相互切磋，交流经验，大大提高了各种教育活动的效率和教育成果。

爱活动是小学生的天性，富有童心的活动源自学生的需求，为了培养学生的创新意识，同时，也让他们觉得校园是个"好玩儿"的地方。学校每月最后一周安排有一个"创造日"，每个创造日有一个主题任务。让学生在这一天充分发挥创造力、沟通力、协作力，创造性地完成主题任务。

2011年9月28日是首都师范大学附属小学的创造日，也是海淀区德育大会首都师范大学附属小学分会场的启动。学校提前一天公布了任务的主题是"挑战10小时"行动。但到底挑战什么，到创造日开始时才会启封、公布。

凌晨5：30，各家庭核心成员到达指定地点。窗外漆黑一片，屋内气氛紧张而兴奋。主持人撕开密封的任务，宣读各家庭本次挑战任务是：结合"童心教育"的核心价值观：率真、关爱、求索组成家庭"多米诺"，并在15：30第10个小时结束后，6个家庭各自进行4分钟汇报，说出创新点及过程中培养了哪些品质，最后汇集成全校的"千人多米诺"。

10 个小时各个家庭需要完成由策划到将设计图转化为实操；要绘制本家庭的宣传柱；要采买需要的物资；要合理分配人力等安排，而这一切还都要基于不能影响正课的情况下进行。要完成这样的任务必须集全体成员的智慧，每个人都需要深度参与。

10 小时之后，6 幅由家庭成员的身体构成的"千人多米诺"画卷呈现在众人眼前，其震撼让参与者热泪盈眶。

在这个活动的设计和参与的过程中，大家变得更加亲密了，家长从以往的协助方变为了教育的组织方；孩子从让我参加变成了我要参加，从受支配角色变成了整个活动的主角。最重要的是，孩子们在群体活动中形成了助人、合作、团结、友爱、宽容、和谐、沟通、合作、交往等美好的品质。

实践证明，"群"，织就了一张紧密的教育网；"群"育，实现了最有效的德育教育。

"好玩"的培训

如果你选择了你喜欢做的事情作为自己的职业，你将很有可能成为这一行有成就的"玩"家。"玩"工作，是一种境界；被工作玩，是一种无奈。人们究竟何处去寻求"玩"工作的至高境界？一位学者曾经断言：人应当从本质上变为一个游戏的人，他所唯一依靠与拥有的，是游戏精神，只要有了这种游戏精神，那么，他可以"任物而不任于物"。这也是庄子所提倡的"游心"，必先有"游心者"，然后才能"游世"。德国大诗人席勒也曾经说过："只有当人游戏的时候，他才完全是人。"一个"游世"的人必定是愉快和充满成就感、幸福感的。一个懂得以工作为"玩"事的人一定是一个豁达而充满激情的人。

童心教育的开展非常倡导这样一种"玩"的游戏精神，这种激情工作、全情投入的精神。对于"玩"这一最重要的工作要素，首先，它应该是一份自己感兴趣、热爱的工作；其次，它应该是一份让"玩"的人有着阶段性成就感的工作。当人们在自己工作中释放着激情并且获得些许成就的时候，就可以充分感受到"游戏"工作的真谛，并能够最大限度地发挥自己的潜力。首都师范大学附属小学试图通过各种各样的教师活动，点燃教师工作的激情以及这份"玩"心。

在教师基本功考核的过程中，首都师范大学附属小学有多种好玩的方式。比如，具有挑战性的临场考查——教师按照学校考核规定的题目组织上课，然后通过对学生的考核来评价教师的课堂教学即教师的基本功水平。这样的考核方式更像是一次刺激的、具有挑战性的游戏：拿到任务、解决任务、回看结果。当然，在题目的设置上也是煞费苦心地寻找一些有趣、有用的题目，不仅教师觉得好玩，学生也觉得好玩。教师们在这些有趣的基本功考核活动中不仅检验了自己的能力和水平，也激发了做好工作的热情，这绝对是因为兴趣、因为成功、因为好玩。

除了基本功考核，首都师范大学附属小学还力求将教师其他的工作变得"好玩"起来——

语文教师变身"荧屏美女主播"

在学校《四季童诗》校本课程的开发过程中，除了教材以外，首都师范大学附属小学还制作了视频教学资料，通过视频教学完成校本课程的实施。所有语文教师都被学校邀请成为每一集节目的女主播，当她们以优雅漂亮的形象出现在学生面前时，学生轰动了，教师们也在玩的过程中完美地完成了工作，开心而愉快。

寻找山水的声音

教师集体外出活动是团队建设最好的一种形式，但是，为了在活动中开展团队教育而强硬地要求和布置一些事情往往会招来老师的反感和不情愿。于是，首都师范大学附属小学抛弃了以往的谈感受，将长篇大论的交流变成"写诗"，而且是限时完成。这一好玩的活动轻松地展示了教师才华，增进了彼此的感情，达到了团队建设的目的。

附：宋继东校长为此诗集写的序

这应该是首都师范大学附属小学汇集出版的第一本教师诗集，诗的创作源自于暑假期间的一次集体外出活动——东北之行。老师们将自己的感受化作文字，全部地放在了诗中：有对山水的迷恋，更有着对行程中人、事的感触，充分体现了教师们的文学创造力。尽管如此，还是有不少的内容无法呈现完整，不为教师所知，只能为没去者抱憾了。我想，这就是出这本诗集的初衷——稚嫩的诗给大家留下的是很多的想象空间供没有参与活动的教师凭借着朗读和我们共同分享这个团队的这段生活——我的就是你的，你的就是我的。聆听的是山水的声音，传递的是教师间的友谊。

以诗说话，以诗交流，是第一次，既是很好的才气的挖掘更是团队生活的重温，我们将得益于此。

且为序。

宋继东

2010 年 8 月

校长"爸爸"闯关记

有这样一位"爸爸"，他每天早出晚归，把所有的心思都用在了自己的工作上。这是一个周末，他又费尽周折请来了著名的公众演讲家李延明老师，准备给自己的员工来一次集体"大餐"——心灵培训。殊不知这一次的培训也让他付出了"惨重的代价"。

秋日的下午总是把人晒得懒洋洋的，尤其是周末的下午总有一丝丝的困倦。2015 年 10 月的一个周五下午，大巴上载着的五十位教师中，有四十多位睡着了，这辆车只是四辆车中的一辆。到达目的地已经是下午四点半。五点钟，全体人员走进一个封闭式的大厅——这里即将开启的是首都师范大学附属小学全体教师的团队培训。

与往日的培训形式大有不同，不是一个专家坐在前台为台下人员所做的洗脑式的讲座，而是所有的领导和老师都被分到不同的小组，一起游戏，一起参加活动，在活动和游戏中感悟。活动内容一公布，坐在下面的老师们立刻精神了不少。

来自三个校区的老师被打散重组，以父母为单位的家庭组合是这次的小组培训模式。草莓组的家庭成员中有一个调皮的同伴，把最难担任的爸爸角色给了一位女老师，于是奇葩的"女爸爸"和妈妈有了六个孩子。妈妈和爸爸要带着孩子一起玩游戏，每个家庭的成员都要参加一次突围。个子高高的女"爸爸"在这个游戏中没有任何优势，反而稍有突围的动作就被发现，她左突右冲突围无望，真的是有点要放弃的样子了，可是妈妈和"宝宝"们没有丝毫的放松。那一刻，旁观的徐春燕老师突然觉得，其实"爸爸"真的好难当！"女爸爸"最终费了九牛二虎之力，看准时机才挤出了重围。

你们想认识比这个女爸爸更难突围的"爸爸"吗？全会场特邀的嘉宾"爸爸"要出场了，精彩不容错过。

这个"爸爸"比那个"女爸爸"的突围还要困难，因为他要突破三重围墙，不仅仅因为他是整个集体的"爸爸"，更因为160位老师围成的水泄不通的三层大圈不停地高速运转，要让每个圈都成为铜墙铁壁。感觉到了压力，这位"爸爸"左冲右突，第一圈还没有突破，眼镜就掉了，他爬起来一边戴眼镜一边突围，转得已经满身大汗了，可是这位"爸爸"依然执着，"横冲直撞"下终于找到一个缝隙，带着他的家庭突破了第一重围墙。一层的突围给二层的队伍提了醒，大家更紧密地连在一起，"爸爸"从上面挤不出去，从下面也钻不出去。转了几大圈，总算幸运地闯关成功。第三关了，别认为是"爸爸"就可以有机可乘，大家可是要齐心围堵这位周末都不让大家休息的"爸爸"啦。三层因为人太多了，密集度明显增加不少。可是随着"爸爸"东一下西一下的运转，他还是逮住了一个机会，虽然动作不是很优雅，但"爸爸"确实出去了，而且是仰面摔了出去，艰难地突围了。掌声一阵高过一阵。

一位刚调进来工作的老师这样评价"爸爸"的勇敢：在她参加工作的二十多年中没有看到过哪位校长像这位宋爸爸一样认真。她真切地体味出"童心教育"理念提出的"永葆童心"。

一位刚参加工作的新人说，真担心爸爸摔伤了，直到看到他站起来才松了一口气。

一位工作十余年的老师说，看他突破得那么艰难，真想帮他一把。

一位工作几十年的老教师谈道，真情投入，团结合作，不懈怠、不放松，永远是童心团队的精神。

……

培训师说，不同的人承担着不同的责任和义务，在四处碰壁的成长过程中你或许不知道自己的出路和力量，但是只要你勇于尝试，不断创新超越自我，终究能成功。在每位教师的成长之路上都有他人的帮助，更离不开学校的大舞台，每个人的成长注定需要百倍的付出，不断地挣脱传统与束缚，超越自我，成为拥有自我领导力的人。

在一次次的团队培训中，校长用行动率先垂范；也是在一次次培训中，童心团队越发坚不可摧。徐春燕老师忘不了第一次三天的团队培训，每个人在"盲人游戏"中都感受到了同事的莫大支持；忘不了第二次团队培训中"说说心里话"，宋继东校长第一次面对全体教师潜然泪下，真情讲述学校发展中经历的辛苦历程；忘不了在"过九宫格"的游戏中体味不让每一个人掉队的团队精神……无数次团队体验培训凝聚了今天的强大集体，每位老师都懂得互帮互助，放下自己，超越自我。徐老师相信，童心团队会在校长"爸爸"的带领下不断超越自我，继续在追梦的路上幸福地行走。

拥抱新技术

和 iPad 的亲密接触

"老师，照我的！照我的！"孩子们举着小手，争先恐后地让数学老师把自己的课堂小练习用 iPad 照下来，放映到大屏幕上去展示，这已经成为课上的常态。徐芳老师拿着 iPad 游走于学生中间，娴熟地滑动着手指来捕捉那一次次精彩的瞬间也已经成了常态。说起这常态的由来，徐老师不禁想起了那一场别开生面的 iPad 教学技能大赛。想着想着，她的嘴角泛起了笑容。

记得那是 2015 年的 3 月份，一场全校范围的"教师 iPad 教学技能大赛"在校园里展开。"但凡是关于计算机的技能，学校从来都是让 35 岁以下的年轻人去参与，这次倒好，让我这四十多岁的人也来拥抱新技术？不好抱啊……"徐老师皱着眉头开始看竞赛通知。

看完竞赛通知，徐老师内心打起了鼓：必做的 3 道题目在学校发 iPad 设备的时候就已经都培训过了，而且照相摄像这天天玩的技术早就熟练了，难道这就能过关？！不行，我得再问问。徐老师心想。拨通了信息组的电话，徐老师说出了心中的疑惑：比赛不是为了淘汰，难道是为了拿奖？"您太聪明了，就是为了人人过关、人人拿奖！"电话的那一端给出了肯定的回答，徐老师这回算是彻底轻松了，就这几项内容，她几乎天天都在 iPad 上摆弄，当然轻松了。在之后的几天里，在课件制作方面有疑惑的时候跟同组老师探讨、向信息组老师请教之后，几个小问题都迎刃而解了，徐老师顺利地进行

了竞赛内容展示，过关拿了证书，心里别提多高兴了！原来，面对教学新技术，我一直有畏难心理，怕这么大岁数跟不上形势了，难度也不过如此嘛！

从此，徐老师"敢"拿着 iPad 走进课堂了，进入课堂后扑面而来的是孩子们期许的目光和七嘴八舌的询问："徐老师，您以后用 iPad 给我们上课啦？""徐老师，我家里也有 iPad。""徐老师能用 iPad 把我们小组的展示录下来么？""徐老师，我们能拿 iPad 来上课查东西么？"……

一石激起千层浪，徐老师隐隐觉得这个方寸大小的东西可能真的会给课堂带来意想不到的变化。在班级里将 iPad 连接上多媒体，打开照相功能，孩子们沸腾了！随着老师转动 iPad 到每一个方向，进入镜头里的学生都能够在黑板前的多媒体大屏幕上看到自己。这是怎样的一种互动体验啊！看着孩子们一张张兴奋的小脸，徐老师成就感油然而生：拥抱新技术，为了我的孩子们，真值！

久而久之，iPad 成了徐老师和孩子们的好伙伴。新授课上，孩子们不同的解题方式被照下来，并排摆放到一起放映出来，大家对不同的解题方法一目了然；复习课上，孩子们容易出错的地方被一一标注并放大，大家印象深刻；总结课上，精彩的小组汇报被实时播放到大屏幕上并全部录制下来，参与者有一种当明星的感觉……随着学生和家长对 iPad 教学的认可，iPad 应用也从课堂上延伸到了他们的生活中。老师和学生相互推荐有趣的 APP；家长和老师间常就教育类 APP 进行交流。徐老师发现，曾经的"游戏机"已经变成了教学生活中不可或缺的智能朋友，能出题、懂交互、会交流的朋友。

在欣慰之余，徐老师非常感激一个人，那就是宋继东校长。iPad 的便捷易用性很早就被他发现了。他具有敏锐的前瞻意识，早就预见到信息技术的发展会很大程度地影响课堂教学，所以为全校每位教师配备了 iPad，为三个校区每一个班级安装了 APPLE TV，定期组织教师进行新技术培训。徐老师常说："没有校长在理念上推动、硬件上支持、技术上引领，我们哪里知道新技术就在我们的身边，触手可及呀！"

研究室里的微信直播间

今天教室里除了激烈的讨论声，讲台上还陆陆续续上来又下去一些学生，这样的火爆场面也许不少人会认为这是课间抑或是课堂"失控"，但当你定睛一看，老师正穿梭其中，场面秩序井然。这样的情景在这间教室里不是第一次，他们在干什么呢？

——童心学习方式探索研究室 杨帆老师

我很荣幸加入了杨敏老师的童心学习方式探索研究室，这个研究室就是借助小组合作学习研究而创立的。我们研究室的一大特点就是不用大家常聚在一起开会，但是也能高效地学习到知识，学习到小组合作的精髓！我们到底是怎么学习的呢？谜底就是手机微信。学习小组合作的知识可用手机微信，观摩他人教学也可用手机微信，研究讨论分享同样可用手机微信。小小的手机微信把我们之间的距离拉得更近了。杨敏老师会进我们每一个人的课堂，然后用手机记录课堂上的亮点，发到微信群，我们研究室的成员也可以随时加以点评，我们得到了最新鲜的直播和最及时的研究。

——童心学习方式探索研究室 罗予晴老师

"我们团队成立了童心学习方式探索研究室。我们相信合作是能力，合作是创新。合作中，让每位老师的优点充分发挥，成为团队的优势。在童心教育的引领下，开发创新，成为具有首都师范大学附属小学特色的教研团队！"2015 年 9 月 7 日，开学典礼教师会上，杨敏老师率领童心学习方式探索研究室的老师们，自信地表达着他们的美好愿望。

"合作是创新！合作是能力！"当研究室的老师们在全体教师面前最后齐声说出这句话时，在场的老师们感受到了时代的奋进，感受到了勃勃的生机。

心怀着宋继东校长殷切的期望——"让每个学生成为学习的主人！"，首都师范大学附属小学三个校区的 12 位老师从开学初就这样凝聚在了一起，共同在实践中探索如何有效地应用小组合作学习方式，让课堂变作快乐学堂。

团队成立了，三个校区的老师又分散在不同的年级，集中的学习研究方式无法满足需要。怎样更有效地加强研究室的沟通交流呢？想到如今移动互联网、社交媒体和大数据等新技术已经给生活和工作方式带来了巨大的变化，人们把自己闲暇时间的三分之一奉献给了自己的手机，手机微信更是人们喜爱的便捷的沟通方式。杨敏老师灵机一动：建立工作室微信圈，不就能充分发挥微信快捷及时的优势为研究室的学习研究而服务吗？

说干就干！从研究室老师的信息汇总，到一些函授资料的发放，杨敏老师都充分利用工作室微信圈，及时发送。老师看起来方便，沟通起来及时。不仅如此，杨老师还娴熟地运用微信圈中的拍摄和小视频功能，把听课的主要环节及时地现场直播给研究室的老师们，并就课堂现场进行互动交流。

线上和线下的交流就这样有条不紊地运转起来，面授和函授就这样有机地结合起来。看到洋溢着学习热情的孩子们，体会着小组合作学习方式的力量日益强大，研究室的老师们由衷地感慨："微信教研方式，真的是功不可没啊！"研究室的李月阳老师更是有感而发地写下一篇随笔——

"叮咚，叮咚！"微信不停地响起来了，杨敏老师的研究室又一次教研开始了。"童心学习方式探索研究室"是杨敏研究室微信群的名字，我们把聊天的通信工具变成了研究室的教研工具，三个校区的老师们可以随时随地进行教学研讨，不受时间地点的限制，每个人都可以畅所欲言，发表自己对本节课的看法，真是太方便了。

今天，杨老师来到柳明校区听我的课。因为时间的关系，研究室的其他老师不能来到课堂，于是，杨老师就把我的课堂"带给了"大家。杨老师一边听课一边拍照拍视频上传到微信群，这样所有老师不论在哪也都能看到了。同时，杨老师还在群里进行点评，研究室的其他老师也利用课余时间发表自己的意见和看法。

下课后，当看到微信的那一刻，我震惊了，几百条新消息都出自研究室的群里，单单是杨老师的拍照和点评就有五十多条，而且每一个点评都准确地指出了我的优缺点。杨老师说：

"李月阳老师鼓励孩子们的质疑真棒！"

"小组第一人分享自己想法后，下面同学倾听认真、及时质疑真棒！"

"54分成40和14，比课本又提升一步真棒！"

"由孩子自己总结本节课的方法真棒！"

"用课堂练习来落实发现的规律真棒！"

"动静皆宜的班级氛围超赞！"

"老师及时巡视抓典型问题。"

"组间交流如果再充分些就更好了。"

……

根据杨老师和其他老师的点评和建议，我自己也进行了反思。传统的教学模式对于老师来说更简单，而小组合作的学习模式给老师提出了更高的要求，需要老师在课上认真倾听孩子的发言，同时更要抓住发言中的亮点和问题进行及时准确的反馈，这样的课堂一定是思维更活跃的课堂，孩子们更自信的课堂。虽然初期会遇到很多阻碍，但是有杨老师和其他老师一起帮助我，我相信自己有能力做好。

我庆幸成为杨敏老师研究室的一员，我更感激和这样一群优秀的教师一起感悟并且践行童心教育，共同研究、推广童心学习方式。

师徒铿锵行

童心师傅种童心

美术组有个小姑娘，圆圆的脸，大大的眼。美术组有个大哥哥，高高的个儿，帅帅的脸。原来，他们就是美术组的师徒组合：杨光老师和陈文月老师。

小姑娘自从听了关于打造童心课堂的理论就深深地把这颗种子种在了心里。小姑娘想啊想，究竟什么是童心课程呢？究竟什么样子的课堂能够让孩子们既能够学到知识又能够快乐地成长呢？于是，小姑娘在课堂里尝试了唱歌、跳舞、讲故事等，可总是觉得效果不好。小姑娘迷惑了。这时候师傅真的像园丁一样帮助小姑娘浇水施肥，让童心的种子生根发芽。

"小姑娘，你觉得这节课可以怎么上？怎么才好玩？怎么才能够吸引学生？"——原来学生的兴趣很重要。低年级的学生注意力不集中，教师要首先通过有效的环节去吸引学生。唱歌、跳舞只是一种单纯的方式，在玩中还要学到知识才是最有效、最优秀的方式。

"小姑娘，教参上明确要学生必须学会画表情吗？对于学生来说会不会太难了？"——原来就像美食一样，食材、火候并不是最重要的，最关键是谁来享用美食。教师是无私的，想要把自己所有的知识都一股脑传授给学生，但却忘记学生是否能够接受，是否需要是不行的。

"小姑娘，为什么一定要按套路想呢？那样子，为什么就不可以呢？"——是啊，谁说某种形式就一定是对的？为什么不能够创新呢？一节课的设计总是会有不完美的地方，但这并不代表着一切都要那么的小心翼翼。为什么用金箍棒在地上给自己画了一个小圈圈呢？

简简单单的几个提问，不仅让小姑娘说出了自己的想法，还帮助小姑娘思考。什么可以？什么不可以？原来教师不仅仅在童心学校里帮助孩子释放童心，更在学校里接受童心教育。要想真正地教授童心课程，作为教师的自己首先要打破思维惯性，释放自己的童心，努力尝试新鲜的事物，发现有意思的内容，将这些贯穿到课堂中。

小姑娘希望孩子们能够发挥自己的想象力把每一张画面都变得不同，但是她发现似乎很难，于是小姑娘去听师傅的绘画辅导课。杨老师首先在班级里环视了一圈，然后对一个还在思考的小男孩说："我觉得你这棵食人草表现得非常有力量，但你能想一想它住在哪里吗？又发生了什么事情呢？"小男孩想了想说："我觉得它们是大魔王养的食人草，在一所密室里。"杨老师说："非常有想象力，那既然要画密室，一定要注意旁边的小细节，比如，添加一些墙砖等，来营造出密室的氛围。"然后，杨老师又走向下一个学生说："你想画什么植物呢？"学生说："我想画一朵漂亮的玫瑰花，可是不知道如何下笔。"杨老师拿起笔示范，给孩子画了一朵玫瑰花的外轮廓。课后，师傅说："看到了吗？小姑娘，你要学会观察孩子，仔细思考他们需要什么，然后才能真正地帮助孩子们提高。"小姑娘茅塞顿开，原来，作为一名教师，还要练就一双火眼金睛，懂得因材施教。

师傅言传身教，不断地引导小徒弟创造属于自己的课堂，让小姑娘自己感受到童心教育的乐趣。都说文化是有氛围的，在潜移默化中不断地影响着人们的思维，从而指导人们的行动。在首都师范大学附属小学这个大家庭中，宋继东校长为大伙儿带来先进的教育理念，周围的教师相互影响着、渗透着，最终形成学校的童心文化氛围。每一位教师再用这种童心文化去培养首都师范大学附属小学的学生，让孩子们在快乐的氛围中成长起来。

在学生阶段，每一个人或许都会遇到一两个良师，帮助他们茁壮成长。同样，在工作中，小姑娘也遇到了一位好师傅，帮助她不断成长为孩子们所遇到的良师，这不仅是小姑娘的运气，更是孩子们的福气。

新教育的花儿在开放

"收租啦！收租啦！"晚上八点，郭丽萍老师带着笑脸的信息出现在李冬梅老师的手机上。"马上！马上！不好意思，又被您催！""没关系，你孩子年纪小，时间比较紧张，能坚持每月写教育叙事就很好了。加油！""谢谢，郭老师！我尽快。"李老师打开电脑，用文字记录着加入新教育团队以来的教育教学故事。

2015年9月，李老师加入了郭老师所带领的新教育团队。刚刚加入的时候，她还是一团雾水，"新教育"是个什么东西？需要老师做些什么？怎么做？为什么做？李老师的脑子里有一串串的疑问。

李老师还记得新教育团队进行第一次活动，郭老师精心制作了PPT课件，介绍新教育的缘起。十五年前，朱永新老师出了一本书《我的教育理想》，很快，这本书就已经是8次重印。"教育在线"网站也创办起来了，访问量超过100万人次，一些人追随着朱老师进行新教育实验。新教育的愿景是过一种幸福完整的教育生活。为了实现这一愿景，有跟进的十大行动：师生共写随笔、聆听窗外声音、培养卓越口才、构筑理想课堂、建设数码社区、推进每月一事、缔造完美教室、研发卓越课程、家校合作共建等。李老师听到一下子要做这么多事情，顿觉挠头。郭老师看到大家的畏难情绪，也理解大家的心理，告诉大家：不是同时展开这十大行动，而是先从"师生共写随笔"开始，体验生活，反思自己，超越自我。当然，写只是形式，但是写带动的是阅读、是思考、是实践。如果坚持写，成为有静气、有底蕴、有方法的老师，教育教学生活自然会变得美好。于是，这个学期，郭老师和大家一起开始了共读共写之旅。共读包括每月共读一本书、每月进行两次朗诵基本功训练、每个月写一篇教学叙事。每篇教学叙事都由郭老师写出点评。这个点评，是让每个团队成员都感动、都受益的点评。

9月的教育叙事中，李老师写道："……付出，代表有勇气，有能力，有担当，相信自己能够再得到。例如，《非诚勿扰》中24盏灯全亮的男嘉宾，18岁创业，24岁卖掉公司去帮助非洲人民，正是能力与担当的完美体现。所以女嘉宾们才会都喜欢他。希望有一天自己能把学生培养成男嘉宾那样的人，有勇气，有能力，有担当！"郭老师这样回应："我自己鼓励自己，要继续转脑子，每天抽出时间来写写记记是防止脑子懈怠的最佳方式。这姑且算作是挑战自己的一种勇气吧！因为勇气常常能催生出一种力量，那是积极健康向上的力量，是一种让自己内心充实的力量。今天，阅读了你的叙事，我增添了一份勇气——正确的事坚持做！"

10月，李老师写了教育叙事《爱他们，我必须的选择》，其中有这样一段话："有时候真的觉得工作很累，很辛苦，真的觉得爱好孩子很简单，爱那些调皮捣蛋、不写作业的孩子，真的很难。我们总能找到各种各样的理由，为自己不爱某个孩子找借口。于是，每天最重要的8小时，就在一些不愉快中度过。"郭老师阅读之后，回复了一篇1500多字的长文《建设精神港湾》，她写道："你的观点我感同身受。的确，有时候真的觉得工作很累，很辛苦，真的觉得爱好孩子很简单，爱那些调皮捣蛋、不写作业的孩子很难。可是，对他们除了'理解、包容、关爱'外，没什么更好的选择，就像你说的，爱他们，是我必需的选择。一个班几十名学生，各不相同，总会有些学生整出些让人不愉快的事情来，我的办法是以积极乐观的态度应对。不如意事十有八九，常想一二。在一个班级，会有很多孩子带给老师感动。爱孩子，需要能量，新教育中许多榜样教师给予了我很多正能量。"接下来，郭老师介绍了新教育团队中一些榜样教师的做法。读着郭老师娓娓道来的内容，李老师的郁闷渐渐烟消云散了。

除李老师外，新教育团队还有 8 位成员，每一位成员的教育叙事，郭老师都认真读，认真点评，甚至撰写长长的读后感，用这样的方式带动大家共读共写。共读共写一般都在晚上自主进行，如果哪位老师忘记上交，郭老师会在微信群或委婉或风趣地提醒。

校园生活是忙碌的，新教育团队每两周集中一次聚会，都是在下午两节课之后，大家从不同校区赶到一起，分享教育故事，再进行诵读练习。李老师在一次分享中谈道："百合班的故事，让我意识到，老师不只是一个传授知识的人，更是一个传递生命的精神与力量的人，真的可以在校园与学生一起去追寻一种幸福而完整的生活。真想在自己的班级里也追寻一下！""我们正在努力做这样一件事啊！"郭老师笑着点头回应。"下周我们听蓉娟老师的晨诵课，研究一下低年级晨诵课程的开展。下下次活动去柳明校区，再听一下王老师的晨诵。本学期我们把研究的重点就先放在晨诵上面吧！"郭老师一边翻着笔记本一边说着，"下面请王老师继续帮助我们辅导朗诵。希望专业的朗诵学习，能够对我们的晨诵课程研究与实践有帮助。"

"蓝蓝的天上白云飘，白云下面马儿跑……"教师阅览室里飘出一阵铿锵有力的朗诵声。此时已是下午五点，冬天的五点已经是黄昏，学生早已放学，教师也已经下班了。楼道里一片静悄悄，新教育团队的花儿正在静悄悄地努力开放……

美丽成长

依旧是那"校长推荐"

刘金杰老师是一位年轻的语文老师，也是一位饱含教育激情和梦想的班主任，调来首都师范大学附属小学近十年的时间里，她的教育教学日趋成熟，学生培养效果明显，家长好评如潮。她爱学习、喜欢读书，也常写一些文章，先后两次被评为"四季青学区读书标兵"，还考上了在职研究生，以优异的成绩取得教育硕士学位。对于她来说，阅读和写作是生活最大的乐趣。首都师范大学附属小学前身、当年的四季青中心小学是她成长的福地。

每到寒暑假，刘老师总爱整理她那个被塞得满满的书架，翻翻这个，看看那个，这也舍不得扔，那也舍不得扔，总嫌书柜不够大。在板栗色的实木书柜最顶端放着一个鼓鼓囊囊的黑皮文件夹，里面装的是她珍藏的学习资料和自己写的一些文章。暑假的一天，她又蹬着板凳小心翼翼地取下那个夹子，轻轻地翻开。突然，她的目光停留在一沓沓泛黄的稿纸上，摩挲着那一页页稿件，她的眼神里流露出一种温情，她清晰地记得——

那是九年前调入学校第一次参加教研活动，接到年级组长递给她的学习材料，她一下子怔住了，好几页复印的纸张，用订书钉订住左上角，这是校长推荐的一篇文章。每一页都有用钢笔手写的批注、圈圈点点、密密麻麻，标题处更用大一号字体标注着"校长推荐"几个大字，遒劲有力。她受到了前所未有的触动，整整一天，她的心总是被那篇文章牵动着，她似乎感觉到有一股莫名的力量推动着她，有一位用心良苦的长辈在对她充满期望。下班后，她为几个学生补课又批改完作业，回到家，天色已晚。她匆匆吃过晚饭，来到台灯旁，迫不及待从包里取出那份材料，把那看了无数遍的"校长推荐"捧在手里又细读了一遍，一气呵成写下了两千余字的反思：

（节选）我对孩子的教育有足够的爱、宽容和自由吗？我的学生每天的情绪如何呢？班上的尖子生、班干部，经常受到表扬，跟老师交流接触的机会多，从他们积极活跃的表现中我感受得到他们的自信与快乐；学习困难的学生，我经常给予单独辅导，与其家长交流。丁丁同学学习非常吃力，但却非常喜欢写字，不讨厌学习，每天都在进步着，当他取得进步的时候总能得到同学们热情的掌声，课下他总喜欢搂着我的脖子或搭着我的肩膀跟我说说话，他的快乐大家都看得到。可是那些学习成绩中等又偏于内向的孩子，我对他们的关注足够吗？想想这周，发言记录本上记录着有三个学生没有在课堂上发言了；今天课间，要不是同学告诉我小强偷偷地哭了，我还埋在作业本中。把他拉到身边，他哭着告诉我"爸爸妈妈要离婚了"，孩子的心里正承受着如此大的压力，我却完全没有察觉，一种愧疚之感涌上心头。我是每一个孩子的老师。对不起，孩子们，从明天开始，我要仔细分析脑子中的每份信息，从明天开始，我要用实际行动去关注每一个孩子。

　　一篇文章是一段岁月的见证，一份学习材料有可能改变一个人的一生。时隔多年，眼前这些资料，白色的纸张已经泛黄，"校长推荐"几个大字和密密麻麻的圈画批注的钢笔字迹也已经不那么清晰。这些文字很多是有感于校长推荐文章和书籍的感受与思考。看着当年写下的文字，一点点从稚嫩到成熟，从浅薄到逐渐深刻，刘老师就像一位母亲看着自己的宝宝一点点成长，那份喜悦和欣慰难以言表。刘老师有时候会想，如果身边不是有这样的一位源源不断为老师们充电加油的校长，如果不是感动于受影响于身边这样一位永远充满激情与梦想的校长，眼前这一篇篇思考不可能诞生，自己的青春也许会虚度。每到关键时刻，总会有"校长推荐"来帮忙。开学季，校长推荐的《开学了，你知道该怎么做吗？》让你知道如何抓好开学之际这一关键期，做好学生的感情联络与"收心"工作；当有的老师困惑于小组合作的学习方式，难以得到从形式到实质的提升，校长推荐的《你所不知道的小组合作》为你讲解精髓，解开谜团；年轻班主任班级管理遇到困难，校长推荐的《课堂管理，会者不难》给你手把手式的指点……国内国际改革前沿信息、重大教育资讯、每年中考高考试卷与改革形势分析，总会第一时间推荐给老师们。时至今日，当山穷水尽之时，翻阅一下校长推荐的材料，常能柳暗花明。

　　几年前，每周教研活动，老师们都会收到备课组长发到大家手中的"校长推荐"的学习材料，有时早饭间、下课后、集体会前等，也会收到。这些内容有的来自于教育类报纸、有的来自于期刊，有的来自于新闻早晚报等，每一次都无一例外地留有校长密密麻麻的圈圈点点的阅读痕迹，或者为老师们写上的句句嘱托。刘老师提到她的研究生考学，也是逢人便说，如果当初不是从宋校长那里听说有在职研究生、不是宋校长把在职考研的招生简章推荐给她，她从来没有想过要考研。

　　随着网络的普及，办公条件数字化了，老师们用上了校园网络沟通平台，建立了微信群，"校长推荐"的形式也在与时俱进。每天打开电脑，登录校园平台就能收到校长推荐的各类学习材料，短信嘟嘟一响，就会想到"校长推荐"来了。

　　多少年来，"校长推荐"成了教师们工作之余的一部分，在忙碌的工作之中，一位深爱教育、深爱教师、深爱孩子的校长在用独特的方式与每一位教师促膝谈心，为你导航，为你铺路。

这些年来，首都师范大学附属小学走出了全国优秀班主任杨敏老师、"新教育种子教师"郭丽萍老师，各类学科带头人、骨干教师越来越多，在职考上研究生的达数十人。在老师们的培育下，孩子们在各类比赛活动中硕果累累，童心教育创出了名声。如果你问刘老师："首都师范大学附属小学品牌的秘诀是什么？你快乐成长激情满怀的诀窍是什么？"她会抿着嘴憨憨一笑，自豪而神秘地告诉你："这个嘛，'校长推荐'，大家都懂的！"

美丽的蓝丝带

有困难找到您时，您的一句"没事儿，我来"，总是给人一股温暖的力量；临时性的任务需要您的帮忙时，您的一句"好的，没问题"，总是让人感到格外踏实。您心灵手巧，给孩子们编的头发特别漂亮；您亲和感强，孩子为您画画，您和孩子们打成一片；您尽职尽责，带着娃，生着病，依然见到奋斗在工作岗位上的您。您是榜样，向您学习，向您致敬！

这是学校最有特色的一个奖项的颁奖词。每到大型集会她都会穿上那内蓝外白的校服，而她最喜欢的是围在脖子上的蓝丝巾。你能猜出她是谁吗？

初次来到首都师范大学附属小学那天，她正赶上学校期末总结会，而会上最吸引她的就是这个特别的奖项——蓝丝带奖。由一位中层领导提名一位普通的老师，并发布特别的颁奖词。当提名人声情并茂地描述这位老师时，其他老师们一边倾听，一边不断地寻找着身边拥有这一特质的伙伴，开心的笑声此起彼伏。校长始终笑眯眯地听着。最后揭晓当选老师的名字时，校长和老师们都将认可与赞赏的目光投向她。第一次听颁奖词时，她真为其中的时代感震撼，奖项中竟有"最屌丝"奖，而颁奖词对每位老师的细腻介绍和诙谐的语言风格也令人捧腹。这第一印象实在令她难忘。

随着走进首都师范大学附属小学，体会着这里的童心教育，她认识了郭丽萍老师——海淀区新教育的领头人物，在她工作的第二年有幸和郭老师分在了一个组。她还记得第一次接触郭老师是在那个晨诵展示课上，真是童心第一、童趣常伴。模仿着，欣赏着，真正走近郭老师，她又发现了这个新教育专家的另一面，那就是郭老师本身的童真与童趣。你看，当天气好时，郭

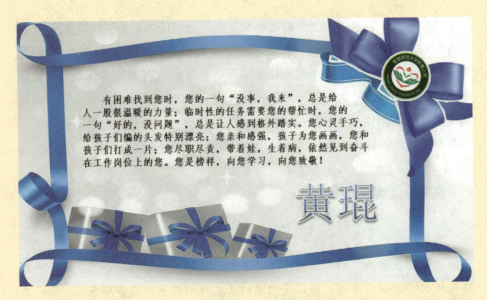

有困难找到您时，您的一句"没事，我来"，总是给人一股很温暖的力量；临时性的任务需要您的帮忙时，您的一句"好的，没问题"，总是让人感到格外踏实。您心灵手巧，给孩子们编的头发特别漂亮；您亲和感强，孩子为您画画，您和孩子们打成一片；您尽职尽责，带着娃，生着病，依然见到奋斗在工作岗位上的您。您是榜样，向您学习，向您致敬！

黄琨

老师准是那个张罗着和美景一起照相的人；当你稍有不适时，郭老师准是那个询问着给你端上热水的人；当孩子们吵闹时，郭老师准是那个能静下心来听孩子讲话的人。

那天，她正在办公室批着作业，一阵交谈声和推门声让她抬起了头，原来是郭老师拉着一个小女孩的手正边走边说着什么。郭老师亲切地问小女孩为什么发脾气，而小女孩低着头，看起来有些心不在焉地听着。就这样交谈着，她们来到了座位旁，只有一个座椅，旁边并没有留给孩子的小凳子。怎么办呢？她想如果是她可能会把旁边老师的椅子拉过来和孩子一起坐下交谈，但是郭老师却是坐下后亲切自然地将孩子抱到了自己的膝上。她明显看见了小女孩羞涩的笑脸。随后，郭老师和小女孩的交谈越来越融洽了，不一会儿，这个略有些自闭的小姑娘已经和郭老师愉悦地交谈了。她想，这就是将童心放在第一位的教育吧，这就是郭老师这个蓝丝带奖提名的由来吧！

看着，学着，她也慢慢地变了。本来并不喜欢孩子们围着说东道西，但是慢慢地走近童心，她也好像放开了自己。她在原来嘘寒问暖中加入了一些肢体的表达，虽然还不能像郭老师一样，将那些淘气的孩子放到腿上，抱着他们和他们谈话，但是她开始静下心来听他们真正想说的话，也在寻找他们喜欢的方式了。她很喜欢梳头发，本来只是给自己梳、给好朋友梳，但是慢慢地有同事找到了班里。当着孩子的面给同事老师梳头，她意外地发现了孩子们那也想一试的眼神。于是，在闲暇时，她给体育课乱了头发的小女生编上了漂亮的蝎子辫；假期前又给女孩子简单培训了怎么把头发梳得更漂亮。就这样，她的兴趣也吸引了孩子们的目光，她们更愿意走近这位爱梳头发的老师了，也更喜欢听她的话了。他们把她写进了作文，写着她的动作，写着他们的欣喜。

尝试着童心教育，听着校长的解读，有身边大师的引领，体验着她自己的童心课堂，她的转变也得到了领导和同事的赞赏，她的编发兴趣也被她们写进了颁奖词中。是呀！文章开头的介绍就是她——黄琨老师。听着介绍，她心中溢出的是对这个学校的认可，对童心教育理念的认可。所以，每每穿上校服，带上蓝丝巾，她都会想起曾经得到认可的那个美丽的"蓝丝带"奖。

共筑童心梦

别开生面的家长会

春日明媚的午后，天气微微有些燥热。对于然然来说，今天是个重要的日子，他的学校——首都师范大学附属小学要召开家长会，共同讨论孩子的成长话题。

虽然开家长会也不是一次两次了，但这次真的不一样：因为他的妈妈将有一个重要的角色——作为讨论发言人出镜呢！之前，然然偷偷听到班主任吴月芳老师和妈妈通过话：让妈妈讲一讲他成长过程中遇到的困难，并细致谈谈从中总结出的经验，和其他爸爸、妈妈、同学分享，特别是调皮的男孩怎么管理，这个很多家长头疼的重要问题。他一下子得意了，这样的内容好多啊，让他自己说就能说出不少呢！为了这次发言能够贴合孩子的心理，妈妈特地和他进行了小小的讨论。

那天放学，妈妈接然然一回到家，便拉着他赶快坐下，还一本正经地清了清嗓子，然后开腔了："我们来谈谈家长会发言的事情吧。"妈妈顿了顿，继续说道："你想让我从哪些方面开谈？"他皱了皱眉，马上陷入了沉思，妈妈觉得这真是一个难得的教育机会，便开始引导起来："比如你淘气不听话的时候……或者……你遇到难题解决不了的时候……"

经过妈妈的启发，然然顿时开悟了："哦，您可以从我和老师的思维碰撞说起。"母子俩细细地聊了很多细节，达成了一致认识，妈妈便着手整理发言稿去了，他则像刚才达成的共识那样去行动了。

然然喜欢爸爸妈妈心平气和地和他沟通讨论，喜欢家长们能够蹲下来倾听自己的想法。他非常喜欢这种交流方式，因为妈妈把他当成一个大人，和他平等地对话，重视他的意见，他很高兴！他想，这应该就是宋校长说的："真正了解儿童就是要蹲下身来走进儿童的世界，要倾听儿童的声音。"学校这样做，老师这样做，现在，就连一向居高临下的家长也能够这样做了。我一定要做一个信守诺言的孩子，不让爸爸妈妈和老师失望。

接连几天，然然就像变了一个人，不用妈妈催促，也不用大人监督，一切都是那么自觉。

终于到了家长会召开的时候，妈妈起立发言了。然然仰着头，看着妈妈，脸上分明写满了自豪，心想：这是我的妈妈，妈妈的发言中有我的功劳。不知不觉地，他挺直了腰板，他的坐姿更挺拔了，显得那么自信，那么出色！

此次此刻，全班同学的爸爸、妈妈就坐在他们的身边。妈妈的发言从他和教数学的李老师之间的一次"学术争论"拉开了序幕。妈妈滔滔不绝地讲开来，其他家长不由自主地连连点头，然然也似乎听明白了其中的道理。

之后，很多同学的爸爸妈妈，也从读书习惯、自我管理等方方面面介绍了好的经验，让然然和妈妈学到了很多东西！"其实，家长能参与进学校的管理，共同建设学校，是一件双赢、共赢的事情。"妈妈说，"过去，由于家长不了解家庭教育的重要性，忽视了家庭教育，导致学校教育一头热，达不到教育目的。通过开展家长参与班级建设，家长的认识提高了，家校共育才是教育的新境界！家长间通过交流提高了教育水平，懂得捕捉孩子身上的闪光点；通过从感情上真正接近孩子，树立孩子的自信心，很多事情也会事半功倍！这种方式也促进了家校联系沟通，家长了解老师工作的辛苦、班主任的繁杂劳累，双方之间可以更好地沟通理解、相互支持！看来今天真可谓一场别开生面的家长会啊！"

虽然有些话，然然还听不太懂，但他知道，家长们走进他们的课堂，倾听了他们的故事，了解了他们的想法，他们本就温暖的班级一定会变成更和谐向上的大家庭！也许这就是"童心学校的童心家长会"吧。

童心筑梦，助梦童心

参加工作以来，杨颂老师经历了三任校长，前两任李讯、张鸿敏校长分开多年也时常见面，但每次见面都有种想跑过去拥抱的冲动，那是因为他们之间有亲人般的感觉，因为他们在她身为年轻教师时期给予了充分的帮助。第三位，也就是首都师范大学附属小学的宋继东校长。2005 年，杨老师调入四季青中心小学（首都师范大学附属小学前身），也就和宋校长结成了亲近的工作关系，一起抒写了十年的教育追梦故事。

宋继东校长，平时温文尔雅，平易近人，但是每到开会的时候，总是分外激动，语重心长，尤其是谈到他的教育梦想、童心理念，更是充满了激情。他希望老师们认同并随之一起拼搏、创造童心梦。越来越多的老师们加入进来，成为童心梦的追随者、助梦人、实践者。杨老师，也有幸成为其中的一分子。在助梦与追梦的道路中，让杨老师记忆犹新的事情很多很多……

"四季青中心小学要做四季青地区最好的学校。我们是大校，我们要有自己的品牌，特别是艺术教育，你看看怎么开展。得想办法，把社团搞出名堂来，四季青得有自己的声音……"杨老师记得宋继东校长说话时有点激动，既是对她的鼓励，同时还是一种信任。杨老师默默地记在心里，规划着未来几年内，学校艺术教育要怎样发展。说实话，一个音乐老师，哪有什么资源？从何做起？做什么？怎么做？这一串问题让杨老师有些挠头，总觉得有种被挤压的感觉。但，她就是那种迎难而上的人，压力与动力并存。她开始规划工作并按步骤实施。合唱团、舞蹈团……一个个艺术团逐渐建立起来。音乐学科的老师们干得热火朝天，社团里的孩子茁壮成长，整个学校都沉浸在音乐的氛围中。2008 年，四季青中心小学首次音乐会即将在国家级的音乐殿堂——国图音乐厅召开了。这是一场完全由音乐教师策划排练、艺术社团参演的音乐会。老师们日夜筹划排练，有的老师亲自在纸上画出每一个节目的场记，有的老师夜里做梦都在指挥，有的老师的孩子生病都顾不上去医院。临演出的头一个晚上，音乐组的所有老师都没有回家，通宵准备……

那是一段令人难忘的岁月，现在想来，完全是宋继东校长的信任在支撑着大家前行……

2008 年，学校在海淀区音乐学科教研员王骐老师的帮助下，接触了"顺序性音乐教学"课题研究。王骐老师还带来了帮助学校建设乐团的专家冯振华老师。与此同时，宋继东校长率领导班子大力支持学校艺术阵地建设，从拨款到项目管理，一路开启绿灯。音乐组教师也振奋精神参与到工作中。2009 年，新建乐团初有起色，与来自韩国的女子学生乐团交流，开办了音乐会。节目虽略显稚嫩，但这是学校第一次与国外团体交流。加上合唱社团、舞蹈社团的组建，以及实施了一年的课题研究工作，四季青中心小学拿下了学校有史以来第一个海淀区"艺术示范校"这块招牌。宋继东校长说："恭喜你们！但这只是开始，未来还要有更好的成绩。"机会是留给有准备的人的！没错，音乐组教师和艺术社团专家默契配合着，踏踏实实地工作，共同建设着艺术团队。管乐团在各位专家的指导下，成绩突飞猛进，于 2011 年 12 月在国图音乐厅举办了首都师范大学附属小学的专场音乐会。兴奋之余，又听到宋继东校长说："音乐会很精彩，孩子们表现很好！老师们辛苦啦！学校感谢你们！下一步，能不能做好艺术宣传工作？首都师范大学附属小学得走出国门！……"呃，怎么每次听到校长鼓励的话，都会提出更高的要求呢？

宋继东校长拿来了教委的项目。在朋友的帮助下，杨老师开始策划乐团出国比赛的方案。一系列的攻关、组织、计划、办手续、筹备、打报告……终于，在 2012 年 2 月，由 44 人组建的团队历经 13 天的旅程，顺利参加了文化部少儿艺术组委会在奥地利维也纳金色大厅举办的"第七届文化中国"音乐节，取得了项目比赛"金奖"，并与法国一所小学联谊，缔结了友好学校，完成了首都师范大学附属小学乃至四季青地区有史以来的第一次出访活动，也为日后的交流出访奠定了基础。习惯了宋继东校长每次提出更高的要求，后面没声音了，杨老师还真不习惯。渐渐地，音乐组开启了自主研发的工作模式，不再需要校长督促，主动寻求有效的工作思路。

在接下来的几年中，音乐组率领合唱团第一次登上了人民大会堂的舞台；第一次远赴美国参赛，荣获了国际大奖；第一次荣登中央电视台的舞台，孩子们体验了国际一流的录制；音乐课程成功举办了合唱课程展演，第一次被刊登在国家重点报刊中整版宣传。通过宣传，学校接受了来自外省市教研部门专程来探访学习和交流的请求；2015 年 5 月，第一次成功举办了坚持

7 年课题研究的"全国音乐教学现场会"研讨活动……大伙儿开拓了诸多有史以来的第一次，也是一个个宝贵体验的第一次！大家在宋继东校长的带动下，创造出学校一个又一个奇迹！

一个个稳健的脚印，一场场精彩的活动，一次次荣誉的取得，都是一步步质的提升。杨老师与音乐组同人，与学校同事、家长、学生，一起追梦、一起助梦童心，与宋继东校长共筑童心梦！

尊重历史，走得更远

首都师范大学附属小学隶属于海淀区教委四季青学区，其玉泉校区于 2013 年建成，2015 年更名为首都师范大学附属玉泉学校，成为一所九年一贯制学校。校园占地 3 万余平方米，投资近一个亿。校园设计人文、舒适、宜学、现代。

首都师范大学附属玉泉学校的二层，有一间崭新的档案室，其间有几柜子泛黄的档案，却没有一页属于首都师范大学附属小学和附校。靠墙跟摆着一套表面皮质已斑驳的破沙发，一块干净的红绒布轻轻地覆于其上。百十个大大小小的长条锦缎盒子参差地置于架子上。常有孩子好奇地问起："老师，这屋子里是什么呀？"副校长徐晓燕老师便会打开门来，和他们细数"历史"。

时间倒回至 2013 年 7 月，宋继东对徐老师说："小徐，下学期你的工作要有很大的变动，对你来说是个挑战。得和你谈谈，听听你的想法。"徐老师的心中瞬间泛起了涟漪。

"下学期你去玉泉，那里现在还是工地，但 9 月 1 日就要开学，且在不久将接收中坞小学的全体师生。你必须确保顺利起步、平稳过渡。"

"中坞小学？"这所学校对于徐老师来说并不陌生。它与首都师范大学附属小学同样隶属于海淀区教委四季青学区，是一所处在国家重点工程"南水北调"工程中"蓄水池"位置的一所公立小学。因工程的推进，周边住户早已拆迁，学校四周荒芜一片。但其优异的教学质量全区闻名，口琴特色教育尤为突出，曾获得北京市"金帆奖"。牛来云校长带着 30 多位教师，400多名学生执着地坚守着。

"教委要求，2013 年 10 月 14 日，中坞小学整体撤并，资产与人员全部

并入首都师范大学附属小学。你这个学期除了到玉泉，还需要全面接管三个校区的后勤工作。就从玉泉的建设开始吧。"

徐老师就此忐忑着赴任。

中坞小学要搬家了，宋继东说："原中坞小学的档案，一张也不能少。"

两校的后勤人员忙开了，那边打包，这边接收。彼此间或不认识或不熟悉，但为了共同的目标默契地工作着。

搬家公司一车一车地拉了三天，徐老师看着一箱一箱的档案百思不得其解。疲惫不堪间，陡然见到这一车运来的每一个纸箱子上都画着一个简笔的笑脸。瞬间这笑脸化为一股神秘的力量，悄悄地浮上了每一个"收货"人的脸，搬运速度明显加快，或许这就是中坞小学快乐工作的传统吧。

很快，泛黄的档案整齐地放了一屋子。有学校制度、有学校荣誉、有教师业绩、有学生作品……有装订好的、有电子的、有打印的、有手写的……徐老师实在纳闷："领导，费多大劲儿啊，那边打包，这边摆放，还占用一个那么大的房间，缘何？"宋继东说："这就是历史，因为只有历史是最客观的，我们应该用最客观的心去尊重历史。"徐老师的好奇心油然而起，细读这些档案,果然受益匪浅。她了解到提高教学质量的奥秘在于基础扎实与通力协作;形成良好行为习惯的诀窍在于细致安排与实地演练;培养艺术素养的途径在于专注与坚持。

翻阅档案,徐老师经常会坐在那张破旧的真皮沙发上,感受历史的厚重。当初搬家时,沙发的主人——中坞小学牛校长曾说:"不要了吧,都破了,放在那边也不搭调。"宋继东说:"我把它搬到新学校去,就放在那些老物件中间,您什么时候过去,还坐在这沙发上,是个念想儿。"这话朴实得没油没盐,在侧的徐老师却不敢抬头,湿了眼眶。是一种对长者的尊重吧?是一种由物及人的体恤吧?是一种源自心灵的真挚吧?

沙发的旁边堆放着一些大大小小的锦缎盒子,里面放着从中坞小学拉过来的各式口琴。宋继东对徐老师说:"这是坚持了8年的成果,吹得多好听啊!不能在咱们的手上丢了,要留下口琴乐团所有的历史。""口琴?""对,修一个口琴博物厅,把这些口琴乐团的历史展示出来,把这些有故事的口琴陈列出来。你是学音乐的,相信你可以让乐团继续发展。"宋继东曾经作为嘉宾欣赏过口琴乐团的演奏,竟激动得一夜未眠。

徐老师深深地感动于一位学文科的校长对音乐的眷顾。半年后,借助楼道修建的"口琴博物厅"落成,成为玉泉学校一道亮丽的风景。在这所学校里,口琴成为孩子们音乐课堂上的普及性乐器,这里的每一个孩子都可以拿起口琴吹奏一曲。口琴乐团作为学校最重要的一支社团,继续参加各级各类口琴大赛。每每参赛,也定会包揽下所有的金奖。发展至今,口琴乐团已成为享誉国际的"名社团",历届"亚太口琴节",他们都是现场展示嘉宾团队,口琴社团中有些"小演奏家"被多家媒体采访,受邀赴世界各地演出。"口琴演奏"作为艺术教育的成果,在历史中延续,在历史中成长,在历史中璀璨。

宋继东说:"要尊重历史,我们才能走得更远,走得更好。"

/三/ 播撒童心,梦想无垠

随着首都师范大学附属小学童心教育的不断发展和深化,童心教育的

社会声誉和业界影响力也日渐扩大。每年，学校都要派出教师队伍远赴边疆支教，也接待来自方方面面的参观学习团体数十个：北京师范大学、首都师范大学、北京教育学院、高等教育出版社、北京中教市培教育研究院等院校承办的国培计划培训班以及校长培训班学员来了；全国各地童心教育联盟学校、首都师范大学共同体学校、北京师范大学中国好老师项目京城百校联盟学校的教师来了；国内外诸多学校及团体也都慕名而来，参观交流。首都师范大学附属小学还与湖南湘潭火炬学校、河南伊川实验小学、河北唐山丰南学区、青海西宁长青小学等学校及学区签署了合作交流协议，成为手拉手学校，共同探索基础教育之路。近年来，学校接待了来自美国、澳大利亚、新加坡、日本等国家以及山西、重庆、四川、湖南、新疆、甘肃、天津等几十个省市和地区的培训团交流数千人，成了名副其实的"校长培训基地""童心教育基地"。

有人问，学校每学期要接待那么多的参观活动，会不会影响正常的教育教学秩序？为此，宋继东校长是这么回答的："敞开校门，接受监督。我们就是要向社会展示一种常态的教育教学，不是经过精雕细琢的展示课，更不能影响正常的教育教学秩序。我校长一人很难走遍三个校区，听遍老师们的课，但是我们愿意敞开校门，接受社会的监督。"为此，首都师范大学附属小学的老师把每一天的每一堂课，都当成展示课来上，当成精品课来上。到过首都师范大学附属小学的老师都知道，参观完了一定要写一份留言。留言上不需要写优点，但一定要写上看到的问题、发现的不足、引发的思考等。每年，有上千人用旁观者的视角帮助学校把脉，首都师范大学附属小学能不发展吗？

"敞开心胸，回馈社会。童心教育是首都师范大学附属小学的灵魂，但是童心教育的发展壮大绝不是附小人关起门来自己实现的，她接受了来自社会各界的帮助和支持。比如，来自首都师范大学、北京师范大学、北京教育学院等高等院校以及众多社会团体的专业化、多样化、持久化支持等。所以，学校发展了，我们应当敞开心胸，回馈社会的支持，让童心教育为我国基础教育事业的发展贡献力量。"

同一片蓝天下的孩子

爱，是一种伟大而高尚的情感，是人类借以维持自身发展和繁衍的基本力量。孔子说"仁者爱人"；孟子讲"王道"，都是以爱为核心的。只有懂得爱的人才会欣赏爱、理解爱。对孩子进行爱心教育，通过让他们亲身体验被爱的感觉从而学会付出爱，是非常有效的一种做法。

曾经有人做过一项调查：今天的孩子缺什么？调查结果中一致认同的一项是缺少爱心。很多孩子从一出生开始，就由好几个大人围着转。家里所有好吃的、好用的、好玩的，都是他们优先；生活被照顾得尽善尽美；需要的一切都被大人完全包办代替了。长此下去他们就失去了爱心，形成了一种习惯——"人人都要为我"，而且视之为理所当然的事情，最终几乎成了他们的天性。

事实上，这所谓的天性令人痛心，而究其根源，在于孩子们并不了解这个世界很大，还有许多人过着和他们完全不同的生活。

2015年5月18日，柳明校区一年级10班的"家长进课堂"如约而至。柳宇泽的妈妈作为记者曾多次在地震后到达玉树地区，目睹了当地孩子的震后生活。班主任崔玲老师与她联系后决定将"家长进课堂"的活动与不久后的"六一"活动结合在一起。

当走进课堂的"妈妈老师"把本次课程的主题"同一片蓝天下的孩子们"几个大字写在黑板上时，同学们个个充满好奇，有些同学都忍不住开始提问了："同一片蓝天下的孩子们不就是跟我们一样的吗？"

"妈妈老师"并没有直接回答同学的问题，而是展示了一张让同学们无比吃惊的幻灯片——四个穿着满是补丁衣服的小朋友共看一本破旧的语文书，而这几个小朋友的脸上都带着天真和美丽的笑容。"妈妈老师"缓缓地说："同学们，你们知道吗，同一片蓝天下，有那么一群孩子，他们生活在遥远的山区，对他们来说，吃顿饱饭便是奢侈；寄封信需要徒步几公里的山路；渴求读书却买不起一支铅笔。他们积极努力，用功学习……"

同学们瞬间安静了下来，瞪大眼睛，用心听着"妈妈老师"的讲述。

迎迎和可可的眼睛湿润了……

调皮的小玖和小毅使劲地擦了擦不知不觉掉下的眼泪……

孩子们没有想到，在同一片蓝天下，原来还有小朋友们过着如此艰难的生活，而且他们还那么努力。孩子们小小的心灵被深深地感动着，大眼睛中充满了同情与爱心。

"叮铃铃铃……""妈妈老师"拨通了远在青海的"中国好教师"——藏族教师南鹏的电话。

电话中，南鹏老师跟一年级10班的孩子们愉快交流，虽然电话外放的声音并不大，但是整个教室鸦雀无声，孩子们都竖着小耳朵认真听着来自青海老师的声音，大声地向南鹏老师问好，希望能够跟青海的小朋友一起欢度"六一"儿童节。南鹏老师也替他的同事们提出了儿童节的愿望，他们希望能够跟北京的孩子们一起过这个有意义的儿童节，希望能够帮助青海的学生捐赠一些旧衣服、文具用品，如果有可能也希望能够让几名青海的小朋友来到北京，亲眼看一看首都的样子。

电话连线结束了，孩子们的讨论并没有结束，他们一笔一画地在爱心卡片背面写下了自己的小愿望和满满的爱意与祝愿。

杉杉说："我想送给你们削笔刀、书包、图书、文具，祝你们度过一个快乐的'六一'儿童节！"

迎迎说："我要把今年'六一'儿童节收到的一半礼物送给你们！"

栋栋说："我愿意送给你们一整套我最喜爱的图书！"

可可说："我要跟你们成为好朋友，一起实现梦想，一起学习进步！"

……

七岁的孩子能够通过一节课的时间感受到世界的不同，也在用最快的方式传递他们的小爱心。哪怕仅仅是一支笔、一本书、一个皮球、一个旧玩具，但对于孩子们来说，能够给予同龄的小伙伴快乐，实现别人的小梦想，这是多么美好的一件事儿啊！

在"六一"儿童节过后的第三天，藏区的孩子们收到了北京小朋友的祝福和快递过去的礼物。孩子们穿上了美丽的衣服、读着最精美的插图故事、手捧着同样是一年级小朋友写下的祝福卡，笑容如此澄澈！藏区的孩子跟北京的孩子一起过了一个最快乐的儿童节。

课程结束了，"同一片蓝天下"的行动还在继续，同学们用自己的方式表达着对藏区孩子的关心和牵挂。杉杉同学在买书时总是会多买几本，她说要给西藏的小朋友送去更多的知识；同同更加爱惜自己的衣服，她说这样将来把衣服送给藏区的妹妹时衣服干净整洁像新的一样；菲菲开始精打细算地买零食和衣服，她说要把节省的零花钱寄给藏区的小朋友支持他们上学……

爱心在孩子们的心中生了根、发了芽。在不久的将来，今天小小的爱必定会开出明天最美的花。

她在新疆播撒童真

史春义老师的新生活从飞机起飞向乌鲁木齐飞去的那一刻开始。当飞机即将到达终点，放眼窗外，刚才还是晴空万里，现在却是黄沙漫天了，在封闭的飞机上都能闻到浓浓的沙土气息。飞机平稳降落，和田正是黄昏时分，浓浓的土味充斥着嗅觉。啊，这就是她要生活的地方，这就是她要播撒童心的地方。

早已习惯了去往学校道路旁布满黄沙的树，今天的天空下起了小雨，路边的树叶变绿了，路边的小草变绿了，此时她的心情也满是绿绿的了。

带着绿绿的心情，她走上了讲台，窗外是泥土的芬芳，还不时传来小鸟的鸣叫声，真是让人心情大好的一节语文课。这样的心情，必须要表达出来才会痛快。她告诉学生，今天要唱首歌给大家听。学生亮亮的小眼睛立刻集中在她身上。她呢，也不怯场，原来就是海淀艺术师范学校的学生，唱歌、跳舞都能行。她开始唱起"我多想变成一朵白云，飘在家乡翠绿的山林，在那果园里留下亲吻，在那湖水中投下笑影。啊，让翠绿的山林更加翠绿，让美丽的姿容更加年轻……"学生从她的歌声中似乎听出了对家乡的思念。她的歌声给学生带来了惊喜。学生带着这份喜悦，轻松愉快地完成了一节课的学习。童真的教师带动着孩子们愉快地学习。

她的耳边经常响起童心大哥哥宋继东的话："大史，新疆的条件不比北京，那你也要让教学充满童心，充满朝气。"这里没有多媒体演示课件，让鲜活的画面充盈学生的视野；这里也没有先进的音响，让悦耳的音乐愉悦学生的耳朵，但这些条件不能阻碍童心播撒在课堂上，不能阻挡率真教师尽情地自由发挥。在学习《和时间赛跑》这一课文时，她突然想起《时间都去哪了》的歌曲，立刻从办公室拿来手机，利用流量搜索出这首歌，用手机最大的音量为学生播放。声音虽然微弱，但越是若隐若现的声音，越能吸引学生。他们跟着歌曲唱着，感受着时间的易逝。在学习词语"恰恰"时，她就推荐学生去听听维吾尔族小歌手的《新年恰恰》，欢快的音乐给学生带来了精神的享受，同时也让学生牢牢记住了这个词语。

课堂上诙谐的玩笑，补充的课外知识，抑扬顿挫的普通话，优美的乐音让语文课堂更加轻松融洽。"小花脸"在小组朗诵竞赛中获得了冠军，她会激动地跑上前去，拥抱孩子，并亲密地贴贴那张开了花的"小花脸"；在安静的校园里，经常能看到她把作文课由教室转移到校园里，和孩子们一起高兴地做影子游戏，兴致勃勃地观察鸽子啄食，进入学校的花园里细闻花香；放学的路上，时常看到孩子簇拥在她的周围，一会儿叽叽喳喳地说着，一会儿哈哈哈哈地笑着……她最喜欢听家长说："我家孩子就喜欢上语文课。""我家谢卿语文学得不错，好多词都会写。"

看来一个直爽率真的老师，也能恰如其分地利用这一性格特点，用教师的率真激发孩子的童真，用教师的未泯之心点燃孩子的童心。教师用真心、用真爱，语文课堂气氛就会充满爱的味道。

她是一个援疆教师，她是一个富有童心的语文教师，在语文课上也尽情地挥洒着自己的率真性情。援疆的生活终究会过去，她与和田的孩子终究会分别。当临近归期，她走进语文课堂，看到孩子们都在以小组学习的方式学习时，她欣慰地笑了；当她看到辅导的学生获得了新疆十四师兵团的征文一等奖时，她欣慰地笑了；当归期已至，老师们拉着她的手久久不肯放开的时候，当老师们挽留说："别回北京了，让你的童真永远留在新疆吧！让你充满童心的语文课堂永远留在新疆吧！干脆就留在新疆吧！……"她的眼泪涌了出来，新疆老师的眼泪涌了出来。她深深地感受到：心是可以沟通的，童心是可以传递的。

厚厚的一本《新疆支教日记》就是明证。

"童心"走向新疆学校

2013 年 8 月 24 日 北京天气：晴 和田天气：沙尘

"新兵"的决心

不知道你是否还记得小时候经常听到的歌曲"我们新疆好地方啊，天山南北好牧场，戈壁沙滩变良田，积雪融化灌农庄。戈壁沙滩变良田，积雪融化灌农庄。我们美丽的田园，我们可爱的家乡，麦穗金黄稻花香啊，风吹草低见牛羊……"回想着这首歌曲，我们踏上了"回家"的路。

来到了 224 兵团，来到了我第二个家。成为一名援疆教师，我有幸看到兵团的发展，看到兵团的伟绩。224 中学的干部和教师更让我感受到一股冲力，不可阻挡的冲力，奋勇向前的冲力，校领导办学目标明确，教师的努力方向清晰，干群合力一齐冲向前。作为 224 团的"新"兵，我要把我自身的经验带给 224 中学，把自己的科研方法带给 224 中学的教育，更要把首都师范大学附属小学的童心教育带给 224 中学。让童心教育带动教研，让童心教育推动科研，为新疆 224 中学的语文教学质量的向前发展做出附小人的贡献。

每日箴言：

生命中的黄金时刻从我们身边过去了，而我们只看到流沙；天使来时，我们眼迷心盲；天使走了，我们才意识到为时太晚。我要把我这次援疆的黄金时刻，让新疆的各个小天使享受到首都师范大学附属小学的童心教育。

2013 年 9 月 1 日　和田天气：晴

工作的起始

今天是新学期的第一天。我早早地来到了学校，走到班级中，看到相连的学生书桌，学生仰着健康小麦色的小脸，用明亮而好奇的眼神打量着我。这就是新疆的孩子，这就是 224 团的后代，这就是我即将一起生活一年的学生。升旗仪式马上就要开始了，我告诉孩子们："升旗仪式是庄严肃穆的，我们要严肃对待，用我们的站姿来献礼升旗仪式。"我鼓励孩子们："从现在起，能坚持到结束时都站得这么棒的，就是有毅力的孩子。"回到班级中，我先表扬升旗仪式中培养了毅力的两名学生，明显发现：这两个孩子坐得更端正了。

由于今天没有发下新书，班主任进班对学生进行思想教育。我抽空进去了，鼓励孩子们要热爱阅读，因为阅读帮助我们打开另外一扇窗，阅读能让我们走入另一个世界，阅读能让我们心灵净化。抽空就要阅读，只要有文字就要阅读，只要阅读就有收获。可爱的孩子指着一个看似淘气的男孩子（升旗仪式中他动得最欢）："老师，他最爱看书！"这个孩子的声音刚落，"淘气"的男孩子就从书桌中一把拿出了五六本书。"对，就要向他学习，做个爱读书的孩子！"孩子们立刻行动起来，有的读自带的语文书，有的读上学期的语文书，还有的读起字典来。看，表扬的力量就是那么神奇，"煽动"的力量就是这么有魅力。赏识教育永远通用，无论是大人还是孩子，无论是北京的孩子还是新疆的孩子。真是"天下的孩子都是一样的！"一样的天真，一样的可爱！这就是童真的世界啊！这样的孩子太值得我们付出汗水与青春了！

每日箴言：

儿童是天生的学习者，潜能无限，是教育教学中最重要的学习资源。利用小组合作学习方式，激发学生的学习意识，调动学生的学习积极性。

2013 年 9 月 19 日　和田天气：晴　北京天气：朋友的照片中晴

中秋节随想

中秋节，我想家了！一颗想家的心引领着我来到了月色下的大街上。望着天空，中秋的月亮格外的大，格外的明亮。北京的月亮是不是也是这样的大，这样的明亮？皎洁的月光照射在遥远的昆仑山脉，是不是也能照射在家乡的燕山山脉？思乡的情绪一直撞击着我，眼泪连成线地往下流。当眼前浮现出新疆娃娃黑黑的小脸上绽开的笑容，想家的心变成了实干的决心。这一年不能辜负宋继东校长的嘱托，不能辜负全校师生的重托，不能辜负自己的梦想，一定要把童心教育落实到教学中。

每日箴言：

人的起点并非零，人拥有其自身发展的全部凭借，具有与生俱来的语言的、思维的、学习的、创造的本能。就让童心教育激发学生无限的创造力。

2013 年 9 月 22 日 和田天气：晴

小组合作的尝试

这是中秋小长假回来的第一天。带着对新疆娃娃的期盼，我走进了教室。一统计作业，差点没把我的鼻子气歪了，将近一半的学生没有交作业，再看看还有四位班干部没有完成。"爱玩是孩子的天性"，我这样宽解自己。"不甘落后，团结一心"也是每个孩子本性的特点。让"童心"思想散播到教育教学中，让"小组合作学习"成为学习的方式。

我决定把小组竞争引进课堂。让孩子们就近四人一小组，上交作业以小组为单位，组员全部交齐才能上交。作业完成前三名的小组加 20 分，第四至六名完成的小组加 15 分，其他小组完成了的加 10 分。书写成绩给打星星，最多的星星为五颗，每颗星星价值两分。

决定以小组合作竞争机制统计作业后，课堂上每个人都开始忙碌上了。不一会儿，王一帆小组的练习册收齐，上交，我就在黑板的边上写上他们小组名，大大地写了 20 分。这第一名的作用可不能小视。原本还是自顾自地写作业，看到有小组得了 20 分，同学们互相帮助的意识被激发起来了。完成作业快的，马上趴到写作业有困难的同学的桌子上，一道题一道题地督促着，一道题一道题地讲解着。那个投入劲儿，比老师辅导学生还要用心。再看后面刘林小组，刘林握笔姿势不对，写字慢，又贪玩。这回没有他玩的空间了，他左右各一个同学看着他在完成作业。看到组间同学互相帮助，抓紧时间完成作业，这还需要老师着急学生的作业吗？看到此情景，我偷偷地笑了。我为"小组合作"的计谋得逞而笑；我为改变了死气沉沉的学习状态而笑；我更为首都师范大学附属小学的"童心"理念而笑。路过的老师伸进头来看看，百思不得其解地问："刘林这娃娃怎么了？平时都是拿小棍满校园跑的，怎么今天能坐着写字啦？"我高兴地回应道："这就是小组合作的力量！"

每日箴言：

教师要容忍学生犯错，要等待孩子成长。教师在教学中要尽可能"不见自我"，来创造最大的空间，迎接学生积极飞扬的学习。

冬季，"童心"花开

2013 年 9 月 28 日 和田天气：沙尘

合作学习敲响进步的鼓点

今天早晨检查黄本练习册的时候，小组成员争先恐后地说："龙龙没有完成作业。""小强一个字也没有动。""天辰没有写完。"从组员的态度中看出，这几位同学不完成作业的行为已经影响到了小组的利益，天辰马上辩驳道："我写了一点儿啊！"我要给不完成作业的同学一点儿动力，不能让他们就此破罐子破摔："没有完成作业，已经犯错误了，没有关系，犯错误是正常的事情，关键是现在要改正错误啊，赶紧把作业补上来，不就将功赎过了啊？"只见这三个孩子赶紧拿起笔写起了作业。对比刚开学完成作业的情况，再看看如今的三个人，这已经凸显了小组合作的激励作用呀，这不就是进步吗？这不就是小组合作在孩子们身上神奇的效果吗？小组合作坚持下去，这些孩子会有更大的变化的，不管你信不信，我坚信不疑！看到孩子们的变化，我经常在思考：作为教师我们真的不该只是责怪孩子，就像今天看到一篇文章《你的错误，我的存在》，是我们没有培养孩子良好的学习习惯，是我们没有激发学生的学习兴趣，是我们发现了学习上的问题，而没有想好理智的处理方法。这不，孩子缺乏学习积极性的问题就用小组合作学习这方良药医治好了吗？

坐在我对桌的景老师说："史老师，小组合作学习原来我们也搞过，只是形式上学习了一下，然后还是以老师讲为主了。没想到首都师范大学附属小学的小组合作学习做得这么深入。"我语重心长地答复他："小组合作不是形式，而是以学生为主体的集中体现，也是我们首都师范大学附属小学童心理念在课堂的落实方式。"办公室老师表示要在自己的班里开展小组合作学习，来提高学生学习的积极性。

我欣慰地笑了……

每日箴言：

"童心"教学中教师就要关注到学生的优点，去点燃、煽动这星星之火，让火苗逐渐燃烧，成为孩子的特点。

2013 年 12 月 16 日　和田天气：晴

在冬季迎来"童心"花开

今天是周五，是小组结算分数的日子。下午我先到市场买了些小奖品，奖品的形式要是四人共同分享的。我选择了一包包好吃的豆豆。

课堂上，先由各组的记分员汇报这五天的分数，我一一写在黑板上。汇报完毕，我让经常不写作业的龙龙来看一看前三名的小组，接着让下一位拖小组后腿的吴家强找出四、五、六的名次，就这样给十个小组排好了队。大家一齐把掌声送给了前三名的小组。这时候，我还没有发奖品，而是让几个不爱完成作业的同学当小记者进行采访。

龙龙问第一名的小组："你们小组怎么得了那么多分啊？"

"我们就是快速完成作业，课堂上积极发言，就得了这么多分了。"

小强问第二名："你们小组怎么会这么团结？"

"我们有一个人书写不好，然后我们就一起提醒他，原来他的语文作业没有星星，现在他已经得到了三颗星星了。"

……

发奖！小组长站到讲台上来领奖，前三名一包大豆豆，四、五、六名是一包小豆豆，剩余四组没有奖品。在组长的带领下，孩子们把包装打开，有的把豆子倒在本子上，一粒一粒地转圈发到组员手里；有的小组长计算着豆子的总数，再一齐分到组员的手里，不能平均分的剩余豆子，就要由小组商量，根据表现该怎么分配了。这也正是我要的总结、讨论表现的关键时刻。看着每个小组都美美地品尝着小组合作的成果，其他没有获奖的小组，四个人也在商量着什么，然后充满自信地开始写起了今天的语文作业。小强、新雨都在低头努力地写着，再看最后坐下来的吴家强也抓紧时间写了起来。这就是发奖的推动力啊！

有的老师说，这样不就惯着孩子要吃的吗？我不这样想，大人还要精神鼓励和物质鼓励相结合呢？更何况小孩子呢。今天的奖品六包豆子真的也不值什么钱，但是所起到的作用却是巨大的，让团结的小组得到了肯定，没有获奖的小组得到的是激励。孩子只有在小组中才能体现每个人的价值，每个人充分表现自己，得到了肯定，才能享受成功的快乐。这远比自己获奖要快乐得多！豆豆是甜蜜的收获，内在的决心和自信更是天天的收获。

看到学生展开的笑脸，看到冬季盛开的"童心教育"的小花，我更深刻地理解到："童心教育"在教学中运用更是一种快乐的经历。在这种快乐中，我们的教育理念在转变，我们的课堂氛围在转变，学生的学习方式在转变。拥有"童心教育"的学生是轻松的，是积极的，是快乐的，更是幸福的。

每日箴言：

我愿意和学生一起聆听"童心教育"花开的声音，一起享受"童心教育"的快乐与幸福。真经不在西天，而在路途。我脚下的路，是通向科学援疆的道路；我脚下的路，永远通向理想的彼岸；我脚下的路，永远通向那一片绮丽的风景。

敞开大门办教育

近几年，首都师范大学附属小学成了国培计划的校长培训基地、北京市"手拉手"教育基地。每一年、每一学期，甚至每一个月、每一周，都迎接着来自祖国以及世界各地的同行们的慕名学习、观摩与研修。每一次的观摩研修，首都师范大学附属小学都敞开大门，毫无保留地输出着自己的教育理念和实践，传递着童心精神和文化。而参加研修的校长们、老师们，也都格外珍惜观摩、培训的时光，抓住一切机会，参与各种各样的活动，带着相机拍摄，带着本子记录，带着脑子思考，带着心灵感悟。

三场交流会感"附小情"

2012 年冬天下了好大的一场雪，首都师范大学附属小学的校园里堆了好多可爱的雪人，让原山西大同城区 33 校副校长张继萍（现在区督导室）不由得感受到校园中这群工作的人充满着童心挚爱。

就在这场大雪过后，在短短的一周时间里，首都师范大学附属小学庆祝学校迁址十周年的三场教师交流会，带着张继萍等一批来此研修的校长和教师，穿越了学校的十年发展历程，让他们深深感受到这个大家庭成员间的和谐、真诚，也让宋继东这个"家长"立体地刻在了他们的心里：

"勤耕年的发展"——一群见证首都师范大学附属小学搬迁、起步的老师，他们和宋继东惺惺相惜，因为他们看到他并不高大的身躯内藏着坚定的信念，那股执着的追求感染着这群人。在宋校长的眼里所有的困难都不是困难，只要人心齐。所以几乎每一个人在十年后的今天都能想起当年他曾经说过的最温暖他们心底的那些话，如同春风化雨……于是，他们为首都师范大学附属小学肝脑涂地，跟着校长一路携手走来，一直辛勤耕耘，为附小的发展奠定了坚实的基础，酸甜苦辣的一幕幕今天回味起来依旧心潮起伏。

"跨越年的追赶"——一群来自四面八方的同人，他们已经是教育精英，是什么让他们选择放弃了已经拥有的，义无反顾地一路跨越，来追随附小？宋校长说是缘分让他们走到了一起。其实不然，学校优雅的环境给他们提供了更好的工作空间，使其身心愉悦。学校老师间浓浓的亲情感动了他们，人

文环境让他们有回家的感觉。更重要的是校长的真知灼见振奋了他们，让他们有了振翅的双翼。只有他们自己知道附小给他们提供了多大的舞台，他们为附小的改革创新出谋划策，他们用事实回报了校长的伯乐慧眼，他们和附小一起走向辉煌。

"发展年的梦想"——一群刚刚跨进附小的年轻人，他们大多是首都师范大学的毕业生，他们仰慕已成为名校的首都师范大学附属小学，他们怀揣着梦想走进首都师范大学附属小学，所以他们先知道学校，后认识校长。当他们怀揣毕业证前来应聘，在楼道上与一步跨三级台阶、袖子挽老高的宋校长擦肩而过时，怎么也想不到那个看上去就像邻家老哥的人就是统领四季青学区的校长。回想起初次见面的那一幕，他们不禁感慨，校长的工作节拍一直是一步三级！正因为有这样高效工作的引领者，所以附小给他们搭建了最为广阔的平台，名师引领，专家指导，师徒结对……附小要为他们插上翅膀，让他们展翅高飞，为附小的明天闯出更广阔的天地。因此，他们可以自豪地和同学们说："我是附小人，没有哪个学校可以给年轻人提供这样的发展空间。"

交流会结束了，张继萍校长一行人的心也被这浓浓的"附小情"感动了。三场交流会，听到最多的词是"感恩"，校长感恩于为首都师范大学附属小学付出的老师们；老师们感恩于学校为他们提供的一切，所以才有了这样温馨的氛围，这样打动人心的聚会，这样弥久留香的回忆。张继萍校长也禁不住感恩政府提供了这么好的机会，让他们走进首都，走进首都师范大学附属小学，感受最新的教育氛围，接触最前沿的教育改革；感恩宋继东，"这个让她的灵魂陡然一震的校长"，让她从此"有滋有味地生活，有声有色地工作"！

不一样的童心课堂

2014年，深圳市龙岗区启动"引进名校办名校"战略，"深圳中学龙岗小学"应运而生。作为创校校长，王立芹带着筹备组研究了很多名校。深圳、南京、成都、上海……从南到北，自西向东，从网络学习到实地考察的对比中，有很多学校带给他们深入的启发和思考，受益匪浅。在这诸多学校之中，他们对首都师范大学附属小学这所"童心学校"更是充满了向往。但是，他们对"童心课程"的认识还仅仅停留在网络与书本资料，心底里总认为，检验一所学校的真正标准在于学生，学生才是学校真正的"作品"。在走进首都师范大学附属小学之前，王立芹校长也有一种"怀疑"，一种"批判"与"挑剔"。

2015年5月，在首都师范大学附属小学五周年校庆之际，王立芹校长终于来到了北京，与宋继东和"童心教育"有了一次亲密接触，亲身感受了"童心课堂"的独特魅力：

那是一堂小学三年级的语文课，课题是"围绕中心写一段话"，短短四十分钟着实让我感受到了"不一样的童心课堂"！首先，是其"超大"容量的教学内容。一节课品读、理解《小镇的早晨》《海底世界》《老北京的春节》三篇课文的教学，而且读写结合，以写作为中心，进行单元教学内容重构。其次，是教师驾驭课堂、整合教材的"超群"技艺。打破北京师范大学出版社出版的教材的单元主题局限，依据学生年龄特点和知识结构每学期设计10个单元，从"景物描写、自创诗歌、创编童话、语言片段描写、动作片段描写、场面片段描写、生活中的一件事、熟悉的一个人、描写植物、描写动物"十个方面循环反复、螺旋式训练，使语文教学有一个较为完整的语言训练体系，系统地提高了读写能力。再次，就是孩子"超常"的表现。从开课的古诗、词语积累，到课中口若悬河、引经据典的研讨、理解，到课后惟妙惟肖的写作描写和声情并茂的作品朗读，一个个三年级孩子，听、说、读、写全面起步，样样非凡，着实让人目瞪口呆。最后，就是那种师生平等、和谐的课堂关系，让我真正理解了宋校长在《童心课程的文化内涵》中说到的"童心教育是点燃童心人生、培养有率真性情、有关爱德行与有求索能力的人"这样的课程目标！孩子们与教师一起"动、静"对读"海底真是个景色奇异、物产丰富的世界"时，那种师生互动的美感，那种人文自然的善感，是"只可意会而难以言传"的和谐之美。

从课程到课堂，又从课堂反观课程。宋校长说："这样的语文课，在首师附小就是一种常规课。"可是，我想表达的是，如此"常态"，一切皆因"童心"。正如朱永新老师所说："课程是一面镜子，直接反映了学校的发展状况。"

是啊，孩子才是检验课程的唯一标准！敬畏童心、保护童心、点燃童心才能有如此"不一样的课堂"。

作为一名一线教师，河南省伊川县实验小学的朱春旭老师在首都师范大学附属小学研修期间，关注得更多的也是教师的课堂教学和师生课上课下之间的沟通和交流。她发现所听的每一节课，教师都是轻声慢语、亲切有加，师生都沉醉于自己的课堂上。每一节课都有前置小研究。学生在课堂上合作交流的时间多了，小组活动中学生已经养成习惯，活动中自然交流、认认真真深入学习的全过程之中，教师还随时注意学生展示的细节，还有好多激励性的语言，如"敢于说出来就是最棒的！""老师说清楚了吗？"种种鼓励的语言激发了学生探索的热情，提高了课堂的氛围。令她印象最深的是卢海阁老师的《我最喜欢的游戏》这堂课：

因为刚刚度过了万圣节，课堂上，卢老师让学生写一写万圣节游戏的小文章。孩童般的卢老师和纯真的孩子一起回忆万圣节经历，教师的语言或快或慢，表情或惊悚或喜悦，都在卢老师的动作和脸上表现得淋漓尽致。例如，小心翼翼、轻轻地、哆哆嗦嗦、张牙舞爪、瞪圆眼睛、心怦怦跳、心惊胆战、好恐怖啊、成功了、过关啦……这些词语都被卢教师演绎得惟妙惟肖、活灵活现。小组活动时气氛活跃，孩子们或坐或站，回答问题如行云流水，我们听得如醉如痴，如身临其境一般，可谓是一种享受！前半节课学生自由自在地说，后半节课卢老师让学生看三年级的一位同学写的小范文，启发学生能不能把自己的经历也写出来，并且送给学生一个词语百宝箱。百宝箱这个环节令我们耳目一新：教师为学生提供了与本节课所需有关的优美词语，学生在用的时候必须根据词语的意思和所能运用的语言环境进行造句。这不仅使孩子们理解了词语的意思，而且也会把它用到恰当的语言环境中。

有了课上小组内的讨论和大姐姐的范文做支撑，词语百宝箱做资源，学生瞬间都静下来了，认认真真地写自己的感受、经历。这一动一静中，学生收获了知识，获得了能力。教师在静静的课堂中巡视，随时纠正坐姿、书写姿势，发现问题并及时指点。

在这节课中，卢老师和她的学生一起践行着首都师范大学附属小学的童心理念，用自己的童心教学，让学生在童心活动中自主成长！

童眼看世界，世界无限精彩

妻：在回家路上发现了一家很不错的饭店，叫潮鑫牛肉馆。

吕：有吗？没发现。

女儿：有的有的，就在幼儿园边上。

吕：你怎么知道的？

女儿：每天放学回家都路过看见的呗。

饭桌上的一次家庭对话，引起了福建省厦门市同安区新城小学吕志评校长的思考：

同样的路途，自己每天匆匆而过，对这些小小的改变根本没有察觉，而女儿却能发现这一路上每天发生的新变化。发现她的观察力"惊人"已经不是第一次，在聊天中她时常能带给我这样的"惊喜"。面对这个变化万千的世界，作为成人的我们很容易"熟视无睹"，忽略了很多细节。而小孩却不同，他们总是认真地观察着这个世界，很多时候他们拥有比成人更敏锐的洞察力。

由此继续想开，在学校教育教学中，是不是也应该充分发挥孩子们这双敏锐的眼睛的作用呢？我们习惯于为学生量身打造校园里的一切，以成人的眼光为学生做许多他们本可以独立完成的事情。这些"一厢情愿"就真的对学生们有益吗？不尽然。事实上，把学校里的许多事情让孩子们去发现、去决策、去实践，往往可以起到意想不到的好效果。

至今仍清晰地记得在首都师范大学附属小学学习时，宋继东校长说过："童心中应该有活力，童心中应该有集体，童心中应该有尊重，童心中应该有意识。"孩子们的天性中有着纯洁、善良、向上的美好品质，如果在教育教学中加以引导，不仅可以培养孩子们良好的思想道德修养，而且可以提升孩子们的主人翁意识，发展他们多方面的能力。

在学校工作中，我们可以为孩子们搭建更多的"当家做主"的平台，用他们敏锐的双眼去观察校园生活，为学校发展建言献策，尽自己的微薄之力，体会到"小主人"的责任感和使命感。

我们可以在少先队代表大会中设立"少先队代表提案"的环节，让孩子们自己去观察发现学校还需要进一步完善改进的地方，并向少先队大队进行提案。发挥所有孩子的智慧，往往会得到许多富有价值的意见建议。这些提案来自于孩子们的观察，来自他们在校园里的生活需要，因此，比起来自学校领导、老师的提案更富有针对性和现实意义。这样的活动，不仅可以发挥孩子们善于观察、善于发现的优势，而且可以大大增强孩子们的主人翁意识，使他们自觉地投入到学校管理当中去。

我们可以在学校里为孩子们设定许多小岗位，评操员、卫生监督员……继续发挥孩子们"童眼"的作用。相比成人而言，他们的观察更加细致，捕捉信息的能力更加敏锐，只要为他们创设了平台，就能很好地发挥他们参与管理的作用，提升他们的实践能力。

身为学校管理者，一定不能有"包办代替"的思想，要充分地信任孩子。从儿童的眼中，我们能看到更不一样的世界，更好地为他们的成长服务；从儿童的手里，能创造出更多的惊喜，只要我们给他们机会，为他们搭台。童眼看世界，世界无限精彩！

愿乘长风我再来

2015 年 4 月，湘潭市岳塘区火炬学校的陈艳校长与学校几位骨干班主任来到手拉手学校——首都师范大学附属小学跟岗学习一周。第一日放学时段，恰逢全校学生的太极操学习时间。他们特意选了一年级所在的练习场瞧瞧班主任是如何管理的。台上身着黑色武术劲装的教练们招招生风，台下的孩子们学得有板有眼。他们边看边为规规矩矩的小家伙们称赞，一位戴黑框眼镜的男老师立在一旁也看得入神。

训练结束，正准备随着队伍离开学校，忽见两列笔直纵队，无丝毫解散之意。心中一喜，班主任怕是要训人了！看看咱首都师范大学附属小学的班主任怎么管熊孩子。只见班主任一个个叫着名字，孩子们一个个出列，走到之前太极拳教练站的台上，人数之巨，居然排成整整 3 排，留下来的寥寥数人。令陈艳校长疑惑的是，被罚的孩子们不仅无一点垂头丧气的表情，反而喜气洋洋。班主任（陈艳校长后来了解，这位班主任叫杨敏，大白般的杨敏）拿着手机一排排地拍下了小家伙们的照片，笑着总结："今天，杨老师很开心，这么多同学练习得认真！我已经将照片发到家长平台，大家的爸爸妈妈已经看到了学得棒棒的你们了！"原来，这个杨老师是在反其"道"而行之。无一句责怪之语，却让确实做得不好的同学在强烈的欢喜里独自失落。

了然一笑后，陈艳校长心想这下该散了吧？不料，回到杨老师身边的孩子们又开始行出惊人。"杨老师，今天我不该受到表扬，因为站在我前面的张同学，动作有点懒散，我却只顾着自己学习，没有小声地提醒他。""杨老师，我也不该得到表扬，您昨天还提醒我，让我管好李同学，可他今天又做错了动作。""杨老师，我也是，我如果练得再认真点，我后面的王同学，也会像我一样，动作有劲了！"……这种自省意识，这份承担责任的勇气，生长在一年级娃娃稚嫩的身体里，不为之动容都难。我们总习惯于教孩子如何如何行事，在首都师范大学附属小学，陈艳校长惊讶地看到，尊重生命的向上力，六七岁的孩子也能自主成长。

收获了两幕喜悦，满足地准备离去，不料，耷拉着脑袋没上台的几个同学开始说话了："老师，对不起，我今天又没有管住自己，和前面的同学说了话。""老师，您批评得对，我今天要是手再用点劲，就好了。""老师，您让我看着前面的同学的后脑勺，我又看别的地方了，所以，队伍在我这里歪了。"杨老师微笑着听完，说："你们都知道自己哪儿不对了，那下次能不能改过来呢？""能！""那好，咱们就击掌为誓！"一个个垂着脑袋的娃娃开始来劲了，一个个上前与杨老师表示改正的决心。这击掌，代表着老师的信任之情，包含着孩子的正己之心，既是师与生的盟约之声，又何尝不是对生命拔节的喝彩之掌声？

三幕之后，上台被"授勋"的同学和台下的同学又站成两列小青松似的纵队，开心地和老师说着再见，背着小书包欢快地走出了校门。也许，在他们的脚步还没有踏出校园之门，就已经开始了对这一日的怀念，开始了对第二日奇妙校园生活的憧憬。每一个细节，写满了对童心的珍视与呵护，杨老师的心就是一颗童心，以童心育童心，多神奇的教育！陈艳校长一行感慨万千地离开校园时，只见旁边的男老师朝着杨老师露出一丝微笑，点了点头，轻轻离开。后来方知，这就是鼎鼎有名的宋继东校长！默默地欣赏，无言的微笑，这种最实时的认可，不正是老师们最渴望的激励吗？

陈艳校长满载着心灵的收获回去了，却留下了极富诗意的话语：这是充满温暖与力量的家园，这是充满智慧与静润的殿堂，首都师范大学附属小学收尽教育之美，愿乘长风我再来。

后 记

童心向未来

放下了和老师的电话，看看表，已经晚上十点半了。拿起笔，为下周的全校工作安排写了这段文字：

埋头苦干　做实教学

上周，我听了十节课。优点很多不一一表扬，但也发现一些问题，在此提出，以利大家尽快改进。

1. 缺乏课程意识。老师们不能满足按教材有限的内容上课，应着眼于整个课程体系，给学生更大的发展空间。

2. 目标不够清晰。目标应关注学生是否真研究、真参与、真互动了，目标之间应该整合，并具有可测量性。

3. 课堂密度小。课堂上学生的思考密度、学练的密度不够，对学生的差异性关注不够。

4. 课型意识模糊。课堂要有基本型，如我校倡导的小组学习、前置学习，但是不能模式化，过程中应注意发挥教师的作用，从入课到出课体现增值。

5. 教学节奏把握不好。教学时间的安排不科学，有的太随意，有的前松后紧。

其实，问题是激发学校不断发展、激励老师不断提升的动力。我们应当立足课程、课堂，开展扎扎实实的研究，埋头苦干，做实教学。

　　老师们真的很努力！为了每一次精彩亮相，从研磨教材、确立框架到找资料、做课件花费了很大的精力。但是首都师范大学附属小学的课不是追求表面效果、注重展示老师水平的表演课，而是体现学生互动、体现学生思维流量、给每个学生机会、让每个学生都有实际获得的生态课堂，是追求真实效果、体现童心教育理念的"真·美"课堂。所以，仅仅靠教师自身努力还不够，作为学校，要为教师们提供持之以恒的服务和引领，帮助教师们尽快成长。

　　不仅仅是教师问题，学校发展还面临着很多新的问题和挑战。回顾过去的日子，我们践行童心教育已经七年了。老一辈人给了我们一个"用童心拥抱校园的追求"，首都师范大学给了我们坚实有力的指引和支持。2008年年底，我们提出童心教育；2009年，在全区学校文化小学校长论坛做经验发言；2010年，在北京市小学特色发展论坛做经验介绍；2011年，第一本著作《必须保卫童年》发行，目前突破万册；2012年，成为北京市40所中小学课程改革实验校之一；2013年，成为北京市首批"学校文化示范校"；2014年，童心教育联盟成立；2015年，成为海淀区唯一一所小学上延初中的学校，开创了小学自主办初中的先河。2016年，我们将如何发展，如何保证九年的教育连贯、保证童心教育的落实？

　　首都师范大学附属小学需要我们赋予她更多的内涵，创造更多的成果。童心教育也需要我们持续研究，深入学习儿童，深入研究儿童，真正理解儿童，更好地服务儿童，与儿童一起成长，求索童心，揭开童心之谜。如果说过去的七年是童心教育所需要的各方面资源与覆盖体系相关的所有教育内容累积的过程，那么未来三年应该是童心教育日臻完善、童心理念上升为童心理论的三年，并将实现理论与实践的血脉相融和高度统一。在这个过程中，我们必须创新。

　　创新发展是国家规划提出的使命，是首都师范大学附属小学发展的历史机遇。目前，学校发展的秩序已经形成，我们需要认真地分析她未来的发展，并且将互联网教育发展的最新要素融入其中，分析学校发展的机遇和挑战，对学校的发展布局进行优化和调整。

　　童心教育需要发展，童心研究正在深化。为此，我们提出"童心＋"理念，让童心教育渗透学校教育的每一个角落，让童心伴随孩子成长的每一天。所谓"童心＋"，可以概括为童心无限、童心集结。因为童心是人类真善美的集中体现，童心，特别是初心、爱心、求知心与好奇心，可以穿越童年、少年、青年时代而一直到老年时代。"童心＋"代表教育对人的本质思维的进一步实践结果，代表一种先进的教育指导思想，推动基础教育的不断发展。"童心＋"是一种能源，以"童心"的能源带动学校教育的生命力，为学校的各项工作提供理论与思想的引领，开发童心，提高教育效果，形成具有独立思维能力的童心教育。

　　未来的三年是学校微转型发展的三年，需要我们拿出更多的勇气，运用我们的教育理性去建设更加美好的教育。相信在未来的三年规划中，我们可以找到学校发展的新机遇。"路漫漫其修远兮，吾将上下而求索。"附小人正是这样一群具有坚定信念、率真性情、求索精神的人，首都师范大学附属小学也会在这个"群"的努力下，走得更远。为了希望的教育，我们携手前行！

附　录

童心赋

天地之间　生命最好

生命之中　人类至灵

人生之中　童年为美

童年之中　童心是金

童年犹春芽　现勃勃生机

童心若旭日　有无限光明

牙牙学语　语语不藏奸邪

蹒跚学步　步步常求端正

渐趋渐长　求知求真

心地有天大　想象比海深

常越雷池思无界

敢上危楼摘星辰

有志不在年高　无志枉为成人

四岁让梨　孔融有谦让之德

九岁扇席　黄香有孝子之行

七岁识李　王戎慧察物理

五岁称象　曹冲智过群臣

小儿辩日　孺子无畏

老莱娱亲　稚趣长存
童子咏鹅　留一段佳话
才女咏絮　传千古美名
润之咏蛙　问谁敢作声
豫才打虎　笑他人捉虫
二小人小志不小　童心难犯
胡兰非兰质若兰　气贯长虹
童言无忌　畅谈中外
童心无涯　驰骋古今
人无童心　三岁成翁
人有童心　百岁犹童
岁月如歌　永葆童心